互联网+
公司管理实践与探索

曾肇河　夏小敬　肖　毅　编著

中国建筑工业出版社

图书在版编目（CIP）数据

互联网+公司管理实践与探索/曾肇河，夏小敏，肖毅编著.—北京：中国建筑工业出版社，2016.9
ISBN 978-7-112-19424-7

Ⅰ.①互⋯ Ⅱ.①曾⋯②夏⋯③肖⋯ Ⅲ.①互联网络—应用—公司—企业管理—研究 Ⅳ.①F276.6-39

中国版本图书馆CIP数据核字（2016）第096861号

从蒸汽时代到电气时代，从电气时代到互联网时代，每一次技术的飞跃都大大加速了生产力的发展。"互联网+"正在重塑整个商业世界，如何保持企业的核心竞争力是商业领袖们面临的一大挑战。本书根据国内外公司管理和管理学理论，在广泛调研的基础上，对"互联网+"大潮下互联网企业和借助互联网工具转型发展的传统企业的做法和经验进行了较为全面的研究和总结，进行了深入浅出的介绍和论述。

全书共5章27节，包括趋势、战略、执行、文化、展望五大方面，对于"互联网+"时代企业所面临商业模式创新、组织机构变革、体制机制建设、人才队伍培养等关键问题具有一定的指导意义。为了帮助读者深入理解本书的内容，作者还结合互联网公司、实体公司的经营管理实际和国际惯例，提供了大量的国内外案例。本书适用于企业管理者、MBA和EMBA课程学员，以及对"互联网+"感兴趣的读者。

责任编辑：咸大庆　岳建光　封　毅　张瀛天
书籍设计：京点制版
责任校对：李欣慰　李美娜

互联网+公司管理实践与探索
曾肇河　夏小敏　肖　毅　编著

*

中国建筑工业出版社出版、发行（北京西郊百万庄）
各地新华书店、建筑书店经销
北京京点图文设计有限公司制版
北京君升印刷有限公司印刷

*

开本：787×1092毫米　1/16　印张：13　字数：284千字
2016年7月第一版　2016年7月第一次印刷
定价：**38.00**元
ISBN 978-7-112-19424-7
（28691）

版权所有　翻印必究
如有印装质量问题，可寄本社退换
（邮政编码 100037）

前　言

1969年，互联网在美国诞生。21世纪以来，互联网就像宇宙大爆炸一样，迅速而深刻地改变了整个世界，大到全球经济社会的发展格局，小到每个人日常的工作和生活。2014年年底，全球网民数量达到30亿人，当年互联网经济总量超过了4.2万亿美元。

1994年中国正式接入国际互联网，短短20年便完成了从追赶者到领跑者的角色转变，取得了举世瞩目的成绩，让世人震惊。2014年年底，中国以6.4亿网民、13亿手机用户的庞大基数稳坐世界互联网第一大国，世界互联网十强企业中，中国独占四席。

科学技术经历了从蒸汽时代到电气时代再到互联网时代，每一次技术的飞跃都大大加速了生产力的发展，成为推动人类进步的最大动力。正如习近平主席所指出："当今时代，以信息技术为核心的新一轮科技革命正在孕育兴起，互联网日益成为创新驱动发展的先导力量，深刻改变着人们的生产生活，有力推动着社会发展。"

"互联网+"正在重塑整个商业世界，如何在这个易变的互联时代保持企业的竞争力，是商业领袖们面临的一大挑战。过去几年，一些互联网企业迅速崛起，展现出令人惊讶的颠覆力量，其快速迭代以及灵活多变的特质，让许多传统企业无所适从。传统企业对风险和机遇的把控滞后，难以敏锐制定创新性的战略并且快速实施，许多规模巨大的企业会在短短数年间被名不见经传的小企业反超。

在广泛调研的基础上，我们编著完成了《互联网+公司管理实践与探索》，从趋势、战略、执行、文化和展望五个方面，对互联网大潮下互联网企业和借助互联网工具实现转型发展的传统企业所取得经验进行了一次再提炼，对公司发展中所面临的商业模式创新、组织变革等关键问题，以及未来的演变趋势进行了归纳、总结与展望。

从发展趋势来看，我国一二三产在互联网+的推动下实现了快速融合发展，农业电商如雨后春笋拔地而起，传统电商、移动互联和大数据蓬勃发展，线上与线下的结合日趋紧密。在阿里巴巴、腾讯做强做大的同时，也涌现出了以一亩田、联想佳沃、小米、春雨医生为代表的一批新兴互联网企业。在战略、执行和文化中，本书重点介绍了万达、绿地等房地产公司的战略转型升级案例，万科、中海等传统的住宅开发企业如何借助"互联网+"在专业化领域深耕细作，复星集团的多元化发展思路等；探讨了"互联网+"下组织架构、运营管理及计划管控思路的变化，财务体系和筹资管理的一些新特点和新要求；分析了文化环境、核心价值观的重要性,如何依靠团队建设和绩效考核实现既定的战略目标。最后,本书亦对"互联网+"传统行业的发展前景做了展望,探索了"互联网+"农业、医疗、教育、建筑和地产等行业的发展趋势和演变路径,以及与之相匹配的组织架构和投融资管控模式等,以帮助读者厘清思路,抓住发展机遇,与时代共同进步。

目 录

第1章 趋 势 ... 001

1.1 "互联网+"概览 ... 001
- 1.1.1 "互联网+"的概念 ... 001
- 1.1.2 "互联网+"的政策 ... 001
- 1.1.3 "互联网+"的影响 ... 003
- 1.1.4 "互联网+"与大数据 ... 005

1.2 "互联网+"第一产业 ... 007
- 1.2.1 互联网+大宗农产品（一亩田） ... 007
- 1.2.2 互联网+农业（联想佳沃） ... 008
- 1.2.3 互联网+农资综合电商平台（云农场） ... 009

1.3 "互联网+"第二产业 ... 011
- 1.3.1 互联网+手机（小米与华为） ... 011
- 1.3.2 互联网+家装（齐家网） ... 013
- 1.3.3 互联网+移动终端（苹果） ... 017
- 1.3.4 互联网+通信技术（思科） ... 020

1.4 "互联网+"第三产业（上） ... 022
- 1.4.1 互联网+电商+金融（马云创立的阿里巴巴） ... 022
- 1.4.2 互联网+及时通信+新闻娱乐（马化腾创立的腾讯） ... 028
- 1.4.3 互联网+医疗（春雨医生） ... 033
- 1.4.4 互联网+交通运输（滴滴打车） ... 035

1.5 "互联网+"第三产业（下） ... 036
- 1.5.1 互联网+投资（软件银行） ... 036
- 1.5.2 互联网+电商（京东） ... 041
- 1.5.3 互联网+医疗+发电（GE中国） ... 043
- 1.5.4 互联网+教育（VIPABC） ... 044

第2章 战 略 ... 046

2.1 战略转型 ... 046
- 2.1.1 万达集团概况 ... 046
- 2.1.2 AMC电影院线 ... 050

2.1.3 万达集团的转型发展概况 ························· 051
2.1.4 万达城市综合体商业模式 ························· 052
2.1.5 万达商业地产的轻资产模式 ······················· 056
2.1.6 万达的金融产业布局 ····························· 059
2.1.7 万达的医疗产业布局 ····························· 060

2.2 资源整合 ·· 061
2.2.1 绿地公司概况 ··································· 061
2.2.2 大基建战略 ····································· 062
2.2.3 大消费战略 ····································· 063
2.2.4 大金融战略 ····································· 066

2.3 专业化 ·· 067
2.3.1 万科 ··· 067
2.3.2 龙湖地产 ······································· 070
2.3.3 中海地产 ······································· 073
2.3.4 碧桂园 ··· 074
2.3.5 华夏幸福 ······································· 079
2.3.6 褚橙 ··· 083

2.4 多元化 ·· 085
2.4.1 复星集团概况 ··································· 085
2.4.2 多元化发展 ····································· 086
2.4.3 复星国际 ······································· 087
2.4.4 发展思路 ······································· 088

2.5 平台化 ·· 090
2.5.1 广联达 ··· 090
2.5.2 发展策略 ······································· 091

2.6 智能化 ·· 094
2.6.1 智能制造 ······································· 094
2.6.2 物联网 ··· 097

第3章 执 行 ·· 100

3.1 组织架构 ·· 100
3.1.1 互联网+时代下组织架构的变化 ···················· 100
3.1.2 动物型组织 ····································· 104
3.1.3 万达集团的"倒金字塔"管控 ······················ 107
3.1.4 小米的组织架构 ································· 112
3.1.5 海尔的组织架构变革 ····························· 114
3.1.6 "阿米巴"组织模式 ······························ 117

3.2 计划管控 ·· 119
3.2.1 计划模块 ······································· 119
3.2.2 计划模块的分类 ································· 119

		3.2.3 计划模块节点示意	121
		3.2.4 内控与专项计划	124
		3.2.5 计划动态管理（PDCA）	124
		3.2.6 计划模块"红黄绿灯"管理	125
		3.2.7 紧张有序的计划模块	125
	3.3	信息化管理	126
		3.3.1 万达的信息管控	126
		3.3.2 中联重科的信息管控	129
	3.4	营销与运营管理	133
		3.4.1 营销管理	133
		3.4.2 联想的供应链整合	138
		3.4.3 GE的营运管理系统	140
	3.5	筹资管理	141
		3.5.1 互联网金融简介	141
		3.5.2 互联网金融特点	142
		3.5.3 蚂蚁金服	144
		3.5.4 陆金所	144
		3.5.5 传统企业创新融资的探索	148
	3.6	财务管理	150
		3.6.1 共享服务中心概述	150
		3.6.2 财务共享服务中心概念	151
		3.6.3 财务共享服务中心的优势	151

第4章 文化 153

	4.1	文化环境	153
		4.1.1 演变特点	153
		4.1.2 文化重点	155
		4.1.3 华为的管理灰度文化	158
	4.2	核心价值观	160
		4.2.1 价值观的认同	160
		4.2.2 万达的价值观	160
		4.2.3 华为的价值观	162
		4.2.4 万科的价值观	162
	4.3	团队建设	162
		4.3.1 选人用人	162
		4.3.2 团队领袖	163
		4.3.3 核心人才团队	164
		4.3.4 万达的团队建设	165
		4.3.5 新希望集团的"四位一体"人才建设	166
		4.3.6 腾讯的人才培养	169

4.4 制度建设 ... 170
4.4.1 制度管人 ... 170
4.4.2 投资制度 ... 171
4.4.3 制度监管 ... 171

4.5 业绩考核 ... 172
4.5.1 万达的绩效考核 ... 172
4.5.2 碧桂园的激励机制 ... 173
4.5.3 中海发展的考核体系 ... 174
4.5.4 华为的工者有其股 ... 175

第5章 展 望 ... 177

5.1 行业新机遇 ... 177
5.1.1 互联网＋医疗：移动医疗垂直化 ... 177
5.1.2 互联网＋农业：催化中国农业品牌化道路 ... 178
5.1.3 互联网＋教育：在线教育大爆发 ... 179
5.1.4 互联网＋建筑：技术大变革 ... 180
5.1.5 互联网＋房地产：转型与融合 ... 183

5.2 模式大转变 ... 186
5.2.1 客户至上 ... 186
5.2.2 调整战略 ... 187
5.2.3 运营转型 ... 187
5.2.4 人才培养 ... 187
5.2.5 乐于合作 ... 188

5.3 挑战与风险 ... 188
5.3.1 互联网思维的转变所带来的挑战 ... 188
5.3.2 信息安全风险 ... 189
5.3.3 经济空心化的风险 ... 190

5.4 组织架构变革 ... 191
5.4.1 扁平化的组织 ... 191
5.4.2 消灭中层 ... 192
5.4.3 标准组织的消失 ... 192
5.4.4 组织管控集中 ... 192

5.5 投融资集中管理 ... 193
5.5.1 创新商业模式 ... 193
5.5.2 策划集中 ... 195
5.5.3 加强互联网金融创新 ... 196
5.5.4 筹资集中管理 ... 196

结 语 ... 198

参考文献 ... 199

第 1 章 趋 势

1.1 "互联网+"概览

1.1.1 "互联网+"的概念

"互联网+"是把互联网与经济社会各领域深度融合,推动技术进步、效率提升和组织变革,提升实体经济创新力和生产力,形成以互联网为基础设施和创新要素的经济社会发展新形态。

通俗地讲,"互联网+"就是"互联网+各个传统行业",即利用信息通信技术以及互联网平台,让互联网与传统行业进行深度融合,创造新的发展生态。例如:"互联网+集市卖家"有了淘宝,"互联网+银行"有了支付宝,"互联网+金融"有了余额宝,"互联网+的士"有了滴滴打车。

1.1.2 "互联网+"的政策

近年来,我国越来越重视互联网行业的发展,越来越强调其他行业引入互联网创新的重要性。2015年3月,国务院总理李克强政府工作报告中首次提出"互联网+"的概念,且前所未有地在提出支持发展移动互联网和互联网金融。在2015年工作总体部署中提出,全面推进"三网"融合,以互联网为载体,发展线上线下互动的新兴消费。在"互联网+"行动计划中,支持和推动移动互联网、云计算、大数据、物联网等与现代制造业结合,促进电子商务、工业互联网和互联网金融健康发展,引导互联网企业拓展国际市场。在随后的四个月中,国务院发布了三个重要文件以践行政府工作报告的思想。

1. 高速宽带提速降费

《关于加快高速宽带网络建设推进网络提速降费的指导意见》制定了具体的网络提速降费时间表,旨在通过建设高速畅通、覆盖城乡、质优价廉、服务便捷的宽带网络基础设施和服务体系,从而降低创业成本,为打造大众创业、万众创新和增加公共产品、公共服务"双引擎",推动"互联网+"发展提供有力支撑,最终实现稳增长、促改革、调结构、惠民生。

2. 促进互联网金融发展

《关于互联网金融健康发展的指导意见》明确指出，要推动互联网与金融快速融合，促进金融创新，从而推进金融改革创新和对外开放，实现金融业的健康发展。该意见明确了股权众筹融资、网络借贷平台等热门互联网金融概念的定义，设置了相关业务范围，方便从业人员和机构开展业务。总体来看，我国不急于对互联网金融限定过多条条框框，而是鼓励机构与个人更多地参与互联网金融创新来提高社会金融资源配置效率。

3. 推进"互联网+"行动

《关于积极推进"互联网+"行动的指导意见》是我国首个针对"互联网+"的提纲挈领的文件。围绕转型升级任务迫切、融合创新特点明显的多个领域，提出了11项具体行动：

一是"互联网+"创业创新，充分发挥互联网对创业创新的支撑作用，推动各类要素资源集聚、开放和共享，形成大众创业、万众创新的浓厚氛围；

二是"互联网+"协同制造，积极发展智能制造和大规模个性化定制，提升网络化协同制造水平，加速制造业服务化转型；

三是"互联网+"现代农业，构建依托互联网的新型农业生产经营体系，发展精准化生产方式，培育多样化网络化服务模式；

四是"互联网+"智慧能源，推进能源生产和消费智能化，建设分布式能源网络，发展基于电网的通信设施和新型业务；

五是"互联网+"普惠金融，探索推进互联网金融云服务平台建设，鼓励金融机构利用互联网拓宽服务覆盖面，拓展互联网金融服务创新的深度和广度；

六是"互联网+"益民服务，创新政府网络化管理和服务，大力发展线上线下新兴消费和基于互联网的医疗、养老、教育、旅游、社会保障等新兴服务；

七是"互联网+"高效物流，构建物流信息共享互通体系，建设智能仓储系统，完善智能物流配送调配体系；

八是"互联网+"电子商务，大力发展农村电商、行业电商和跨境电商，推动电子商务应用创新；

九是"互联网+"便捷交通，提升交通基础设施、运输工具、运行信息的互联网化水平，创新便捷化交通运输服务；

十是"互联网+"绿色生态，推动互联网与生态文明建设深度融合，加强资源环境动态监测，实现生态环境数据互联互通和开放共享；

十一是"互联网+"人工智能，加快人工智能核心技术突破，培育发展人工智能新兴产业，推进智能产品创新，提升终端产品智能化水平。

此外，指导意见还强调了相关部门需要加强引导支持。在实施重大工程领域，加大中央预算内资金投入力度,引导更多社会资本进入;加大财税支持,统筹利用现有财政专项资金,充分发挥国家科技计划作用,积极投向符合条件的"互联网+"融合创新关键技术研发及应用示范;通过天使投资、风险投资基金、股权众筹等多种方式,支持互联网金融试点和小微企业发展,为"互联网+"重点项目建设提供有效融资支持。

1.1.3 "互联网+"的影响

互联网颠覆了工业时代的传统模式,被淘汰的企业数量与被淘汰的速度远远超出了人们的想象。柯达、诺基亚、摩托罗拉等行业巨头,没有做错什么,却迅速陨落。苹果公司则用十年时间市值从600亿美元增长到6200亿美元,成为全球第一大市值企业。零售、通信、手机等行业已经发生翻天覆地的变化,创造了一个又一个奇迹。阿里巴巴用16年的时间,发展成为市值1.25万亿人民币的企业;腾讯用17年的时间,发展成为市值1.08万亿人民币的企业;小米用了5年时间,发展成为营业收入743亿元,净利润65亿元,市值约2800亿元,手机年销售超过6000万台的企业。

互联网像压路机一样正在碾平各行各业,打破传统的信息不对称和各种中间环节,通过在纵向上做减法,在横向上做加法,创造出工业模式下无法实现的竞争优势,成本低、效率高、反应快。2005年还默默无闻的万达集团,通过再造商业模式,将公司及各类商家用互联网思维加起来,充分利用各家所长,组合成了万达的核心竞争力。十年来,王健林的财富迅速积累,据彭博富豪榜2015年5月1日的数据显示,王健林以381亿美元的身家超过李嘉诚,成为新的华人首富兼亚洲首富,每天净赚7000万元。2014年以来,万达逐渐向轻资产转型,一方面收购国内外领先的互联网金融、体育产业、文旅产业公司,另一方面推进工程总承包、设计交钥匙模式,通过再一次转变商业模式,来适应"互联网+"时代新的变化,获得更大竞争优势。

随着时代的变化,万达不断创新商业模式,由食物链中游发展到食物链上游。同万达相比,一些规模很大、管理水平行业领先的中国公司,有着实现"互联网+"转型升级的优越条件。如何创新商业模式,通过整合内外部资源,进入食物链上游,值得思考。

1. "互联网+"推进产业结构升级

"互联网+"促进社会化分工,强势构建新型现代服务业体系。互联网作为一种服务性工具,与相关产业"相加",将赋予其一定的现代服务业属性。由于其服务跨越时空,为分工协作创造了良好的条件,待时机成熟,一个新的行业就会孕育并分离出来。对于第一、第二产业,农业物联网、工业互联网的深入发展,已导致农业、工业与服务业在部分领域的界限不断模糊;对于第三产业,互联网已催生出大批新兴行业,如网络游戏、网络广告、在线租车、在线教育、在线房产等。在互联网作用下,现代服务业体系变得日益丰富。工业互联网、产业互联网的概念也越来越热,企业云服务不断涌现,在互联网驱动下,传统生产方式发生变革，研发设计、第三方物流、商业咨询等生产性服务业将获得加速发展。

2. "互联网+"引发产业组织变革

互联网与传统行业"相加"，掀起了跨界竞争，冲击甚至颠覆传统服务业企业的行业地位。互联网企业凭借其灵活的机制、与众不同的商业模式，改变了竞争规则，使不少传统服务业企业都产生了危机感。在过去，电信运营商的垄断地位何其巩固，仅以短信和语音两项业务就赚得盆满钵满；然而，"微信"横空出世，立马迫得电信运营商手忙脚乱，昔日优势渐成明日黄花。

互联网企业引领平台经济，为中小服务业企业提供广阔的成长空间。在互联网时代，平台是王道，长尾效应是不容忽视的成功秘诀。即便百度、阿里巴巴、腾讯三大互联网巨头，也不可能靠单打独斗生存，而是通过开放式的平台聚拢大批的中小创业企业，在助其实现梦想的同时壮大自身力量。例如，万达电商大数据体系依托海量会员数据，深度挖掘用户需求，为众多小商户提供数据仓库、数据报表、商业智能报告等决策支持服务。

3. "互联网+"改变产业资源配置

首先，互联网技术催生新的增值服务，通过与企业价值链上的各个环节的结合，改变服务业价值链的价值分布。例如,万科集团推出的APP"住这儿"中有"首页"、"房屋"、"随手拍"、"良商乐"、"关系"五个基本模块并不断更新，标志着万科集团在商品房的建造与销售之外，同时满足业主的美食、娱乐、购物、社交、分享需求，为业主提供"最后一公里"社区服务。

其次,互联网纵向整合资源,打造融三流于一体的全流程服务链。互联网能够将信息流、物流、资金流有机地融为一体，贯穿从用户需求分析、服务准备到服务改进的整个业务流程，从而提供无缝衔接的消费体验。例如，2014年7月票庄优居上线，为家装消费者解决什么是装修，想装成什么样，要怎样装，谁来装等一系列问题。网站的主要内容有装修案例图片，建材家具产品库，家装单品推荐，装修公司预订功能，优惠的品牌团购活动等和家装有关的各个功能。

再次，互联网横向整合业务，催生无所不包的全业务运营商。当前，在互联网迅速改造传统行业的推动下，互联网企业掀起新一轮的并购潮，通过大肆并购实现对尽可能多的服务业资源的掌控，多元化经营的趋势十分明显。万达集团就是一个很好的例子。根据万达集团的估计，万达旗下通过并购不断发展壮大的文化产业集团下的影视、体育、旅游都将是市值千亿级别的公司，而儿童娱乐也可能发展壮大，因此未来文化产业集团在收入和市值上可能超过万达商业地产。

最后，互联网向移动端转移，引导服务业企业不断加大移动端的投资。伴随着智能终端的快速普及，移动上网已成为常态，有人发出"得移动终端者得天下"的感叹。围绕移动社交、O2O、LBS 等，服务业企业正不断加大投资规模，积极布局移动端，开发和推出各类应用，广泛渗透到人们的衣食住行各个领域，包括网络购物、团购、美食、生活资讯、地图、旅行、天气、导航、健康、电影等，致力于为消费者提供无处不在、无时不在的贴身服务。

1.1.4 "互联网+"与大数据

"互联网+"就是不管用到什么终端设备都能够连接起来。QQ 上的消息微信上能收到，这是跨平台、跨设备的互联。阿里巴巴的"钉钉"把短信、微信、电话融会贯通到一起，界面和微信很相似。发一条短信给朋友，钉钉会记录朋友是看了还是没看。看了之后没有采取行动，就可以"钉"他一下，把短信以电话的形式打到他手机上，接通电话，信息以语音的形式播放出来，确保他听到。这就叫"钉"，而且是免费的。

1. 数据的内涵发生扩大

数据是对客观世界的测量和记录。传统的数据是测量，比如测量气温把它变成数据。今天的数据爆炸不是测量数据的爆炸，是记录数据的爆炸。现在人们离不开手机，打开手机看微信朋友圈发的信息、图片、文字，这些是数据。所以我们不是离不开手机，事实上是离不开数据。数据库被发明之后，图片、文档、邮件……都存在数据库里。在西方，所有存在数据库里的东西都统称数据，然后才引起数据在中国内涵扩大，所有可以电子化的东西都可叫作数据。

所有的事情都在数据化，随着手机的普及，人人都有能力把自己的生活、所见所得变成数据。这引起很多社会变化，很多社会现象都可以由这个现象来解释。2015 年双十一平台交易有 68% 是移动端交易，2014 年是 40% 左右。美国这个比例远远低于中国，中国的增速是美国的几倍。金融领域的信用正在快速地数据化，今天信用就是数据，数据就是信用，跟人有关的一切的数据都可以变成信用。

2. 数据化

数据化是传统企业和互联网企业的本质区别。不仅是中国，全世界都一样，传统企业数据收集者按照他们的想法上报数据，最终的数据和现实相差很远。而互联网企业不同，拿尿布来说，在阿里巴巴的平台上，只要看一下地区尿布的增长波动情况就可得知。不仅尿布，奶粉、婴幼儿用品都可以形成立体的数据网络，最终得到的结论非常贴近现实。

（1）把消费者行为变成数据。如果没有电商，能不能创造数据之巅？上午去百货店买一个东西，下午再去，换了一个售货员不认识你。早上去一个柜台买一根项链，下午去另一个柜台买几盒奶粉，售货员也不认识你。在电商平台上，只要你去过一次，任何一笔交易，不仅仅是买，甚至是点击、浏览了一下，就被记录下来。随着消费不断的增多，可以看到消费者的规律，分析他们的消费行为，进一步预测需求。电商的数据化是把消费者行为变成数据。

（2）科学指导备货。阿里巴巴每年为"双十一"要做很多的准备工作，保证平台上的商家能够成功，比如备货，备多了卖不完，第二天要继续打折；备少了，那这个活动就白举行了，人家下单你没东西给别人。"双十一"办了7年，阿里巴巴主要通过一系列的数据化手段帮助商家管理库存：通过客户搜索、点击、浏览、开通预定，让商家分析到底该备多少货；通过查阅前几年的销售、价格弹性，商家把握好库存，背后是一个数据驱动的过程。

（3）准确找到客户。天气变冷了，淘宝上搜索秋裤的人上升了6000多个点，这样可以知道是哪些人在搜索，这些人在哪些地方，这代表商机。搜索皮衣的人也在增加，数据分析表明搜索皮衣的人一般都有汽车，把这两个现象结合起来去推送信息，提供个性化服务。准确找到客户这是最难的。经济生活的本质是满足供和需的关系，供和需的关系都是以信息存在的，找到客户很关键。传统企业每晚把电商的数据扒下来分析哪些东西卖得好，卖了多少，然后马上传给自己的库存。小的电商把大的电商数据扒下来，用这个数据指导自己的库存。因为数据越大，趋势判断就越准确。阿里巴巴和传统百货之间只有一点区别，就是阿里巴巴沉淀数据而传统百货没有。

（4）数据上云端。数据都在企业本地，意味着不能远程登录，要派人去本地查看数据，不能立刻做决定。如果有两套系统，无法保证看到的数据是真实的数据。而云端可以 7×24 小时随时查看、整合，而且云是第三方，比如微软的ERP、微软的财务报表、SAP系统，在这些第三方的云端，数据的真实性就解决了。无论是中国还是美国，最早的云是为了节约成本产生的，小微企业不想买服务器，想租服务器。今天不仅仅是小微企业在上云，大的企业都在上云。云提供灵活性，数据在云上意味着 7×24 小时是活的数据，是可以融通的数据。互联网金融领域的创新核心就是云和大数据。大数据和云计算是一个硬币的两面，云是硬币背面。互联网金融是以云为基础的。

3. 一切皆成数据

今天的数据已经铺天盖地，但还不是真正意义上的大数据，产业互联、人体互联将导致更大量级的数据爆炸。2020年，来自传感器的数据将占全部数据的50%。正在发生人体互联网，机器互联网，就是物联网。发微博、微信一天也许只发几条，但智能手环每几秒钟就收集的心跳、体温、各种体能指标，源源不断地传到云端。这两种爆炸量级完全不一样，即将要看到的爆炸才是超级爆炸，这种爆炸将把人类带入彻底的数据世界，一切皆成数据。

互联网公司之间的竞争就是数据竞争，首先是有没有数据，其次是会不会用数据。如果收集不到数据或者数据断了，商家就不知道客户在想什么，要什么，就没有办法提供个性化服务。

我们面临的新的态势无论是知识经济,还是互联网经济、智慧经济,笼统地称为新经济,就是以数据为基础的经济。智能就是把重复性、常规性的、人无法完成的工作用机器去完成,智能的基础是把业务先变成数据,然后机器自动地去处理这些数据,用算法完成工作。没有数据,智能就无从谈起。大数据的标识是迈向智能社会,越来越多的工作会由算法代替,算法源于数据。今天所谈的人脸识别、工业制造4.0核心都是数据。"互联网+"一方面让经济活动的每一个领域信息变得更加对称,供需关系变得更加对称;另一方面,调动更多的资源,让资源流动产生价值。

4. 开放数据

数据是迈向智能社会的土壤,而智能的基础是一切业务数据化。数据如此重要,要让数据流动起来,所以有些数据要开放。前段时间刷屏欧洲面包店公布不同天气情况下不同的销量特点,中国有些面包店也有数据化管理,但是天气情况数据没有开放,因此无法监测两者之间的关系。开放是天气的数据库放到互联网上,面包店老板下载天气数据和自己销售数据以整合,做出曲线,很容易发现规律得出哪种面包在不同的天气卖得好还是卖得差,可以根据天气调整不同面包的产量。劳动生产率的竞争基本上走到尽头,今天就是知识的竞争,比的是知识生产率。

1.2 "互联网+"第一产业

"互联网+"第一产业是利用大数据、云平台、物联网等互联网技术,整合金融、物流等各类社会资源,实现农业产业链去中间化,提升生产流通效率的新型农业。2015年,中央一号文件指出:"大力支持电商、物流、商贸、金融等企业参与涉农电子商务平台建设,开展电子商务进农村综合示范"。

1.2.1 互联网+大宗农产品(一亩田)

"互联网"+浪潮几乎席卷了各个行业,正在成为不同领域的产业巨变的催化剂,在农业领域也不例外。互联网能降低生产成本,提高农业经济效益,也同样能帮助农业解决信息不对称的滞销问题,减少农产品市场交易风险和经济损失。

2011年,一亩田正式成立。2015年上半年,公司利用互联网解决了60余起滞销问题,互联网平台每日交易数据更新量达30多万条,覆盖33个省区市的约1972个县、1.3亿农民,涉及1.2万个品种。截至2015年年底,一亩田县域战略合作伙伴突破200个县市。

在一亩田平台对农民完全是免费的,公司奉行先规模,后规则的原则,将交易需求集成规模需求,做成超大规模平台,然后制定相应的行业规则。与其他电商平台一样,一亩田在给用户带来切实利益的同时,也在培育用户交易习惯,进而提供增值、低成本的服务产品。

金融也是一亩田规划的盈利模式之一。有了垂直电商平台与大数据之后，一亩田开始着手完善大宗农产品供应链体系，并从中探索出了有益于供应链发展的金融环节，做农村金融服务。

在传统的银行信贷机制中，银行提供贷款的判断是基于真实的贸易、交易和结算，简单理解就像是订单、发货和支付三大环节，而一亩田作为交易平台，具备这三个方面的先天优势，供应方和需求方在长期使用中，会产生大量交易数据，而一亩田把这个交易数据演变成为信用资产，从而利用信用资产提供金融服务。

据了解，一亩田金融服务交易结构的本质是一个互联网化的信用平台，它作为第三方记录、沉淀、验证了交易双方的主要交易事实。该交易事实包括四个方面：一是真实贸易，即双方确实有这笔生意；二是真实物流，交易双方获取平台物流服务资源并接受服务的过程记录；三是真实结算，双方通过一亩田平台的结算系统结算；四是交易历史，每一个用户在平台上的交易记录都能证明自己的交易能力。

1.2.2 互联网+农业（联想佳沃）

佳沃集团是联想控股的现代农业板块公司之一，致力于"田间到餐桌"，为消费者提供安全、高品质的品牌农产品。佳沃集团是中国最大的水果全产业链企业及最大规模海外水果投资布局企业，在海外及中国拥有规模化的水果种植基地，领先的种苗繁育中心、工程技术中心、分选加工中心、冷链物流平台和品牌营销网络。其中在智利拥有5家水果种植公司，分别生产蓝莓、猕猴桃、提子、核桃、车厘子和柑橘等高品质水果。同时佳沃也在茶叶、葡萄酒等领域进行了投资和业务布局。

佳沃集团旗下公司包括：水果营销公司、蓝莓种植公司、猕猴桃种植公司、佳沃鲜生活、种苗公司、龙冠茶业公司、葡萄酒公司、食品公司、海外业务公司。主要模式如下。

1. 全球化布局，四季鲜果

佳沃市集在中国先做蓝莓，从青岛到东北，然后到云南，包括安徽、四川、湖北的一些布局，整个覆盖了中国蓝莓完整的季节时间窗。因为水果是时令水果，佳沃市集的猕猴桃从河南、山西、云南再到四川也有一个完整的布局，特别是佳沃市集在海外，从智利扩展到了巴西、阿根廷、中美洲的墨西哥，我们把基地扩展到澳洲和新西兰，在北美的西岸进行了完整的布局，从美国加州再到加拿大的温哥华，基本形成了一个完整的布局。

有了这样一个布局，能让中国的消费者一年四季吃到新鲜应季的水果，更加重要的是有机会在全世界获得好的产品品种，好的先进技术，好的生产管理模式、产业模式。有了这样一个全球的市场布局、产业布局，能够分散风险，因为农业有各种各样的风险，只有进行全球布局，才能扎得深，走得坚实，走得稳。

2. 全产业链布局，完整可控

佳沃市集第二个布局是全产业链布局，将来自于IT产业的先进产业链思维用于改造农业，形成非常完整的一个链条，从苗开始，到种植，到分选，再到冷链物流，再到营销，整个的链条都做出来之后，才能够做到完整的可控、受控，才能够把品质做好，才能成为放心的产品，同时让农业也有比较好的效益和收益，这个农业才能够持续下去。

3. 全程可追溯，放心所得

佳沃市集做农业的初心，一定要做出放心的产品，高品质的产品，所以把可追溯当作一个核心的理念，一个重中之重的业务模式。佳沃市集完整的管理流程，严谨的标准，全链条的信息化，做到了对所有环节的实时追踪、监控以及信息的收集，这样所有的品管都是实时动态的，系统而完整的，真正能够保证安全。另外，佳沃市集的系统是可以不断迭代的，不断自我完善的，能够给消费者交出一个好的产品来，这些信息消费者在网上能够亲眼获得，扫描佳沃的产品二维码能够知道所有的信息，信息是真实的，是从每一个果子，每一块田上搜集来的。

1.2.3 互联网+农资综合电商平台（云农场）

云农场是全国第一家网上农资交易及高科技服务平台，2014年2月8日正式上线，旗下拥有14家子公司，主要提供化肥、种子、农药、农机交易及测土配肥、农技服务、农场金融、乡间物流、农产品定制化等多种增值服务。云农场的自营、商户入驻各占一半，跨国经销商，直接让农民从厂家采购化肥、种子、农药、农机等，并提供农民测土配肥、农技服务、海外购销等多种增值服务。

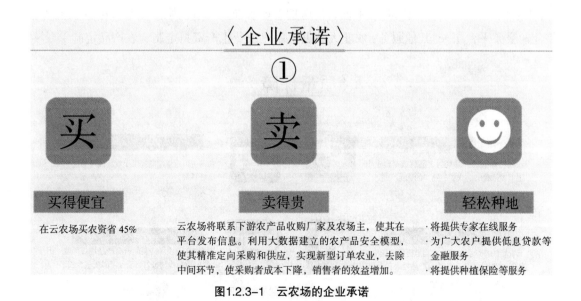

图1.2.3-1 云农场的企业承诺

用户：注册用户过百万，有400余家企业，2800多个农资产品在线销售；

交易：2014年，平台内有2800多个农资产品，去掉了农资销售过程中45%的加价环节；

地域：在十几个省份拥有16000多个村级站点，服务土地面积近3万亩；

图1.2.3-2　云农场的三项免费

金融：联合华夏银行为超过100家农场主提供金融服务，农户向华夏银行在线申请贷款、在线还款；

服务网络：a.建立三位一体县级服务中心（农资中转中心＋农技推广中心＋农产品交易中心）300多家，并与多家地方政府签订战略合作协议；b.搭建最后100米村级物流服务站，找农村当地站长帮村民在线代购，货物运送到站长处，农民自行上门提货，站长赚返点。c.创建农资定制化配肥站；

旗下产品：a.丰收汇（农产品交易平台，有预付模式），b.乡间货的（P2P农村物流平台，类嘀嘀打车，有车农民闲时帮附近农户送货），c.农技通（农技服务平台），d.云农宝（农业金融服务平台），e.其他服务：农业大数据定制（农业生产资料定制、农产品定制）。

图1.2.3-3　云农场的质量保障

1.3 "互联网+"第二产业

1.3.1 互联网+手机(小米与华为)

1. 小米

(1)公司概况。小米公司正式成立于2010年4月,是一家专注于高端智能手机、互联网电视以及智能家居生态链建设的创新型科技企业。2014年,小米实现营业收入743亿元,增长135%,实现净利润65亿元。2014年年底的估值在450亿美元左右。

(2)手机业务。小米公司自创办以来,保持了令世界惊讶的增长速度,小米公司在2012年全年售出手机719万台,2013年售出手机1870万台,2014年售出手机6112万台。小米手机及其子品牌红米手机已经成为中国市销量第一,全球销量排名前五的优秀产品,小米手机亦成为全球首个互联网手机品牌。

(3)智能家居。小米公司在互联网电视机顶盒、互联网智能电视,以及家用智能路由器和智能家居产品等领域也颠覆了传统市场。截至2014年年底,小米公司旗下生态链企业已达22家,其中紫米科技的小米移动电源、华米科技的小米手环、智米科技的小米空气净化器、加一联创的小米活塞耳机等产品均在短时间内迅速成为影响整个中国消费电子市场的明星产品。

(4)YOU+国际青年公寓(图1.3.1-1)。互联网思维的核心在于以用户为中心。小米的成功就是在于充分尊重用户并由用户的反馈而优化产品。2012年,YOU+的第一个项目,广州凤凰店正式对外营业。2014年,雷军斥资1亿元入股YOU+国际青年公寓。

图1.3.1-1 YOU+国际青年公寓

YOU+的商业模式是租房,租下整栋楼,重新改造之后向青年人出租,主要针对参加工作不久的年轻人。YOU+国际青年公寓有三不租:45岁以上的不租,因为公寓关注的是年轻群体;结婚带小孩的不租,因为房间和楼梯为单身成年人设计;不爱交朋友的不租。卖点是良善的公共空间和紧密的社区氛围,让年轻人之间更好地交流。与其他公寓相比,

YOU+ 国际青年公寓正是秉承了以用户为核心的思维：它允许居住者对租住空间进行改造，公寓的一层开辟成所有租客的客厅，聚会、观影、会客、泡吧甚至办公。这也是 YOU+ 的主打功能，即出发点更多的是社交。

（5）小米成功的原因。小米创始人雷军曾谈到，小米的商业模式用一句话可以讲清楚：小米是第一家把硬件用接近成本价的方式销售，然后用这来架构一个移动互联网的平台，再在上面做增值服务的公司。小米打破传统手机生产模式，整合手机芯片商、手机制造商等资源来生产手机，在手机性能有保证的前提下，去掉中间环节，再通过创新的网络销售模式，大大降低了手机价格，实现了薄利多销。

小米是第一家通过互联网卖手机的手机公司，这个营销方式，方便快捷、成本低，对手机卖场的冲击力相当大。通过整合手机价值链上的各种资源，制造出性能好、价格便宜的产品，深受消费者喜欢。产业价值链上的商机很多，价值链上的各种资源是可以被整合的，成功的案例很多。而且，营销创新是最容易通过"互联网＋"实现的。

2. 华为

（1）公司概况。华为于1987年在中国深圳正式注册成立，是一家生产销售通信设备的民营通信科技公司，产品主要涉及通信网络中的交换网络、传输网络、无线及有线固定接入网络和数据通信网络及无线终端产品，为世界各地通信运营商及专业网络拥有者提供硬件设备、软件、服务和解决方案。

2014年，华为销售收入达到2882亿元，实现超过20%的增长，净利润达到279亿元，同比增长33%。因为华为没有上市，市值只有预估，据机构分析华为的市值在1万亿元人民币左右。其中，运营商业务收入达1921亿元（310亿美元），同比增长16.4%，全球移动宽带网络部署收入占了较大比重；企业业务收入达194亿元（31亿美元），同比增长27.3%；消费者业务收入达751亿元（121亿美元），同比增长32.6%，得益于智能手机需求的增长和新兴市场的迅猛发展。

华为 2005-2014 年主要指标汇总表（亿元）　　表 1.3.1-1

指标	2005 年	2013 年	2014 年	9 年平均增长率
营业收入	483	2 390	2 882	22%
归母净利润	55	210	279	20%
净资产	195	862	1 001	20%
总资产	464	2 441	3 098	23%
市值	—	—	10 000	—
净资产收益率	28%	24%	28%	0%

华为首席财务官孟晚舟指出：华为 2014 年持续有效增长，财务稳健。现金流、收入和利润均实现有效增长，净现金达到人民币 779 亿元。债务和融资结构持续优化，截至 2014 年 12 月 31 日，华为短期借款和长期借款共计 281 亿元人民币，主要由海外金融机构按市场利率提供。

（2）通信技术。在运营商业务领域，华为的 4G 设备被广泛部署，2014 年承建全球 186 个 400G 核心路由器商用网络，与全球 20 家领先运营商开展 NFV/SDN 集成服务的联合创新，华为被越来越多的运营商视为其转型期可信赖的战略合作伙伴。在企业业务领域，华为坚持"被集成"，坚持开放合作，与 SAP、埃森哲等战略合作伙伴联手，在云计算、大数据等领域开拓创新。华为在全球已为客户建设了 480 多个数据中心，包括 160 多个云数据中心。我们的敏捷网络及敏捷交换机 S12700 自发布以来，在数百家高端行业客户中得到广泛应用。

（3）手机业务。在消费者业务领域，实行"华为 + 荣耀"双品牌运作，坚持精品策略，在多个国家成功进入智能手机第一阵营。华为品牌旗舰智能手机的市场份额大幅提升：P7 全球发货 400 多万台，畅销 100 多个国家和地区；Mate7 在高端旗舰领域人气攀升，供不应求；荣耀品牌手机以互联网为渠道，全球销量超过 2000 万台，一年来增长近 30 倍。

（4）华为成功的原因。传统手机制造商，如诺基亚、摩托罗拉因为赶不上时代，已经被淘汰。而华为这个手机行业的新军，却凭借新的商业模式，迎头赶上，进入了全球市场占有率前三。主要原因是有三点：一是高度重视科技研发。华为坚持每年将 10% 以上的销售收入投入研究与开发。2014 年，从事研究与开发的人员约 76000 名，占公司总人数 45%；研发费用支出为人民币 408.45 亿元，占总收入的 14.2%。近十年累计投入的研发费用超过人民币 1900 亿元。二是坚持跨国经营。2014 年，华为中国区业务收入为 1089 亿元，同比增长 31.5%；欧洲中东非洲区业务收入为 1010 亿元，同比增长 20.2%；美洲收入为 309 亿元，同比增长 5.1%；亚太地区收入为 424 亿元，同比增长 9.6%。几大区域齐头并进。三是坚持模式创新。通过自己在 IT 领域的优势，跨领域拓展手机业务，并取得巨大成功。中国企业想要走出国门，成为一流的跨国企业，需要强大的核心技术水平做支撑，更要利用技术优势开拓相关多元化业务。

1.3.2 互联网 + 家装（齐家网）

齐家网（www.jia.com）创立于 2005 年 3 月，是主要以建材家居产品销售为主的 B2C 电子商务平台，同时开展家装服务。目前已经在全国 45 座城市建立了分支机构，注册会员 500 万，供应商超过 4 万个，平台交易额突破 200 亿元。据统计，在装修家居建材类垂直交易平台网站中，齐家网市场份额排名第一。目前齐家总部员工数 500 人以上，分公司员工数约为 600 人。

齐家网发展概况　　　　　　　　　　　　　　　　　　表1.3.2-1

项目	介绍
成立时间	2005年3月
平台交易量	2012年突破200亿元
线下体验馆数量	40个
覆盖城市	45个
注册会员	500万
供应商数量	4万个

齐家网四轮融资情况　　　　　　　　　　　　　　　　表1.3.2-2

融资轮数	融资时间	融资金额	投资参与公司
A轮	2007年7月	200万美元	苏州中兴投资
B、C轮	2010年年底	超过5800万美元	百度、鼎晖投资
D轮	不详		百度

1. 齐家网业务模式

齐家网目前业务结构（图1.3.2-1）以建材和家居产品的销售为主，同时开展家装服务，并开设齐家家装大学栏目普及装修知识和咨询。产品销售方面，主要采取齐家网上商城，O2O团购，以及定制家具等三种主要模式。

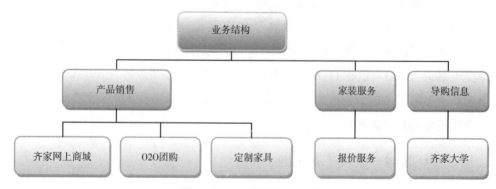

图1.3.2-1　齐家网业务结构

（1）齐家网上商城。集合了丰富的家居建材类产品，已经拥有建材供应商4万多家，覆盖五金建材、卫浴、地板、家具、软装等全品类产品，类似天猫商城的运作模式。通过齐家线下服务中心，形成良好的O2O链条，增强家居商城的竞争力。截至2015年年底，齐家网全国已开业线下体验馆40家，计划到2018年达到300家，平均面积8000～12000m^2。

体验馆设置了产品展示区和砍价区,定期举办各种促销活动,销售场面非常火爆。

齐家的线下体验馆和传统的家居卖场相比有巨大优势,首先线下体验馆有线上流量导入支持,客户流量稳定充足,并且客户的目的性更强。其次,齐家网拥有专业的活动策划运营团队,可以提供一整套专业的营销服务,提升入住商家的销售。最后,齐家网的销售模式比较灵活,营销范围覆盖广泛,线上线下都可以成交,提升入住商家的品牌形象。

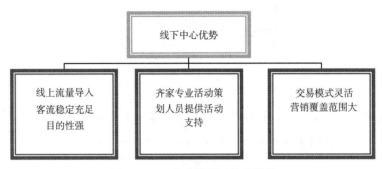

图1.3.2-2 齐家网线下体验优势

(2)O2O团购。通过线上引流,线下团购的方式,分为主场+专场+全国场三种模式,将线上积累的精准客户转入线下。齐家团购的核心作用是把线上客户引导到线下,通过线下体验,达到提升入住商家销售的目的。齐家团购主要有周末租用会展中心、到自建的体验中心进行体验、到合作的线下家居商场进行体验等三种实现方式。

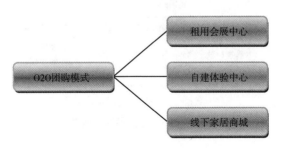

图1.3.2-3 齐家网O2O团购模式

(3)家具定制服务。为了满足客户对于家具的个性需求,齐家网推出了定制家具服务。客户在网上免费预约,享受免费量房,满意再付尾款的保障服务。产品范围覆盖全屋定制,局部定制,来图定制,最大限度满足客户的多样需求。

数据来源:官网,安信证券研究中心

图1.3.2-4 齐家网家居定制流程

齐家网家居定制服务　　　　　　　　　　表1.3.2-3

对比项目	传统家具定制	齐家家具定制
方案	收费测量出方案	免费测量出设计方案
风格	单一商家，风格比较单一	多个商家，风格任选
材质	单一商家，材料选择有限	超过50种材料可选
支付	贷款直接支付商家，无保障	齐家钱包支付，可以满意后付款
售后	维权费时费力	齐家第三方监督处理售后

数据来源：安信证券研究中心

（4）装修服务。齐家网整合了资质齐全的家装公司，业主在平台发出装修招标，就可以免费获得量房和三份不同公司提供的设计方案，通过几家公司竞争的方式，客户选出满意的设计方案。客户可以选择齐家保，免费监理，金牌施工队，齐家老娘舅等服务，保障装修的质量。

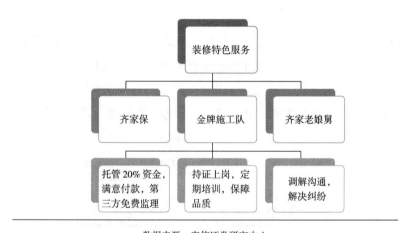

数据来源：安信证券研究中心

图1.3.2-5　齐家网装饰服务

（5）齐家保。第三方装修监管服务，托管20%的装修款，类似支付宝模式，竣工后30天满意再付款。提供第三方监理，5次节点验收，并开具整改报告。免费提供专业监理拍摄的水电隐蔽工程光盘。

（6）金牌施工队。齐家网定期对装修公司施工队进行培训，并从培训合格的队伍中选取最为出色的施工队长作为金牌施工队。为金牌施工队颁发齐家认证证书，施工必须持证上岗。监理验收扣分制度，一旦施工有问题则扣除施工积分，一旦扣完则取消施工资格。金牌施工队一旦出现投诉并没有解决则立即取消施工资格。

（7）齐家老娘舅。主要是作为装修过程中施工方和业主的调解和沟通中心。避免积压矛盾，提供解决方案。一周内未调解成功，自动变为投诉并公布。

2. 收入结构

齐家网收入主要来自四个方面：一是对入驻建材商收取服务费，预计建材类12000元/年，家居类6000~12000元/年不等。二是对入住建材商交易额收取适当比例返点，预计约3%~5%。三是对撮合成功的家装企业收取流量费。四是自营产品的收入。目前齐家网的收入主要依赖建材销售所得的返点佣金。

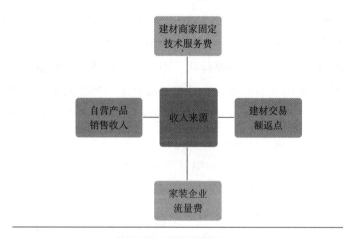

数据来源：安信证券研究中心

图1.3.2-6　齐家网收入来源构成

3. 齐家网优势

齐家网具有先发优势和品牌优势。由于成立时间较早，齐家网是第一批试水家居行业电商的企业，积累了大量用户和良好口碑，在家居建材电商市场中市占率第一。齐家网的业务结构完整，基本覆盖了泛家居整个大行业，可以为客户提供建材，装修，软装等一条龙服务，现已进入正常盈利阶段。

1.3.3　互联网+移动终端（苹果）

苹果公司是美国的一家高科技公司。由史蒂夫·乔布斯等三人于1976年4月1日创立。苹果公司1980年12月12日公开招股上市，2012年创下6235亿美元的市值记录，截至2014年6月，苹果公司已经连续三年成为全球市值最大公司。

该公司硬件产品主要是Mac电脑系列、iPod媒体播放器、iPhone智能手机和iPad平板电脑；在线服务包括iCloud、iTunesStore和AppStore；消费软件包括OSX和iOS操作系统、iTunes多媒体浏览器、Safari网络浏览器，还有iLife和iWork创意和生产力套件。苹果公司在高科技企业中以创新而闻名世界。

1. 苹果公司的研发和生产战略

在全球材料与人力成本日益上升的背景下，苹果是如何保持其产品的低成本？答案是苹果的研发与生产战略。

（1）苹果的研发战略——创造需求，走差异化路线。苹果公司非常重视先进技术的研发工作，像其他公司 Intel、IBM、HP 一样，苹果拥有强大的研究机构，致力于创造电子消费需求。面对种类繁杂的电子产品市场，消费者多数时候并不知道自己真正需要什么。手机行业曾经的霸主诺基亚，通过推出 1000 多种不同型号的手机，成功地将有不同层次需求的消费者一网打尽，但这也导致了诺基亚倒退到工业生产时代的老路上，生产而不再创造。苹果公司不去问消费者他们想要什么，而是去创造那些他们需要但表达不出来的需求。苹果的产品通过完美的消费体验，为消费者提供了一种新的生活方式，从而创造出新的需求。而这些需求是市场上别的产品满足不了的，由此消费者想获得这种完美的用户体验，唯一的选择就是购买苹果的产品。

2010 年 iPad 推出之后，成为了平板电脑市场上唯一一款产品，苹果建立了强大的先行者优势。在 iPad 推出之前，绝大多数的消费者都没有平板电脑的概念，iPad 推出之后，人们才发现平板电脑可以为生活带来极大的便利，于是新的需求就被创造出来了。

iPhone 率先应用了多点触屏、重力感应器、管线传感器、三轴陀螺等超过 200 项专利技术，并把这些技术发挥到了极致。通过对操作软件和触摸屏的创新开发，使得 iPhone 的实体按键简化到只剩一个。在屏幕上，用户只要用两根手指张开或合拢，就能调整图像大小；根据环境光线的强弱，iPhone 能自动调节屏幕的亮度，也能感受用户是纵向还是横向拿着手机，从而自动将图像以合适的方式显示。在研发流程中，苹果始终都贯彻着创造需求，走差异化路线的思想，无形的用户体验和新的需求为苹果的产品创造出巨大的价值。

（2）苹果的生产战略——完全外包。由于研发战略的成功实施，苹果的产品的价值创造依赖于无形的设计与软件，而不是硬件，因此苹果并不需要大量投资于专门资产来制造核心零部件。因此在制定生产战略时，可以选择完全外包的方式，进而降低产品的成本。iPhone 的屏幕由夏普生产，处理器由三星生产，内存、电池、摄像机都在中国生产、组装，它们都没有核心技术可言。

在苹果管理所有供应商的过程中有一个原则，不允许供应商对它产生任何黑盒，芯片等所有的核心部件都必须要苹果完全控制，而且苹果会全程参加。这样做的好处显示在近三代 iPhone 的定价上，任何一代 iPhone，三年的平均成本约为 330 美元，按照 50% 的毛利定价，所以销售价格是 649 美元。这种升级不升价的做法，给消费者带来了一个强烈的信息：升级产品后，你享受到了一款性能更好的 iPhone，但你却不必为此付出更高的价格。

苹果的研发和生产战略并不是相互独立的。苹果在研发战略中采取了创造需求，将产品差异化的路线，不仅大大增加了消费者对其产品的需求，更是为完全外包的生产战略提供了基础,让苹果有能力将其产品成本控制在一个尽可能低的水平上,而研发和生产战略的成功实施也为营销策略奠定了基础。

2. 苹果公司的营销策略

美国市场营销协会(AMA)将市场营销定义为一项有组织的活动,包括创造"价值",将"价值"沟通输送给顾客,以及维系管理公司与顾客间关系,从而使得公司及其相关者受益的一系列过程。

(1)饥饿营销策略。苹果公司多年来一直坚持着一种"保密策略",新产品不到最后正式发布,外界无法从苹果获得任何关于产品的信息。以 iPhone 为例,从它的研发、生产到发布的过程中,苹果公司将 iPhone 的所有细节保密了长达 30 个月,直到苹果通知媒体参加新品发布会,iPhone 产品的细节才被公布。此时,消费者的期望值已经达到了顶点,销量自然不是问题。进行大规模销售的时机已经成熟,苹果却采取了一种摇号加预约和限购的销售模式,产品的供应量被限制在一个满足不了市场需求的水平下。建立在强势的品牌和优秀的产品基础上,苹果饥饿营销策略大获成功。2011 年 iPhone4S 推出首天预购量逾 100 万部,首周末销量高达 400 万部,是 2010 年 iPhone4 推出后首三日销量的两倍多。饥饿营销的实施,必要条件是不充分的市场竞争和强势的品牌与良好的产品。正是因为苹果的研发和生产战略使得产品具有了相当高的价值和与市场其他同类产品的竞争优势,苹果的饥饿营销才能大获成功。

(2)高定价策略。苹果的研发和生产战略分别使其产品做到了差异化与低成本,饥饿营销则保证了产品的高曝光率及消费者的高定位,由此,苹果便有足够牢固的基础去采取高定价策略。以 iPhone4s 为例,在美国,裸机的上市价格分别为 649(16G)美元、749(32G)美元和 849(64G)美元,而 iPhone4S 成本价格,16GB 版零件成本为 170 美元,32GB 版零件成本价为 220 美元,消费者对 iPhone、iPad 的需求却有增无减。通过饥饿营销和高定价策略,苹果成功地将一个观念灌输进消费者的脑海里——苹果是世界上最好的产品,因此苹果的产品卖得贵卖得少是自然而然的。

3. 苹果公司的成功及带来的启示

(1)对苹果成功的总结。苹果的成功绝非偶然,它的研发、生产和营销策略也不是相互独立、毫无联系的。苹果的研发战略使其产品获得了很高的价值,决定了产品的竞争优势不在于先进的硬件,而是优秀流畅的操作系统和出色的用户体验,这就是一种产品差异化的过程。进而,接下来的生产战略选择上,苹果有能力采用完全外包策略——苹果不需要保留核心硬件的自制活动,它的产品没有核心零部件,因而不依赖于专门资产的投资。完全外包帮助苹果公司避免了自制带来的低效率和高成本,继而增长了利润。高价值和低成本,苹果的产品具备了基本的成功要素。

有了优秀的产品作基础，苹果得以放开手脚地采取比其他电子企业更为大胆的营销策略——饥饿营销和高定价。饥饿营销提升了苹果品牌在消费者心中的地位，消费得容易多了。而高定价则不仅增加了苹果的营业收入和利润，为下一代产品的研发提供基础，而且反过来给消费者传输了一种信号——只有高的价格才配得上苹果的产品。这两个营销策略都离不开此前研发生产战略的成功实施，没有优秀的用户体验，产品便吸引不了足够多的消费者以致苹果实施饥饿营销，也说服不了消费者为产品付出高价格。

（2）苹果成功带来的启示。回顾苹果的成功之路，无不体现着创新二字。研发策略中苹果始终注重用户体验，而不是盲目的硬件升级。营销策略也没有采取保守的做法，而是大胆在地发布产品前，营造一种神秘的气氛，发布后控制供货量，采取高定价，成功地提升了品牌形象，公司的营业收入和利润也大幅上升。苹果的成功无法复制，因为苹果走的是一条创新的路，创新是无法模仿的。

理念是最重要的，苹果的理念是顾客至上，设计产品的过程中始终考虑着用户的感受，从细节入手，务求产品能让顾客用得最舒服、最愉悦。中国手机商应该学习应用这个理念，而不是一味地追求外观的时尚和低廉的价格，忽略了用户在使用产品的过程中的感受。企业能获得快速的成长，靠的是消费者，企业能否赢得消费者的支持就在于企业的产品能否为消费者创造了实实在在的价值，中国手机商也应接受、消化这个理念，从消费者的角度去设计研发产品。

1.3.4 互联网+通信技术（思科）

"仿佛一夜间整个企业的运作规则，经营模式都起了翻天覆地的变化。"有人用这样一句话形容网络对企业界的冲击。网络这个 20 世纪末诞生的世纪怪兽，完全颠覆了过去多个世纪历来人们对企业的管理观念，而思科正是带动这个模式的闯浪者。1984 年 12 月，思科系统公司在美国成立，创始人是斯坦福大学的一对教师夫妇。约翰·钱伯斯于 1991 年加入思科，1996 年，钱伯斯执掌思科帅印，是钱伯斯把思科变成了一代王朝。它的经营模式影响了整个硅谷，影响了整个 IT 企业界，甚至很可能是日后世界运作的规则。

1. 虚拟经济

网络的诞生衍生了新的信息中介。面对虚拟通道与实体通道，思科建立了一条遍布全球的实现虚拟工厂业务的典范通道。他的做法是公司依靠为数不多的经销商负责网络订单的订货，并且提供维修服务。传统的经销商不会因收入较少而反弹，顾客通过网站下单及咨询让思科直接建立与消费者的关系，这样一来，公司不仅可以利用网络作为压制经销商的筹码，还可以完全掌握客源资料，即使以后公司不再经由网络进行销售，也还可以顺利地开展业务。

思科的电子化管理系统无疑是公司的制胜法宝。经过筛选，在思科的网络对 1000 多位符合要求的思科代理商以及最终用户进行注册,而这些注册用户都是唯一的。某一个合作伙伴将被指定由某一个或两个人来下单,思科给予这些人特定的下单密码,这些密码由思科合作伙伴共同承担。这样一来,合作伙伴,尤其是公司的代理商就不用担心思科会因此而把他们的客源资料剥削,而思科也能满足自身的要求,在整个业务流程进行有效的渠道控制。

接到客户和代理商的订单后,思科通过网络直接的送到生产的工厂,工厂生产出来后产品被直接的送到客户手中。通过网络下单,这种虚拟通道由于节省了大量的场地与人员开销等费用,使整个生产成本大幅地下降,销售额与利润同时上涨。这种订单模式成功的秘密,其实就是把库存风险从成品制造商手中推到供应商手中。然后,管理零部件以外的市场管理风险则通过思科来解决。思科建立起一支精锐的服务、设计、质量以及市场开拓的队伍。通过这样的一种大分工模式,既减少了成本,每年为公司节省了3亿美元,也增加了企业市场信息的传递速度与强度,为思科以及它的集团军(合作伙伴)营造了核心竞争优势。

2. 供应链

思科的供应链改造工程是从1992年开始的。思科把大部分的生产交给合作厂商,自己主要集中精力放在产品的最后调试与设计上,然后与厂商一起维护这么一条产品的供应链,彼此交流信息与相互合作。之后,进一步把这么一条供应链往外拉长,向供应商与客户渗透,自己逐步地跳出具体的生产领域,从事各种开发与市场工作。

思科组织了一个大而全的产业聚群。通过互联网把供应商集中到思科的周围,以它为核心形成集群优势。以网络为信息中介的群体把几乎贯穿网络设备生产的所有纵向供应商连在一条产业链上,利用网络信息"快"的特点,迅速地对市场作出反应。

在产品开发的引进上,思科通过供应链的改造大幅度地降低了产品的引入期。思科的研究表明,每个产品在引入时平均要反复地进行四到五次原型构造,这大概要花5到10周时间,还需要一段时期耗费大量的人力与物力进行有关的信息采集与发布。因此思科的技术部门在原型期内引进了自动化数据信息收集系统,把原有一整天的时间缩减到15分钟。据公司透露,1997年,仅NPI一项就使公司在新产品引进上缩短了三个月,节省开支达2150万美元。

3. 新物种

思科的电子化虚拟渠道与供应链使整个从事硬件生产的公司发生了令人几乎难以相信的变化。当许多中国的合作伙伴参观思科的美国厂房时,他们甚至于不能想象这么一个小小的工厂就是巨无霸思科的生产基地,但事实却正是如此。按照思科公司流行的说法就是,在别人眼中我们是一家硬件公司,但我们日益增长的赢利却在一个"软"字上。这是知识经济，信息时代的特点。

供应链的改造与电子化虚拟渠道的开通给予了思科无限的生命与活力。现在，思科的库存里几乎没有任何零部件与在产品，它们都被放在供应商手中，订单通过电子交易系统送到供应商手中，他们便自行装配，对于需要转配后测试的机器，供应商就把它送到思科手中测试。结果是思科的产品实际上有40%根本没有经过思科员工处理，连接它们与思科客户的仅仅是思科网上的智能化自动处理数据库。就算是遇到大型复杂产品的订单，思科也仅仅介入最后处理，一切显得相当简便。它为公司每年完成80%的交易额，每天流量超过8100万美元。

同时由于柔性系统的开通，网络技术赋予了庞大的公司以灵便的活力，最明显的就是公司的开支审计管理。思科拥有员工约1.7万人，但令人难以置信的是，对于整个公司的开支审计和管理，公司内部只由2位员工独立进行在线处理，准确得几乎达到100%，精度上远远超过过去的30%。

思科的软性管理模式已经使原来传统模式中彼此分隔有如孤岛的雇员、客户、供应商、合作伙伴通过网络技术成为一个连接在一起的新物种，实现整个产业群市场、零件、制造之间信息的完全透明化、清晰化、低成本化和高效率化，赢得了成功，改变了整个竞争的游戏规则。

1.4 "互联网+"第三产业（上）

互联网与零售业的结合促进了电子商务统一大市场的形成，释放了庞大的内需消费潜力，并推动我国流通业在覆盖地理范围、覆盖人群上的跨越式发展。同时，得益于交易技术和商业模式的革命，流通业的效率和水平得到明显提升。

1.4.1 互联网+电商+金融（马云创立的阿里巴巴）

阿里巴巴集团是马云1999年在中国杭州创立的。它经营以电子商务为核心的互联网业务，致力为全球创造便捷的交易渠道，已经发展成为全球最大的电子商务平台。其主营业务包括：中国电商业务，淘宝网、天猫商城和聚划算这三个平台，以及B2B业务平台1688.com；国际电商业务，alibaba.com，全球速卖通；金融业务，蚂蚁金服、支付宝；其他业务包括云计算和互联网基础设施，指的是阿里云和万网。

1. 财务状况

2014年全年，阿里巴巴股份公司总营收708亿元，净利润270亿元。2014年年底，市值2583亿美元位居全球IT企业第4位，互联网企业第3位，前两名为苹果和微软；腾讯市值1358亿美元，位居全球IT企业第12位。

阿里巴巴 2011～2014 财年主要指标情况　　　　　表 1.4.1-1

单位：亿元

指标	2012 财年	2013 财年	2014 财年	2015 财年	三年增长倍数	三年年均增长
营业收入	200	345	525	762	3.8	56.2%
净利润	24	166	234	243	10.1	116.3%
总资产		638	1115			
净资产		527	707			
净利润率	12%	48%	45%			

注：2015财年指2014年3月～2015年3月

2. 阿里巴巴商业模式相对于传统零售业的优势

阿里巴巴电子商务平台主要通过以下三个方面，来吸引消费者和商家。

（1）通过互联网平台压缩中间环节，降低成本。在阿里巴巴电子商务模式下，传统的销售渠道得到了优化和精简，营销中介逐步压缩。同时，采用网络直接将产品销售给终端用户，而网络销售的成本非常低廉，无须店面和传统的铺货成本，只需要将商品的图片文字等信息上传到网络服务器就可以销售，节约了大量的店面费用和货物的积压资金。阿里巴巴提供了一个服务的平台，让个人买家和卖家免费实现交易，节约了双方的购物时间，减少了营销中介的作用。对于很多淘宝卖家，他们只要在家中，将自己商品的图片通过网络上传到网店中，直接在家中进行商品的销售，节约了店面的费用和人力成本。

（2）通过互联网平台突破时间、空间的限制，提高效率。传统经营方式受时间和空间的限制，而淘宝突破了时间的局限，实现了 7 天 24 小时不间断的营业。同时，利用网络使企业直接面向市场，开展网上营销活动，面对的是全球市场，并且能够针对全世界每一个客户，提供产品。我们看到淘宝中的很多卖家，他们的部分业务直接面对居住在全世界的华人或亚洲人。而对于传统的零售业，这是不可想象的。网上业务的开展使销售触摸到的更大的市场范围，为企业赢得更多的潜在客户。

（3）通过互联网平台实现信息对称，保证权益。淘宝利用网络店铺海量的全方位的展示商品质量、性能、价格及付款条件等，并通过时时客服、细心的回答消费者的疑问，有助于消费者完全地认识了商品及服务后，各取所需，发出订单，再去购买它。淘宝的网上展示，网上销售，网上付款，网上售后，网上评价等一系列的网上服务，做到了信息对称，保证了消费者的权益。截至 2015 年底，阿里巴巴旗下两个主要电子商务平台中，淘宝网注册会员超 5 亿人，活跃用户消费达到 4.07 亿元，在线商品数达到 10 亿件；天猫拥有 4 亿多买家，5 万多家商户，7 万多个品牌。

3. 依靠资本市场走向成功

阿里巴巴的融资在中国互联网企业中绝对算是个奇迹。不包括IPO融资，从1999年至今，阿里巴巴累计获得融资金额达到75.5亿美元，如果加上IPO融资，金额高达340亿美元，即便在国际互联网公司的融资史上也是数一数二。

（1）前期靠风投度过互联网泡沫破灭危机。1999年阿里巴巴获得高盛等欧美、亚洲风投公司的500万美元投资，2000年马云为阿里巴巴引进第二轮2500万美元，软银领投2000万美元，富达等投资公司等跟投500万美元。2004年，阿里巴巴第三轮融资8200万美元，成为当时中国互联网历史上融到的最大一笔资金。软银牵头出资6000万美元，其余2200万美元由富达、TDF和GGV出资。前两轮融资使得阿里巴巴在2001年互联网泡沫破灭之前获得了过冬的粮草，得以幸免。第三轮融资对于阿里巴巴的从B2B到C2C的转型战略十分必要。当时阿里巴巴刚熬过互联网寒冬，马云准备向风头正劲的eBay发起挑战，急需真金白银。有了孙正义的6000万美元，一年后胜负分明，淘宝在C2C领域里称王，孙正义功不可没。

（2）风投陆续套现，孙正义持续加码。从阿里巴巴集团的第三轮融资开始，早期的风投基金开始陆续套现。高盛因战略调整，退出了中国风险投资市场，其所持股份被GGV接手。高盛成为较早退出阿里巴巴的机构。2005年，雅虎入股阿里巴巴，VC/PE基金开始大规模退出。当时，雅虎以10亿美元现金、雅虎中国的所有业务、雅虎品牌及技术在中国的使用权，换取阿里巴巴集团40%股份及35%的投票权。软银通过售出淘宝网股份获利3.6亿美元，再次购入阿里巴巴股份花费1.5亿美元，最终套现2.1亿美元；阿里巴巴管理层和其他股东套现5.4亿美元。前三轮的VC投资者大致获得了10倍左右的回报，对于VC来说还算相对不错的回报。

2007年，阿里巴巴集团旗下B2B业务在港交所上市，给了剩余持有股份的VC基金的套现退出机会。当时软银在阿里巴巴投资的8000万美元账面回报已经达到70~80倍，应该说已经创造了骄人投资业绩，见好就收或许是不错的选择。这个时候就看出来孙正义的独到眼光和胆识，铁了心要陪马云玩到底，全然不为所动。到2011年阿里巴巴重启对PE融资大门，除了软银之外，其他所有的VC基金都已退出阿里巴巴。

（3）为守住控制权，开展PE融资。阿里巴巴于2011年和2012年分别进行了两轮PE融资，融资额高达62.88亿美元。其中一轮是针对员工股权购买计划，另外一轮是为了回购雅虎股权进行的融资计划。从本质上来说，如果没有阿里巴巴与雅虎控制权之争，众多PE机构将难以获得两轮的投资机会。

2011年9月，阿里巴巴向美国银湖、俄罗斯DST、新加坡淡马锡以及中国的云峰基金融资近20亿美元。按照当时的融资计划，所有符合条件的阿里巴巴集团员工，均可以按照自己意愿以每股13.5美元的价格将所持有的集团股权按照一定比例上限出售，从而获得现金收益。

2012年8月，为了支付回购雅虎持有股份所需的76亿美元，除了商业贷款以外，阿里巴巴向一系列PE基金和主权财富基金出售了26亿美元的普通股和16.88亿美元的可转换优先股。其中普通股的价格为每股15.5美元，可转换优先股的价格为每股1000美元。中投、中信资本、博裕资本、国开金融等机构成为新股东，银湖、DST、淡马锡分别进行了增持。

（4）赴美IPO募集250亿美元。2014年9月19日注定载入史册，阿里巴巴高达250亿美元（约合人民币1535亿元）的融资额超越通用汽车2010年创下的231亿美元史上最大IPO，并远超Facebook2012年上市时的160亿美元，成为史上最"卖座"的互联网公司。

4. 商业模式使其拥有30%的净利率

（1）收入方面。淘宝的收入来源于三个部分：一是直通车广告，就是竞价排名广告，卖家设置相应商品的竞价关键词，展示在买家的搜索框及搜索结果中；二是展示广告，即传统的硬广；三是第三方联盟导流项目"淘宝客"，卖家需要支付基于淘宝客引流成功的交易佣金。

天猫主要是向卖家直接收租，卖家需要为通过支付宝交易成功的订单，支付一定比例的佣金，佣金比例根据品类不同，从0.5%到5%不等，占大头的实物商品佣金一般为5%。天猫的卖家也会购买营销产品吸引流量，包括直通车产品和展示广告。

（2）成本方面。阿里巴巴的成本主要有产品研发成本、销售与营销成本、总务与管理成本。以阿里巴巴2015年1~3月情况为例，费用共计93.12亿元，其中产品研发开支达到30.83亿元，销售与营销开支为30.21亿元，总务与管理开支24.19亿元。

（3）盈利情况。阿里巴巴的净利率比传统行业要高很多，2013~2015财年的收入净利润率均超过30%。

5. 阿里巴巴成功的原因

（1）前瞻性介入B2B（企业对企业）业务。阿里巴巴最开始的业务是建立中国商品的出口平台，成功主要有三个方面：一是在市场上还没有竞争对手。国际上最大的电商平台eBay主要做C2C（个人对个人）业务。二是中国沿海地区有数以百万计的工厂资源，有着大量的出口需求，需要接触西方市场的互联网交易平台。三是中国加入WTO在即，外贸交易增速快。

（2）C2C业务击败eBay易趣。2003年，阿里巴巴向C2C业务进军，在淘宝网创立之初，国内的C2C市场的霸主是eBay。2003年，eBay和易趣合并，其市场份额达到了90%。无论是技术、资金、人才、占有率还是品牌，eBay易趣全面占优。尽管eBay采取封杀策略，全面封堵淘宝，但马云的团队屡出奇招，快速成长：一是改变商业模式。阿里巴巴通过分析，

eBay 的收费模式，并不适合当时的中国国情。所以立即推出免费模式，来摧毁 eBay 的原有的收费模式。二是 eBay 管理高层均是老外，水土不服，以及反应慢、受制于全球市场模式。三是马云的坚持。当时 eBay 为了消灭淘宝，采取了收购策略。平均一个季度报一次价格，第一次报价是 1 亿美元，后来是 2 亿元，再是 4 亿元，每次报价都是双倍，最高的报价到了 20 亿美元。但是还是被马云拒绝了。从 2003 年年底到 2005 年中旬，短短 18 个月，这场惨烈的战斗以淘宝的完胜告终。今天，阿里巴巴的价值已经很明确，80%体现在以淘宝延伸出的体系中，原来 B2B 的业务只占不到 20%。

（3）中国电子商务领先全球。

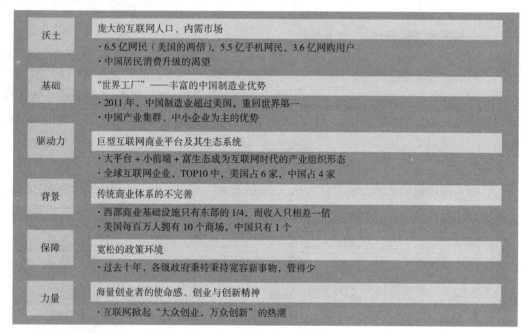

图 1.4.1-1　中国电子商务市场

（4）发展战略得当。一是建立了一个有统一的交易规则、统一的信用体系、统一的商业服务体系的全国大市场。全国统一大市场的形成对于国家经济繁荣至关重要。在我国，市场化三十年，统一规则下的全国大市场依然困难重重。分割的市场、高昂的中间成本与扭曲的定价机制导致国内流通体系低效，同时严重抑制技术创新和产业升级。而互联网天然具有跨地域、无边界特性，架构在互联网之上的电子商务也具有跨地域、分布式、在线协同的特点。当线下各省市、区域分割严重的局面无法短时间改变的时候，互联网通过其"距离无关"的天然属性，将全国不同区域间巨大的制度与政策落差瞬间抹平，形成了事实上的全国统一大市场。淘宝网拥有上亿用户，10 亿件商品、900 万的卖家，每天 2000 万以上的包裹量，24 小时不间断的电子商务交易行为。淘宝网实现了海量需求和供给信息地高效、实时、全局匹配，也驱使各类生产要素在市场平台上自由流动。

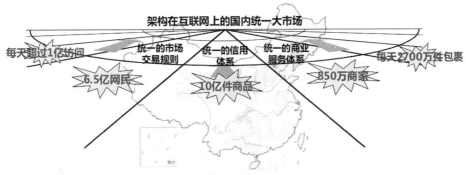

图1.4.1-2 基于互联网的全国统一市场

二是提高了商品交易效率。商业基础设施的更迭和交易结构的改变,大大提升了中国流通业的交易效率。据阿里研究中心测算,网络零售的交易效率是实体零售的4倍,同样1元的投入成本,实体零售完成的商品成交额是10.9元,而网络零售完成的商品交易额是49.6元。

三是释放了巨大消费潜力。我国西部与东部地区,人均收入相差不到一倍,但是人均商业基础设施却相差近4倍。研究发现,我国西部的人均收入是东部的一半,人均批发零售营业面积只有东部的1/4～1/3,中西部地区商业设施的严重欠缺极大地制约了居民消费需求的释放。网络零售从新的商业基础设施、交易结构等全面提升交易效率,推动了我国流通业整体转型。电子商务产品种类丰富、价格更低、交货方便的特征,收到网购人民的欢迎。麦肯锡研究发现,电子商务创造了40%的新增消费需求,释放了中西部、三四线城市的消费潜力。

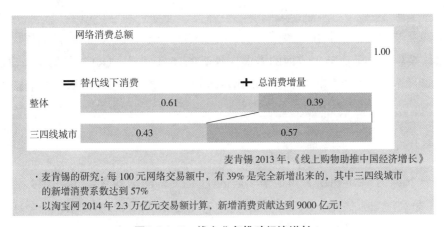

图1.4.1-3 线上业务推动经济增长

（5）对传统行业的影响。对传统零售业特别是专业卖场（家电卖场、书店等）、百货业、连锁超市等影响极大，需要加快转变商业模式。阿里巴巴创造出每天2700万的包裹量，迅速培育出以顺丰、四通一达为主的快递行业。为适应电子商务平台公开迅速快捷的特点，传统轻工业也将逐渐转变为以客户为中心的小快灵模式。

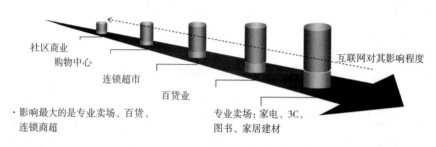

图1.4.1-4　互联网对传统行业的影响

（6）启示。科学技术是第一生产力。"互联网+"同前几次技术革命一样，带来的效益是显而易见的，不仅释放了生产力，而且降低了社会运行成本。"互联网+"的发展趋势不会衰退，还将加速发展。谁主动拥抱"互联网+"，谁就可能占得行业先机。在中国，已经拥有了超过6亿人的在线消费者，形成了互联网的黑洞效应，广告营销、通信、零售等已经被黑洞吸引进去，其他行业只是时间先后的问题。拥抱"互联网"+，就可以拥抱超过6亿人的消费者。

1.4.2　互联网+及时通信+新闻娱乐（马化腾创立的腾讯）

腾讯成立于1998年，是目前中国最大的互联网综合服务提供商之一，也是中国服务用户最多的互联网企业。腾讯主要产品有微信、QQ、腾讯网等，能够满足互联网用户沟通、资讯、娱乐和电子商务等方面的需求。截至2016年2月，QQ的月活跃账户数超过8亿，最高同时在线账户数超过2亿；微信用户达到6.97亿，每天使用微信的活跃用户超过90%。

1. 财务状况

腾讯于2004年在港交所上市，当年收入11亿元，净利润4亿元，2014年实现收入789亿元，净利润238亿元。10年收入增长约77倍，利润增长约60倍，是全球排名前十的互联网公司。2014年年底，腾讯市值达到10200亿元。

2011～2014年腾讯主要财务指标情况　　　　　表1.4.2-1

单位：亿元

指标	2011	2012	2013	2014	三年增长倍数	三年年均增长
营收	285	439	604	789	2.8	40.4%
净利润	102	128	156	239	2.3	32.8%
总资产	568	753	1 072	1 712	3.0	44.5%
净资产	291	421	585	821	2.8	41.3%

腾讯不仅十年间收入和利润每年保持快速增长，且季度的收入和利润走势也十分稳定。季度业绩走势（图1.4.2-1）如下：

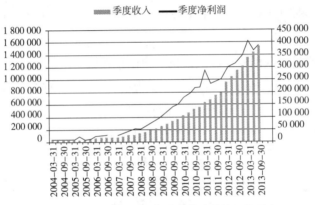

图1.4.2-1　腾讯季度业绩走势（单位：万元）

2. 商业模式的优势

腾讯的主要产品是即时通信工具QQ和微信，他们属于互联网时代、移动互联网时代的新生事物，同传统的通信方式对比，有很多的优势，如：可传递的信息种类丰富、容量大。可以传递文字、图片、音频、视频等，提供网络游戏、QQ空间、互联网金融、电子商务等服务，使人们的工作和生活变得十分便利。即时通信工具已经取代了短信、邮件等，成为人们交流沟通的第一选择。

（1）做中国的ICQ，腾讯50万元上路。1996年，ICQ便正式诞生。一年后，马化腾接触到了ICQ并成为它的用户，最初的想法是做一个中文的ICQ软件，然后找机会卖给有实力的企业，完全没有想过公司最终会成为中国互联网的巨头。公司最开始的这段岁月里，由于团队人员精简，也只有50万元的创业资金。马化腾把曾任上市公司董事的父亲拉来帮忙给公司做账，其父就开着奔驰来给儿子打工，老马想必同时还将公司治理和资本运营等诸多方面将经验传承给了儿子。拉来父亲帮忙还不算完事，由于当时创办公司的法人代表必须是待业或退休身份,马化腾又只好让退休的母亲来担任腾讯当时的法人代表。此时的腾讯,就好比汪洋中的一条小船,紧紧巴巴地就扬帆起航了。

(2)不足岁就面临夭折的OICQ。1999年11月,腾讯的第一个即时通信产品OICQ在上线9个月的短短时间内用户就已破百万,远远地且永远地甩开了所有的同期竞争者。伴随不断增加的庞大用户群,OICQ需要更多的服务器去支撑,但就在这时,公司账面上只余下大概1万块了,尚不足岁的QICQ仍然有要夭折的危险。众人便只好四处奔走,找人投资入股,并在高交会上认识了当时国内首屈一指的VC公司IDG总经理王树。这次会面最终让IDG冒险决定投资腾讯,其缘由无非两点:一是有AOL斥资2.87亿美元收购ICQ,无疑起了一个示范作用;二是虽然还没有找到靠谱的商业模式,但OICQ已经拥有较大并不断增加的用户群。锦上添花的是,马化腾他们后来还托人牵线找到了李泽楷的盈科,虽然对方一度犹豫,但看着IDG最终拍板之后,盈科最后也就同意投资。最终,IDG和盈科携手投资220万美元,各占20%股份,腾讯的救命钱算是搞定了。

(3)阴差阳错避过互联网泡沫破灭危机。但由于投资方均非大陆公司,资金需要从境外划过来,诸如起草文件,报批报审等手续流程会耗费不少时间。可已经弹尽粮绝的腾讯没法再等了。多亏王树再度出手相助,通过个人关系找到朋友出资先期垫付450万元。2000年年初,在腾讯等人翘首期待下投资协议最终签订。而这样波澜不惊的过程,却阴差阳错地使腾讯得以安然渡过后面那场席卷全球的互联网泡沫危机。马化腾和他的伙伴们对此恐怕至今都还会后怕,若不是赶在泡沫破灭时刻之前敲定协议拿到资金,同样"可能早就没有腾讯了"。在无数个成功或者失败的创业经历中,运气无疑是最不可捉摸的因素。这一次,腾讯似乎又借助到了运气的帮助,得以从容地渡过这场互联网业始料不及的空前劫难。

(4)邂逅MIH,腾讯"二婚"赢得真爱。2000年年末,由于互联网业持续的萧条,投资方认为腾讯的商业模式是不会被市场主流青睐的,也没有更多的增长空间了,继续投资就等于烧钱,IDG和盈科逐渐有了要撤股套现的想法。可腾讯却需要新的资金的添置服务器支持公司的继续发展。

为此双方进行了多轮面谈,两家股东最终同意以贷款的形式给予腾讯200万美元,同时开始积极寻找愿意接盘的公司。2000年即将过去,QQ的注册用户很快就要突破惊人的一亿,可是此时全中国竟然没有一家公司愿意去收购腾讯的股份。

正在这一筹莫展之际,MIH来了。马化腾这还是头一次听说这家来自南非的公司,在后来的会谈中他还接触到了能说流利汉语的MIH副总裁网大为。双方几经商讨,MIH最后同意以现金支付的方式从IDG和盈科手中拿到共计32.8%的股份,同时保留公司控制权给马化腾。腾讯维持这样的股权结构至今,而网大为也以执行副总裁的身份任职腾讯负责国际业务。

（5）上市融资。2004年，腾讯在香港上市，募集资金达15.5亿港元。随着上市成功，腾讯熬过了凤凰涅槃前最终的难关，之后迎接他们的便是一片坦途。

3. 超过500亿元的全球并购投资

腾讯自上市以来，对外并购投资支出累计已超过530亿元，年报中有披露的投资标的累计超过80个，几乎遍布互联网的各个细分领域。在国内诸多企业走出去举步维艰、屡战屡败时，腾讯的海外并购却已然横跨亚欧美三大洲十个国家与地区，初步奠定了全球化的基础。通过投资参股的形式，腾讯不断培育着产业链的上下游，以打造一个以QQ、微信为核心平台、全面开放的互联网生态圈。

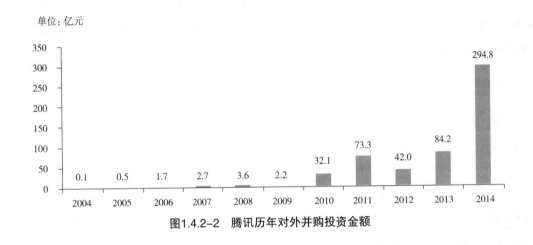

图1.4.2-2　腾讯历年对外并购投资金额

细观腾讯的投资并购轨迹，于不同时间段在不同细分行业的落子，反映出其战略布局中的四个重大特征：

特征一：2010年是并购布局的分水岭。2010年不仅是腾讯对外投资金额的分水岭，同样也是其投资范围的分水岭。2009年之前，由于腾讯的并购活动相当有限，仅涉及5个细分行业，而其中最主要的并购集中在网络游戏及电信增值服务两个领域。而自2010年起，腾讯的并购领域急速增加，投资范围越来越广，落子多达23个细分行业，几乎对互联网各个分支进行了全方位的覆盖。

特征二：对网游的并购坚持始终。2005年，腾讯首次对外并购时，所收购的深圳市网域计算机网络有限公司、韩国GoPets公司，皆为游戏公司。此后，腾讯的对外并购无论怎样看似散乱落子，但其每年对网络游戏的并购，风雨无阻，雷打不动，由此可见游戏业务对腾讯的重要程度。某种程度而言，腾讯甚至可以被称为是游戏公司，其2013年604.37亿元的营业额中，网络游戏业务占比超过半壁江山。

特征三：舍弃电信增值业务的并购。在腾讯的早期并购中，另一个重要领域便是电信增值业务，即俗称的SP业务。2006年，腾讯收购了南京网典科技、北京译码，2007年收购了北京英克必成和掌中星天下，2008年再拿下广州云讯和天津手中万维。由于早期SP公司的野蛮成长，手机用户因各种陷阱式的SP业务而被莫名扣取大量话费。自2006年起信息产业部着手整顿SP行业，SP行业陷阱式营销带来的暴利逐渐消退，腾讯也放弃了此领域的并购。

特征四：逐步加大电子商务及移动端的并购力度。自2011年起，腾讯在电子商务及手机软件领域每年皆有并购行动。电子商务领域，腾讯于2011年分别收购了易迅、好乐买、高朋等电商网站部分股权，2012年入股了五百城、进一步控股了易迅，2013年收购了美国电商公司Fab，2014年战略入股了京东、大众点评网。移动端领域，腾讯于2011年分别收购了魔乐软件、刷机大师等，2012年收购了枫树手机浏览器、刷机精灵、乐蛙科技等，2013年入股了滴滴打车、泰捷软件等，2014年又投资了在线地图类上市公司四维图新。在电子商务及手机软件领域接连不断的并购，显示出腾讯对这两个领域的战略重视程度，腾讯未来的业务增长点很大程度上将依托电子商务与移动端的融合。

4. 盈利模式

腾讯的营业收入主要来自于增值服务、网络广告、电子商务交易三个主要方面，其中：增值服务包含即时通讯业务（微信+QQ）、网络游戏等，占公司营业收入的80%。

腾讯起家是QQ聊天软件，依靠对中国本土用户需求的把握，击败了MSN成为国内IM龙头。但如今已经首富级别的马化腾一开始也找不到盈利模式，一度想以100万出售QQ（幸亏没卖掉）。后来依靠QQ秀赚到第一桶金，继而打开了后续Q币等增值业务空间。然后在庞大用户数的基础上开发游戏（PC端），并成为国内端游市场的老大（40%份额），游戏也成为腾讯收入和利润的最大来源。

因此，简单总结，腾讯的商业模式就是以强大的免费社交软件（QQ、微信）等吸引庞大的用户群（6亿~8亿级别），在此基础上利用增值业务和游戏来实现货币化。其中，社交是腾讯帝国的基石，是腾讯一切商业化的基础。有了这些黏性巨大的用户之后，腾讯可以展开多样形式的变现，在PC端时代，增值服务和游戏业务是主要手段。但微信成气候以后，腾讯货币化的手段会更加丰富。

5. 小结

（1）腾讯成功原因。一是顺应事物发展趋势。互联网不断发展，社交、游戏等需求不断增加。二是中国互联网市场容量大，有着13亿的人口，社交工具需求量大。三是通过不断并购其他相关公司，使其龙头老大地位稳固。四是对市场极其敏感，有强大的产品研发部门，当互联网市场上有新的产品出现时，腾讯能够以最快的时间模仿并超越，最终赢得客户。微信就是个例子。

（2）对传统行业的影响。一是对中国三大通信运营商的影响。腾讯的微信产品改变了手机用户习惯，使得中国三大运营商短信使用量减少，流量使用量增加。二是对传统新闻媒体业的影响。腾讯的新闻客户端、新闻网通过其微信、QQ平台能够第一时间将新闻传递给用户，使得报纸、杂志销量减少。

（3）启示。一是掌握了用户就掌握了核心资源。二是用户的黏性需要不断去维护，要以用户为中心，使其成为一种生活习惯。三是要利用好大数据。开展各种增值服务，比如游戏、广告、娱乐等业务。

1.4.3 互联网+医疗（春雨医生）

1. 互联网医疗成长史

信息技术高速发展的环境下，互联网医疗产业在技术和运营模式上都发生了巨大的变化。一方面互联网接入端从PC向移动端转移，互联网进入移动时代；另一方面，在线医疗服务提供商的定位，也从简单的信息资讯平台转变为资源外向释放的服务终端。

（1）第一代：广谱信息资讯平台。医疗服务类专业门户网站是互联网技术与医疗服务融合的最初尝试，主要定位于向用户提供各类医疗信息，其运营模式、盈利模式类似于传统门户网站，广告费是其主要收入来源，典型代表有美国的WebMD（1999年创立），国内的39健康网（2000年创立）。

（2）第二代：以医疗资源为核心的内向性终端。第二代互联网医疗企业则围绕医疗资源进行商业模式创新。一类以医院诊疗资源为核心，提供导诊、预约挂号等服务，例如挂号网、联通12580等；另一类以医生资源为核心，提供诊疗、咨询等相关服务，典型代表有好大夫等。

（3）第三代：医疗资源外向释放的服务终端。第三代企业则试图通过移动互联网技术，最大程度提高医疗资源的运用效率，实现资源外向性释放。以春雨掌上医生为代表的手机APP打破了医院空间上的限制，通过移动终端平台将稀缺的医生资源与用户联系起来。

互联网医疗发展情况　　　　　　　　　　　表1.4.3-1

	业务类型	代表公司/应用
第一代	广谱信息咨询门户	WebMD 39健康网
第二代	医院为核心的内向型交流	围绕医院：挂号通、联通12580
		围绕医生：丁香园、医脉通、好大夫
第三代	医院资源的外向型释放	移动医疗：春雨医生

2. 春雨医生模式

春雨掌上医生是春雨天下软件有限公司推出的一款移动终端上的医疗APP应用，向用户提供"自查+问诊"两大功能。2011年11月，春雨掌上医生上线，5个月时间内获得180万下载量，用户日活跃量5万左右，日问诊量600个。经过高速发展，截至15年8月底，春雨累计激活用户8400万，日活跃用户近300万，注册医生34万人，日均问题量25万。

为打造移动问诊平台，贯穿医疗价值链，春雨医生将自身定位于技术与服务提供商，依托移动终端APP打造移动问诊平台。在平台上进行诊疗信息的数据采集、数据解读和数据干预活动，将诊疗相关的各个群体联系在一起，实现医疗价值链的全面贯穿。

3. 成功原因

春雨医生的"轻问诊"模式迅速发展，原因可以归纳为以下几点：

（1）满足患者自我诊疗需求。疾病可分为轻症和重症，在疾病并不严重时，患者并不需要去医院就诊。春雨医生的医师可以在线解答患者提出的问题并给予相关建议。患者提出的问题趋同性非常强，公司据此进一步推出"症状自查"业务，运用结构化数据，为用户提供诊疗建议，可以满足用户浅层需求，真正实现了边际成本趋于零。这也是春雨未来重点的发展方向。

（2）满足医院筛选病人需求。目前我国医疗资源相对不足且分布失衡，大量患者涌向三级医院造成医疗资源紧张，春雨的出现满足了医院希望过滤病人的需求，缓解了医疗资源的紧缺。具体来说，春雨目前每天约有25万个问题，其中30%~40%不需要去医院就诊，通过春雨此类需求得以解决，从某种意义上达到了"分级诊疗"的效果。

（3）满足第三方需求。利用问诊平台，春雨积累了大量客户资源和数据，这使得与各方的合作变为现实。春雨目前已经开始尝试与可穿戴设备领域的九安医疗、基因测序领域的华大基因、各大连锁药店进行合作，共同进行产品推广及数据采集分析。

4. 未来展望

展望未来，春雨医生将自身使命定位为"再造医疗"。春雨的核心价值将来自"导医"、"导药"、"导数据"。

（1）导医。就诊引导，打造分级诊疗移动数字化平台。当前的医疗市场是阴阳两重天，公立医院是卖方市场，私立医院是买方市场。公司积累的用户资源可以产生巨大的营销价值。对比百度广告每次点击70元的成本，通过春雨医生获得一个用户成本仅需1.5元，对民营医院更具吸引力。除此之外，公司正在与一些省份洽谈合作，试图引入医保支付，分享医保大蛋糕，实现分级诊疗移动数字化平台。

（2）导药。用药指导，促进医药电商市场成长。除了医疗服务市场外，在线医药电商也是快速成长的新兴领域之一。在自我诊疗、医院就诊之后，电子处方、药品在线零售将成为春雨医生下一步发展方向，最终实现移动医疗产业链的全覆盖。

（3）导数据。与第三方合作，业务模式多样化。目前春雨主要的盈利模式来自会员（患者），后续将继续拓展其他盈利模式。2014年，公司与九安医疗开展联合销售合作，利用九安医疗的用户群扩展春雨会员，完善可穿戴设备的数据解读服务。春雨医生与京东商城共同开展"京东云"计划。京东在其商城平台上销售可穿戴设备，通过这些设备对综合性的数据结构化处理，经过处理之后的数据会被给到"春雨医生"，进行数据分析。此外，公司与国内基因检测巨头华大基因进行接洽，向接受基因检测的客户提供春雨服务，希望获得基因测序领域的相关用户数据，进行数据分析解读，发掘潜在盈利机会。

1.4.4 互联网+交通运输（滴滴打车）

1. 简介

2012年6月6日，北京小桔科技有限公司成立（滴滴专车前身）。2014年3月，用户数超过1亿，司机数超过100万，日均单达到521.83万单，成为移动互联网最大日均订单交易平台。其主要产品为滴滴专车，而现在有专车、快车、出租车、顺风车四个业务。顺风车车费最低，但是需要预约，司机是上班族，要看有没有顺路的才会有人接单。快车和专车是即时叫车，司机大多也是专职干的，一般一叫就有车，区别是快车车型差一些，车费低，专车车型好，是B级车，车费贵很多。

2. 融资情况

2012~2015年，滴滴打车共计获得风险投资8.18亿美元。

滴滴打车融资情况　　　　　　　　　　　表1.4.4-1

时间	金额	机构
2012年	300万美元	A轮：金沙江创
2013年	1500万美元	B轮：腾讯集团投资
2014年	1亿美元	C轮：中信产业基金、腾讯集团等
2015年	7亿美元	D轮：淡马锡、DST、腾讯等

3. 商业模式的优势

（1）受用户欢迎。用户可以用手机随时预约，司机按时过来接。高中低档业务都有，供不同需求用户选择，中档车要比出租车便宜30%。手机支付，方便快捷。事后评价打分，对司机是个约束。

（2）受司机欢迎。一是通过手机，能够直接了解到打车者的需求，提高效率。二是根据接单的数量，能够得到滴滴打车公司的额外补贴奖励。

1.5 "互联网+"第三产业（下）

1.5.1 互联网+投资（软件银行）

软件银行集团在1981年由孙正义在日本创立并于1994年在日本上市，是一家综合性的风险投资公司，主要致力IT产业的投资，包括网络和电信。软银在全球投资过的公司已超过600家，在全球主要的300多家IT公司拥有多数股份。2014年9月18日，阿里巴巴在美国上市，软银集团获益颇丰，拥有股份市值达到580亿美元，其创始人孙正义也跃居日本首富。孙正义，韩国裔日本商人，1981年创立软银集团，33年时间，软银逐渐成长为一个信息技术帝国。

1. 事业方向

1980年，23岁的孙正义回到日本，满脑子创业想法的他没有急于求成，他花了将近一年的时间来思考下一步他该如何在他考虑的40种事情中选择最适合自己的。对这些项目，孙正义全部都做了详细的市场调查，并根据调查结果，做出了10年的预想损益表、资金周转表和组织结构图。每一个项目的资料有三四十厘米厚，40个项目全部合起来，文件足有10多米高。

孙正义还列出了选择的标准，这些标准有25项之多，其中比较重要的有：该工作是否能使自己持续不厌倦地全身心投入，50年不变；是不是有很大发展前途的领域；10年内是否至少能成为全日本第一；是不是别人可以模仿。依照这些标准，他给自己的40个项目打分排队，计算机软件批发业务便是从中脱颖而出。

没有预先设定的行业和领域，完全通过一套系统的市场调研的方法，实质上是把一个企业用的项目投资调研的方法，用在个人的事业选择上，并成功地在实际情况中找出一条最佳的事业之路。这样做的意义在于，增强了人生成功的自主性，必然性，减少了人生成功的偶然性。

在这一创业过程中，也没有非常特定的主客观条件，这一系统的市场调研的方法，也可以通过学习相应的经济课程得到，对于其他人来讲也是具有实际可操作性的，也是一个可以复制的成功模式。当然这对复制者市场眼光和判断力要求比较高，不过因人而异，目标的大小、远近可以不同，高者有高的收获，低者有低的收获。

还有一点必须特别强调，必须同时看到孙正义鲜明的创业作风：首先横向超量准备，然后精心挑选一个，最后纵向深入攻坚。这一作风被孙正义多次使用，创业的道路固然重要，创业的作风更是成功保证，两项一个都不能少。

2. 寻找蓝海

1994 年，软银上市之后，孙正义发起了一场疯狂的收购活动，以 8 亿美元买下了美国 Comdex 公司的展销部，以 31 亿美元收购了 Ziff Davis；以 12 亿美元收购 KingstonTechnology。从 1995 年起，孙正义开始对互联网企业的大规模投资，对 55 家公司投入了 2.3 亿美元风险投资，其中一家是雅虎。1995 年 11 月，软银公司向雅虎投入了 200 万美元，第二年 3 月，软银公司又注资 1 亿美元，从而拥有了雅虎 33% 的股份。至 2000 年，孙正义在全球投资了超过 450 家互联网公司。至 2000 年，软银拥有遍及美国、欧洲、日本的企业，其中美国企业 300 多家，日本企业 300 多家。互联网泡沫期，孙正义身家最高达 700 亿美元，一度超过比尔·盖茨，成为世界首富。

回顾往事，孙正义坦言，收购 Ziff Davis 与 Comdex 展会至关重要。因为他们对信息产业做了很好的研究，哪里有新的发明，谁发明了新技术他们都知道，他们有互联网领域最详细的信息。就是通过他们，孙正义发现了雅虎，以及整个互联网产业。

孙正义被很多年轻的创业者当作财神，但他也有自己寻找宝藏的"秘诀"。他曾经说过，在投资一个领域或者地区的企业时，可以先找一个有"藏宝图"作用的企业，然后再通过它寻找更大的宝藏。"把你送到珍珠岛，给你枪、食物、药品，你选什么？我什么都不选，我选藏宝图。"Ziff Davis、Comdex 展会都是孙正义的藏宝图。

3. 时间机器理论

1996 年，美国硅谷的互联网浪潮开始发酵，孙正义向雅虎投入了 1 亿美元。此后雅虎上市后，孙正义仅仅抛售了 5% 的股份，就获利了 4.5 亿美元。由于美国是这一波互联网浪潮的发源地，而日本则比较落后，因此孙正义有远见地跑到美国去投资了大批互联网公司。在美国赚到钱后，孙正义再次杀回日本，成立雅虎日本公司，软银控股 51%，雅虎日本成为日本最大的搜索引擎和门户网站。

此后，孙正义又大量投资中国、印度市场的互联网公司，经典案例包括阿里巴巴、盛大网络、人人网、PPTV 等。孙正义还在印度投资了 InMobi 等公司（全球第二大移动广告公司）。

孙正义的时间机器理论，就是指美国、日本、中国这些国家的 IT 行业发展阶段不同，在日本、中国这些国家的发展还不成熟时，先在比较发达的市场如美国开展业务，然后等时机成熟后再杀回日本，进军中国、印度，就仿佛坐上了时间机器，回到几年前的美国。

4. 建立可持续发展的投资模式

1995年6月,孙正义向雅虎投资100万美元,1996年2月,孙正义再次追加1亿美元投资,获得了雅虎35%的控股权,雅虎市值最高时,这部分股权价值超过300亿美元。雅虎上市后,孙正义套现了5%的股票,赚得4.5亿美元,套现后仍然是雅虎最大股东。

孙正义先后两次投资阿里巴巴,一次2000万美元,一次6000万美元。阿里巴巴收购雅虎中国时,孙正义套现3.6亿美元,雅虎美国成为阿里巴巴最大股东,软银仍然是大股东之一。阿里巴巴香港上市当日,市值接近300亿美元,孙正义却不急于套现,仍然继续持有阿里巴巴股票。到2014年9月,阿里巴巴在美国上市,软银所持股份市值达到580亿元美元。

孙正义的投资与其他以IPO为退出渠道的投资者不一样,是战略性与风险性的结合,其他投资者刚投资时即考虑尽快退出,迅速获利规避风险。他的一般做法是:上市套现部分股票,保证现金及盈利,规避风险,长期持有大部分股票,作战略性投入。对阿里巴巴与雅虎的投资,莫不如是。而杨致远、马云等商业领袖,早年也都靠他的资金翻身。

正是这种投资方式,使孙正义的投资回报远高于一般的风险投资商。一句话,孙正义不是一个一般意义上的投资者,而是长期持有股份,做"铁杆庄家"。这种投资方式让孙正义经历了大起大落。2000年初,软银持有互联网企业达300家,孙正义身家超过700亿美元,2001年,互联网泡沫崩盘,孙正义账面价值损失95%,更多公司丧失了上市机会。孙正义没有跳楼,很多人说他"心态好"。其实还是应该归功于孙正义"风险性+战略性"的投资策略的结合——持有资产虽然大幅缩水,但家底仍在,熬过寒冬,情况总会变好;账面身家大幅缩水,实际利润率也不高,但现金流总能维持。

5. 和龙头企业合作

在软银成立初期,主要做软件批发,没有渠道,资金有限。孙正义出奇制胜,在大阪举行的电子产品展销会上,拿出公司资本的80%租下了会场最大、距入口最近的展厅,并免费提供给各软件公司,吸引了十几家公司参展,产生了相当大的影响。正因为此,当时日本最大的软件公司哈德森与软银签订了一份独家代理合同。软银的业务由此迅速展开,短短几个月就成为日本最大的软件营销商,控制了日本软件市场40%的份额。公司的业绩像翻倍游戏一样飞速增长。

之后,孙正义开始从美国引进一些先进领域的公司和业务进入日本。最早开始被引入的是美国的硬件。比如局域网设备,路由器等。这些引进的业务最开始担心风险太大,孙正义经常会发挥合纵连横的本领拉更多的投资人入伙。从最开始的局域网设备的成功,孙正义有了信心之后,第二年就开始跟美国的思科谈合作。思科是美国最大的硬件设备商之一,比如会议室里用的局域电话、路由器服务器等很多都是思科提供的。当时思科还没有进入亚洲。孙正义就想把它引进日本。孙正义一共找了14家公司，加上软银为最大股东，一起合伙把思科拉进了日本。结果大获成功，软银和思科双赢。软银也名声大噪，并且还促进了软银本身的软件销售业务。其实这个时候，软银已经不是字面上的软件银行了，因为它已经开始进入了硬件领域。

如果能与龙头企业达成合作，就算默不作声也会一路顺利。孙正义总是选择与龙头企业搭档，是因为可以借此享受到龙头企业的品牌号召力、价格竞争力等优势。和龙头企业合作并不简单，对软银而言，有时也会面临苛刻条件，但长远来看，这仍是成就事业最为可靠的方法。

6. 有七成把握就可以行动

有七成把握的事业就值得一做。如果觉得自己在某项事业上有90%的概率获得成功，可能已经有同样有把握的竞争对手存在，这时动手为时已晚。如果成功率在50%，就市场的生命周期而言，可能时机尚早，同时也意味着自家企业与竞争对手相比并未处于绝对优势的地位，业内第三方将无法判断应当追随哪一方。因此，70%的成功率是个重要的参考指标。

孙正义总能把引起他注意的东西追到手。1994年，软银公司公开上市，股价已猛增200%，每股售价达160美元。孙正义占有近一半的股本，合35亿美元，成为日本最富有的实业家之一。他自豪地说："我大概在日本巨富中排第四，但其他三位可能都是从前辈手中继承了房地产。"而孙正义的帝国则是一个巨大的信息市场中心。

为了更好地介入美国市场，提升全球的份额，孙正义决定把重心放到互联网上，因为计算机产业发展到了第三代，第四代的发展主角将是互联网。4年以后，互联网在日本可能会有一个爆炸性的增长，2010年到2015年之后，在使用光导纤维的带宽综合服务数字网上，随时按自己的喜好接受图像和信息的多媒体服务将会迅速发展。当然会有无数无法预测的枝叶，但大的主干部分，孙正义都已经看到了。

7. 全过程管理

1988年，软银公司已经发展了7个年头，按照孙正义的说法，这是软银发展的第一个阶段。在软件流通业方面，软银已然是当之无愧的老大。而在计算机出版业务上，软银拥有6份杂志。公司规模进一步扩大，不再是1981年那个只有两张办公桌的小公司了。但就在此时，孙正义发现人员的急剧增加导致了公司管理跟不上节拍，并由此衍生了一些不容忽视的问题：公司壮大以后，每个人都感到自己是安全的，人人变得过于放松或是过于麻木，使职员感觉到自己的努力和贡献与公司的成就没有直接关系。孙正义认为，软银尚不是一家大企业，绝不允许早早患上"大企业病"。为此，他采取了一系列的改革措施：

（1）员工每10个人组成一个小组，每组备有经营损益表，逐日修订更新。公司内部分成多个小组，能够实现组织的扁平化，确保公司内部的信息管理更加健全，加快决策速度。这样，由小组上报的问题，公司管理层都能做到 48 小时之内作出决议，这种效率在日本企业中很罕见。公司管理人员还定期对每个小组的业绩进行分析，业绩不理想的就破产或被兼并，超过 10 人时自动分解。

（2）在企业管理上实行彻底的数字化管理，采用"每日决算"制度。每日决算，即每天计算出各小组和小组成员的营业额和收益情况，以求做到准确掌握每一天预算达成的情况。在软银公司，负责"每日决算"的员工每人至少有 3 台电脑，这些电脑都实现了联网，时刻不停地收集、分析着每天的经营状况。而这些数据，公司高层人员在世界任何地方都可以通过网络随时查阅，软银也是日本乃至世界上较早实行彻底的数字化管理的公司。

（3）将 1000 多种经营指标做成图表。软银还发明出了一种办法，就是将多达 1000 种经营指标做成便于分析的图表。身为总裁的孙正义带领经营团队，通过这些图表准确而及时地掌握整体的经营状况，以及每项经营的核心目标。哪个部门发生了问题，公司高层人员都能很快觉察到。一般企业也许会罗列出 50 种或 100 种经营指标。但是，这并不能达到分析的效果。只有列出 1000 种才能知道问题出在哪里，哪里应该如何改正。

（4）定期举行"敲打 1000 次"会议。总公司旗下的各公司经理每年都要会晤孙正义一次，参加名曰"敲打 1000 次"的会议。在这个长达 5 小时的会议上，孙正义会仔细审查各公司业务计划的每个细节。孙正义对"敲打 1000 次"方法提出要求：每个项目都定好负责人，规定好期限并决定由谁来做。负责人把项目分配给部下。负责人和部下以周为单位编好年度计划表，把这也输入电脑。这样谁在何时以前应做什么以及如何去做的计划就都一目了然了。负责人自己要为改善计划后的情况打分，然后将其报告给各位董事。董事们还要为此进行打分，孙正义本人也要参与打分，而且由于他是总裁，他打的分可以成倍计。总分高的会依照其分数给予奖励，总分低的就要找出原因，制订改正的方案。通过诸如此类的措施，不仅加快了软银公司的工作效率，还能集思广益，获得意想不到的改革效果。像这样，如果一年能改善 1 万项，那么坚持下去，企业的运营机构，即像 DNA 一样的东西就会不断进化。它是企业的 DNA 进化系统。

8. 抓时间管理

孙正义非常注重工作效率，大到制订规划，小到与员工谈话，都很强调执行的效率。

（1）谈话要直奔主题。孙正义与员工的"电梯谈话"，只给员工最初的 10 秒时间。如果在最初的 10 秒里没能让孙正义了解到重点所在，就会听到他说："结论是什么？从结论说起。"这种直奔主题的风格，确保了时间效率，并且促使员工主动地去训练一口气把结论讲完的能力，长此以往也逐渐形成了软银公司企业文化的一部分。

（2）会议要简洁高效。孙正义在会议讨论过程中，发现有任何问题，都会立即联系相关的负责人员进行求证，并通过会议电话系统作出决策，而不是因为某某员工不在会议现场而推迟会议或不作出会议结论。

（3）执行要马上就做。孙正义对下属下达指示时，最后全都要加上一句"马上就做"的指示，让下属无法拖延，逼着下属提升响应速度，从而提升软银公司的行动效率。

1.5.2 互联网+电商（京东）

京东自2004年成立，到现在的10年多时间里持续高速增长，交易额增长了一万倍。京东集团是中国最大的自营电子商务企业。通过内容丰富、人性化的网站和移动客户端，京东以极具竞争力的价格，提供具有丰富品类及卓越品质的商品和服务，并且以快速可靠的方式送达消费者。截至2013年12月31日，京东在自营式B2C占据46.5%的市场份额，活跃用户数达到4740万，2013年，京东完成的订单量为3.23亿，日均处理订单能力3000万，2013年交易额达到1255亿，创造了中国电子商务的奇迹，京东模式也因此获得了资本市场的高度认可。

在中国电子商务企业中，京东拥有最大规模的物流基础设施。截至2014年3月31日，京东在全国36座城市建立了86个仓库，总面积超过150万平方米。同时，京东还在全国495座城市拥有1626个配送站和214个自提点。凭借24412名专业配送员、11145名仓库员工和5832名客户服务人员，京东在43个城市为消费者提供"211限时达"服务，同时还为全国256个城市的消费者提供次日达服务。

1. 管理理念

京东的管理理念是通过低成本、高效率实现更佳的用户体验。京东持续高速发展的背后，印证了京东管理理念的成功。京东集团创始人兼CEO刘强东先生经过多年的摸索和实践，提出了"倒三角"管理模型：团队处在最底层，是京东高速成长的基石。处在第二层的是京东持续打造的供应链体系，由IT、财务和物流三大系统组成，管理着京东的信息流、现金流和产品流。模型的第三层是京东公司全体人员的考核指标，即成本和效率。模型的最上层，是由"产品、价格、服务"三方面组成的用户体验，京东的"多、快、好、省"就来源于此，即始终追求更全的产品品类、更佳的产品品质、更低的产品价格、更好的用户服务。京东自成立以来不断进行品类扩展，为用户提供一站式的综合购物平台，同时坚持"正品行货"，注重产品品质，都是源于将用户体验放在首位的经营理念。

2. 商业模式

京东的商业模式是互联网思维下的供应链深度整合。京东是一家供应链服务公司，致力于在整个供应链中创造新的价值，借助低成本、高效率的互联网，构建完善、快速的供应链体系为供应商和用户创造价值。京东的供应链模式依托电子商务业态，实现了互联网与零售的创新性结合，是继集贸市场、大商场、连锁店之后的全新模式，通过省去商品流通环节的大量中间成本，使商品从供应商工厂到达消费者手中的过程极大地简化，大幅提升了产业链的效率。

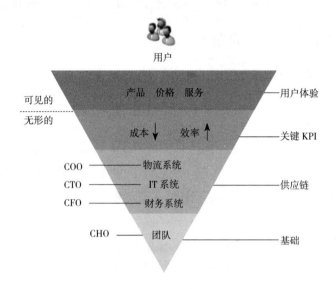

CEO 职责：让每个员工、体系都在这个模型里

图1.5.2-1　京东倒三角管理模型

京东模式，更是价值链整合的模式，可以从根本上保障用户体验。京东通过自营采销，实现大多数商品从供应商直接进货，从而在源头上实现了对品质的把控。对于开放平台，京东也从一开始就坚持品质的把控，通过精选卖家和商品实现更好的用户体验。同时，通过自建物流，并不断将物流服务开放给第三方卖家，京东能够实现更好的配送服务。从而全流程保障更好的用户体验。

京东模式的成功，也体现了电子商务的巨大力量。汪洋副总理在 2013 年底视察京东时指出，"电子商务是综合性、战略性、基础性产业，对扩消费、稳增长、调结构、促转型、增就业、惠民生具有重要作用，是经济社会发展的重要'引擎'，要把发展电子商务作为一件大事来抓，抢占未来竞争的战略制高点。"

京东也在积极与其他传统行业进行深度合作，以将自己在电子商务和供应链服务上积累的能力输出，带动传统行业实现升级转型。2014 年 3 月，京东宣布与北上广等 15 座城市的上万家便利店进行 O2O 战略合作，在交易、结算、物流和售后等方面进行供应链的深度整合，可以为用户提供"1 小时达"、"15 分钟达"等个性化物流服务，构建零售业 O2O 业态。

面对互联网大潮的到来，传统硬件制造企业也急需升级转型。京东的 JDPhone 计划和 "JD+"计划应运而生。京东先后于 2013 年 11 月和 2014 年 2 月推出了京东 JDPhone 和"JD+" 计划。作为中国最大的手机零售商，京东通过大数据挖掘手机用户真实需求，深度整合产业链资源，携手中外手机厂商为用户打造最具性价比、超出期望的精品手机。

1.5.3 互联网+医疗+发电（GE中国）

GE的口号是"想到，做到"，分析当今社会最关切的问题，思考如何解决未来的挑战；努力降低客户成本，帮助客户改善业务运营，节能减排，提高生产效率；研发更好的技术、产品，提供更好的服务，改善生活、拯救生命。

1. 研发靠近市场

不管是国内企业还是国际企业，如果研发团队不能靠近市场，这样的创新无疑是很难成功的。GE中国的研发工作一直坚持"以客户为中心"的原则，较早启动了"在中国为中国"项目，为中国市场定制的具有标志性意义的长期发展战略，全面培养本土研发人员，针对中国市场的特定需求开发新产品、新技术，让中国站在GE全球化战略的最前端。

多年来，"在中国为中国"专项研发基金已累计投入超过1.7亿美元，专门研发针对中国市场的新产品、新技术和新的解决方案。截至当前，"在中国为中国"研发项目已诞生了近40项新技术和产品，并在中国及全球市场获得成功。

GE医疗在中国的基层医疗市场做了很多工作。中国的基层医疗市场大多都有"医疗资源过于集中、偏远地区看病难"的问题。面对国内市场的这一特殊需求，GE医疗的创新团队和黑龙江省、市医院共同搭建了国内首个"远程超声"项目。所谓"远程超声"，是以哈尔滨医科大学附属第二医院为中心，以绥芬河市中心的医院为基层终端，以"3+3+1"（3家县级医院+3家乡镇卫生所+1家三级医院）的模式，构建了一个远程医疗网络。在这个网络覆盖范围内，即使身处偏远地区，也可以享受到大型医院的专家资源和技术。同时，利用这一网络，还可以实现远程教学，加快基层医疗系统人才的培训。

2. 以客户为中心

GE中国成立最初，只是想把最高端的技术和最好的产品引入到中国。而后发现对于很多产品和技术，中国都有自己的"口味偏好"。在这个过程中，GE和客户之间不再是简单的买卖关系，必须一起来发现问题、解决问题。不能只是出去了解一下客户需求，然后回到自己的实验室或工厂把东西做出来给人家就完事了，而是在走出去的同时还应该把客户请进来。

2012年GE在成都成立了全球首个专门为客户协同创新而设立的首个创新中心，侧重基层医疗。其中有个实验室，研发人员会先把设计概念做成模型，然后邀请相关的医师前来体验，模拟真实的场景，看哪些设计或流程需要改进，以便更好地满足客户的需求。

之后，GE又在西安和哈尔滨成立了创新中心，将GE在照明、能源等各个领域的合作伙伴引入到创新流程中，让创新更有的放矢。就在上个月，GE和哈尔滨电气集团合作的"重型燃气轮机联合循环发电机组项目"被选为"中美绿色合作伙伴计划"示范项目之一。"中美绿色合作伙伴计划"是中美两国能源和环境十年合作框架下的一个交流。哈电和 GE 在发电设备领域已经有十多年的密切合作。入选"中美绿色合作伙伴计划",更加坚定了将客户"引进来"的信念,努力打造企业之间协同创新的典范。

3. 快速决策

互联网时代,唯一不变的就是客户永远在变化的需求。GE 自身不断求新,同时也在为客户而变。如何以庞大的身形轻盈起舞,快速响应客户需求、应对市场变化是 GE 始终反躬自省的问题。不久前,GE 在调研中发现公司内部决策流程缓慢,开发时间长,管理层便立即决定通过"快速决策（FastWorks）"的组织模式来应对快速变化的市场。

整个快速决策（FastWorks）的理念着眼于快速调整。GE 再拿医疗举个例子。如果是在 10 年前,你想研发一台新的超声仪器,可能需要耗费上亿美元。然后当你把它投入市场时,客户却说:我们不需要这个。而现在,快速决策（FastWorks）做法是:先给你一点研发资金,你先拿出一个原型。投入市场,看看市场的反应。如果客户喜欢,公司才会给你后续资金。如果市场不喜欢,那么公司也只有很小的损失。所以 FastWorks 的概念就是允许失败。如果失败了,就迅速调整,继续前行,或者改变方向。

4. 机器 + 智慧

GE 提出的工业互联网概念,给资产配备传感器,定制数据流,记录硬件的表现,然后利用这些数据来优化性能。在分散的配置中,通过专业的分析,智能机器可以将生产力提高到一个全新的水平。GE 的目标是利用这些数据来了解客户、感知市场变化,以便为客户提供最优化的解决方案。

GE 水处理部门曾经为国内某大型啤酒酿造公司 5 座工厂提供了远程监控和诊断系统,帮助其实现全天 24 小时监控,节省了人力成本,实现了耗水和化学剂量控制,投入成本可以三年收回。实施至今,已经为客户节省约 48 万美元。如果该公司全部采用 GE 远程监控和诊断系统,并推广到 40 座工厂,大概可以为他们节约近 380 万美元。工业互联网的能量将体现在服务方面——GE 将提供更优秀的运营服务,通过软件分析数据,实时的洞察力,以提高机器的生产效率。GE 的目标不是向客户卖出更多的机器,而是让 GE 可以提供更多的服务,最终让客户获得最大的收益。

1.5.4 互联网 + 教育（VIPABC）

1. 公司简介

VIPABC 是 TutorGroup 集团旗下品牌创建于 1998 年,为实体的专业培训机构,以学习者需求为核心，以服务导向为基础。TutorGroup 集团于 2004 年 3 月首推在线学习平台，以美国硅谷研发团队为核心，发表全球首创云计算整合服务，提供最有效的真人外教、实时互动及网络视频的英语学习平台。

VIPABC 英语深耕全球语言培训市场，十几年来始终如一，提供最高品质服务，在全球拥有 32 个国家、60 个城市、超过一千位以上外籍优秀师资，是可进行 365 天、24 小时真人在线网络学习服务的 TotalSolutione-Learning "云学习"技术平台，在不同的城市及时段为客户提供教学服务，并通过无线网络的整合运用，开发一系列具有知识网络概念的学习频道，成为新一代知识服务入口，每年的客户使用量达 240 万人次。

需要特别注意的是，TutorGroup 集团缘起于台湾地区，旗下有 VIPABC、TutorABC、TutorABCJr 三大英语培训品牌，以及汉语教学品牌 TutorMing。其中 VIPABC 面向人群为大陆地区，TutorABC、TutorABCJr 是面向台湾地区，而 TutorMing 是面向以英语为母语的非汉语国家。

2014 年，宣布完成 B 轮近 1 亿美元融资，由阿里巴巴集团领投，淡马锡和启明创投；而 VIPABC 获得阿里领投，除了市场前景乐观、BAT（百度、阿里、腾讯）三大互联网巨头抢占在线教育的战略布局的结果外，笔者认为最重要的一点是 VIPABC 基于大数据挖掘、云计算的教学平台，与阿里大数据战略相吻合，尤其 VIPABC 支持移动、随时随地学习，2012 年在国贸开设实体体验中心，使其在教育 O2O 领域积累了丰富的经验，利于阿里构建全生活服务的 O2O 闭环。

2. 核心产品

VIPABC 面向人群为 4 岁以上所有热衷学习英语的人，能够向企业、个人提供定制化英语培训计划，包含英语口语、英语听力、英语阅读、商务英语、职业英语五大领域，采用美国大学评量方式评估升级。

课程特点有真人在线实时互动、全英语学习环境，全天 24 小时学习时间自由安排。小班制，程度相同一至四人互动学习，学习地点不受限制。而这一切，都是建立在由 TutorGroup 集团自主研发的动态课程生成系统（DCGS）之上，DCGS 能够实现透过线上语言分析，自动配对并即时编排最符合需求的学习内容，为学员量身定做的个人化教材，针对学习者的语言能力、背景、职业职位、兴趣及学习偏好，采用量身定做最适合学习者的学习内容，切中个人需求。

第 2 章 战 略

万达、绿地等优秀的企业发展神速,创造了许多方面的经验,最为关键的就是战略落地,尤其他们各自形成的独特的商业模式。商业模式是战略通过价值活动方式的反映,公司通过组织管理资金、材料、人力、作业、营销、信息、品牌等的各种资源,为消费者提供产品和服务,它具有自己能复制但不被别人模仿的特性。

2.1 战略转型

大连万达集团股份有限公司(简称"万达集团")自成立以来,经营转型发展步伐不断加快。在经历从地方到全国布局、从住宅到商业地产、从商业向文化旅游企业的转型后,2014年万达再次迈开大步,开始向着拥有商业、金融、电商和文化四大板块的综合性服务型企业转型。

2.1.1 万达集团概况

1. 集团基本情况

万达集团成立于1988年,经过27年的发展已经由一家大连地方性房地产企业一跃成为立足于商业地产、文化旅游、电子商务和连锁百货四大产业的综合性企业。截至2014年年末,万达集团资产总额5341亿元,收入2424.8亿元,雇佣员工11.3万人,下属四家上市公司。

根据万达电影院线股份有限公司(简称"万达院线")招股意向书,截至2015年1月5日,大连合兴投资有限公司直接持有万达集团99.76%的股权,王健林直接持有万达集团0.24%的股权;王健林直接持有大连合兴投资有限公司98.00%的股权,王思聪持有大连合兴投资有限公司2.00%的股权。因此,王健林和王思聪直接或间接持有大连万达集团100.00%的股权,其中王健林直接或间接持有万达集团98.00%的股权,是万达集团的实际控制人。根据彭博富豪榜截至2015年7月24日的数据,王健林持有的万达集团98%的股权价值424亿美元,王健林也借此位列世界富豪榜第十位,为亚洲首富。

目前,万达集团下属子公司构成的业务板块中,商业地产、连锁百货、文化旅游和电子商务是四大支柱板块;未来,随着万达集团的转型发展,商业地产、文化旅游、电子商务和金融将成为万达集团最大的四个板块。

第2章 战略

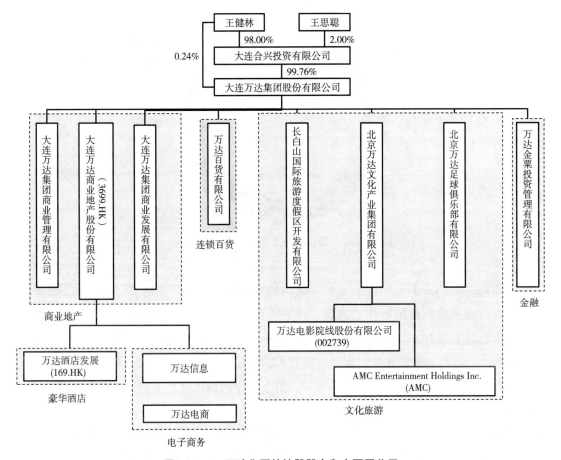

图2.1.1-1 万达集团的控股股东和主要子公司

2. 万达商业地产股份有限公司

大连万达商业地产股份有限公司（简称"万达商业地产"）成立于2002年，于2014年12月23日在港交所首发上市，是目前中国最大的购物中心业主和运营商、中国最大的商业物业开发商和销售商以及中国最大的豪华酒店业主和运营商。万达商业资产总额人民币5643亿元，净资产人民币1552亿元，其中归属母公司股东的净资产人民币1528亿元；2014年总收入人民币1079亿元，净利润人民币251亿元，其中归属母公司股东的净利润人民币248亿元，净资产收益率为19%；截至2015年7月24日收盘时的市值为2596亿港币，万达商业地产是万达集团目前最核心的资产。

万达商业地产的三大业务板块包括开发及经营投资物业、开发及销售物业和酒店业务。

万达广场是万达商业地产最主要的经营性物业。截至2014年年末，万达商业地产持有万达广场总数107座，持有物业总面积2156万平方米，平台销售总额1020亿元，客流累积16亿人次，会员人数超过4350万人，物业平均出租率高达99.3%。

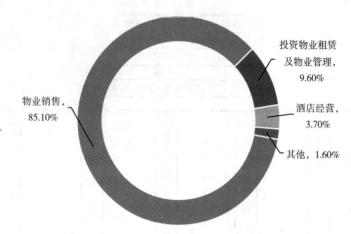

图2.1.1–2　2014年各个业务板块的收入贡献

万达商业地产主要的销售物业是围绕购物中心推出的步行街店铺——"万达金街"。同时，万达商业地产也销售住宅物业、写字楼和SOHO产品。2014年，万达商业地产的物业销售毛利率为40.6%。万达商业地产拥有三个豪华酒店自有品牌：万达瑞华、万达文华、万达嘉华。万达商业地产在全国范围内拥有62家酒店，19165间客房。另外，万达商业地产已经在伦敦、洛杉矶、芝加哥、马德里、黄金海岸等城市和地区取得土地用于开发海外酒店项目。

王健林、林宁直接或间接持有万达商业地产52.93%的股权，为万达商业地产的实际控制人。万达商业地产透过全资子公司万达商业地产（香港）间接持有万达集团另一家上市公司万达酒店发展有限公司（简称"万达酒店发展"）65.04%的股权，是万达酒店发展的控股股东。

3. 万达酒店发展有限公司

万达酒店发展为一家投资控股公司，其附属公司主要从事商业地产开发、租赁、管理及投资控股业务。公司前身为恒力商业地产，于2002年在港交所主板上市。2013年6月，万达集团通过收购正式成为控股股东，8月恒力商业地产更名为万达商业地产，2014年10月更名为万达酒店发展有限公司。截至2014年年末，万达酒店发展资产总额121.8亿港币，净资产34.8亿港币，其中归属母公司股东的净资产30.2亿港币；2014年总收入1.9亿港币，净利润1.2亿港币，其中归属母公司股东的净利润1.8亿港币，净资产收益率为10.6%。2015年7月末，万达酒店收盘时的市值为68亿港币。

万达酒店发展的主营业务包括销售物业、租金收入以及物业管理收入三个板块。截至2014年年末，万达集团控股上市子公司万达商业地产透过其全资子公司万达商业地产（香港）间接持有万达酒店发展65.04%的股权，因此万达集团、万达商业地产均为万达酒店发展控股股东，王健林为万达酒店发展实际控制人。

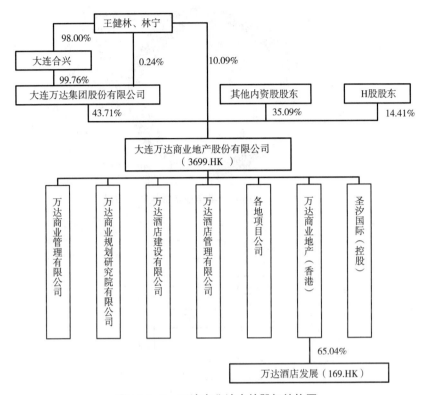

图2.1.1-3　万达商业地产的股权结构图

4. 万达电影院线股份有限公司

万达院线成立于2005年，隶属于万达集团。截至2015年6月30日，万达电影院线覆盖全国近百个城市，拥有已开业影院191家，银幕总数1694块，2015年上半年万达影院上座率是全国行业平均水平的2倍，收入是行业平均水平的2.2倍。万达电影院线于2015年1月22日在A股上市。截至2014年年末，万达院线资产总额45.7亿元，净资产30亿元，其中归属母公司股东的净资产30亿元；2014年总收入53.49亿元，净利润8亿元，净资产收益率为30.8%，截至2015年7月24日收盘时的市值为人民币1270亿元。

万达院线的主营业务包括两部分：院线电影发行、放映带来的票房收入，以及相关衍生业务的收入。2009年至2013年，公司票房收入、市场份额、观影人次连续五年居全国首位。2014年票房总收入42亿元，占全国14.2%的票房份额。

截至2015年1月6日，万达集团间接持有万达院线59.98%的股权。王健林间接持有万达院线59.51%的股权，为万达院线的实际控制人。万达院线的全资子公司均为各地电影城有限公司。根据招股书披露，截至2015年1月6日，万达院线全资子公司共99家。

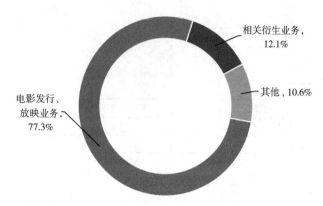

图2.1.1-4 2014年上半年业务板块收入贡献

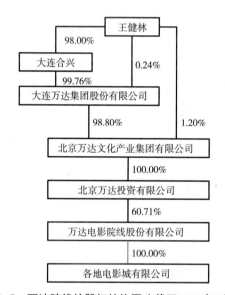

图2.1.1-5 万达院线的股权结构图（截至2015年1月6日）

2.1.2 AMC电影院线

AMC是美国第二大的电影院线公司。截至2014年年末，AMC拥有或控股北美348个电影院，拥有银幕4960块，2014年累计观影人次为1.90亿。2012年8月30日，万达集团以27.48亿美元的交易价格完成了对AMC的收购，此后AMC仍保留运营的独立性；2013年12月23日，AMC在纽交所IPO，募集资金净额为3.55亿美元。截至2014年年末，AMC资产总额47.64亿美元，净资产15.14亿美元；2014年总收入26.95亿美元，净利润0.64亿美元，净资产收益率为4.24%；截至2015年7月24日收盘时的市值为30.24亿美元。

AMC在2014年实现收入26.95亿美元，AMC的影院主要分布于美国的主要城市，纽约、洛杉矶、芝加哥、华盛顿和旧金山五座大城市贡献了AMC电影院线2014年41%的收入和38%的观影人数，AMC在前十大城市的市场中所占份额都排名前两位。

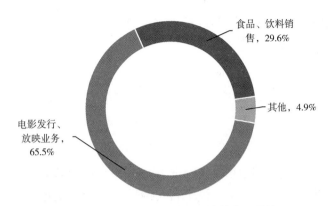

图2.1.2-1　AMC主要业务板块的收入贡献

AMC的控股股东WandaAmericaInvestmentHoldingsCo. Ltd.是万达集团的全资子公司。截至2014年12月31日，万达集团间接持有AMC电影院线77.85%的流通股和91.34%的合计投票权。

图2.1.2-2　AMC股权结构图

2.1.3　万达集团的转型发展概况

第一次转型：由地方企业转向全国性企业。1988年，万达通过承接大连市西岗区北京街旧城改造项目起家。20世纪90年代初期，万达已经迅速发展成为大连房地产行业内的佼佼者，年房屋销售量占大连房地产销售总量的20%以上。1993年5月，万达赴广州番禺开发侨宫苑小区，成为全国首家跨区域发展的房地产企业，实现了由地方企业向全国性企业的转型。

第二次转型：由住宅地产转向商业地产。住宅地产企业的现金流与项目紧密相关，现金流随项目结束而结束，具有现金流不稳定的特点。从城市化发展的经验看，每个国家的城市化进程仅半个世纪左右，而住宅地产市场伴随城市化进程结束而萎缩。基于推动企业持续稳定发展的考虑，万达决定将主营业务转向商业地产。2000年7月，万达开发建设了企业第一个商业地产项目——长春重庆路万达广场，迈出了商业地产转型的第一步。2004年8月，万达开发建设宁波鄞州万达广场，并建有五星级酒店和超高层写字楼，首次提出"城市综合体"的开发模式。2005年12月，万达将商业、住宅两大公司合为一家，成立万达商业地产股份有限公司，确立商业地产为万达的核心支柱产业。

第三次转型：从单一房地产转向商业地产、文化旅游综合性企业。2006年起，围绕不动产，万达开始进入文化、旅游等领域，企业思维方式、人才结构、企业管理都随之发生转变。目前，经过多年的布局发展，万达集团旗下万达文化产业集团已经成为中国最大的文化旅游企业。截至2014年年末，万达文化产业集团资产达到490亿元，2014年度收入341亿元，业务覆盖了电影制作、电影发行、电影院线、电影科技娱乐、舞台演艺、主题乐园、儿童连锁娱乐、旅行社等方面。

第四次转型：由房地产为主转向服务业为主的企业。第四次转型发展于2014年初开始实施。这次的转型在两个维度上进行的：从空间上看，万达力求从中国国内企业转向跨国企业；从企业性质上看，万达希望从一家房地产为主的企业转向服务业为主的企业，形成商业、文化、金融、电商四大支柱产业的全新布局。在2015年上半年工作报告中，王健林定下了2018年服务业收入和净利润占比超过65%的目标，预计到2016年万达集团的服务业在收入和净利润两项核心指标上将首次超过房地产业务。配合第四次企业转型，万达集团也公布了"2211"目标，即到2020年，万达的资产超过2000亿美元，市值超过2000亿美元，收入超过1000亿美元，净利润超过100亿美元。

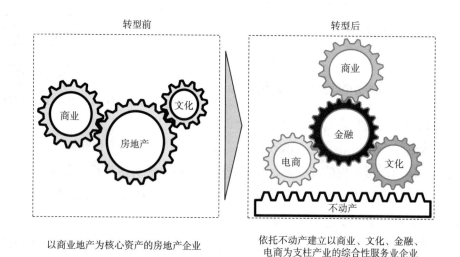

图2.1.3-1　万达集团第四次转型示意图

2.1.4　万达城市综合体商业模式

万达的商业模式也就是公司的核心竞争力可以概括为三条：第一，有完整的产业链，规划、建造、管理一条龙；第二，有丰富的商家资源，商家愿意追随万达，忠诚度很高；第三，商业运营管理能力强，店铺选址、招商定位、商业运营能力遥遥领先。

1. 商业模式受到政府和客户欢迎

房地产行业最重要的两个环节是地方政府和客户，地方政府决定着土地，客户决定着销售。地方政府需要就业、税收，客户需要物美价廉的房子，如果一种模式能够满足这些需求，肯定能受到他们的热烈欢迎，从而走向成功。根据这些分析，万达逐渐摸索出符合中国特色的城市综合体商业模式，极大地满足了政府和客户的需求。

（1）就业工程。万达每建一座购物中心，可以新增1万多人就业，最少也有6千~7千人。

（2）税收工程。任何一个购物中心开业以后每年有几千万的税收，大的超过亿元。

（3）提升城市商业水准。项目让所在城市的商业水准跟国际接轨，而且带进去的零售商，一般是500强企业，对政府招商引资是非常重要的。

（4）提升城市形象。城市综合体的建设，为当地城市增加了一个新地标，公共建筑成本很高，立面、结构很考究，能提升当地形象。搞一个购物中心再加五星级酒店、写字楼，相当于小型的商务区，尤其在政府规划的项目中，更容易拿到项目。

2."现金流滚资产"解决资金难题

在新项目选择上，现金流量一票否决，原则上不选负现金流量的项目。现在万达非一线城市的项目绝大部分可以做到自身平衡，如果该项目现金流量不能自身平衡，这块地再好也不能拿。在项目实施阶段，万达创造了"现金流滚资产"的资金运作模式。

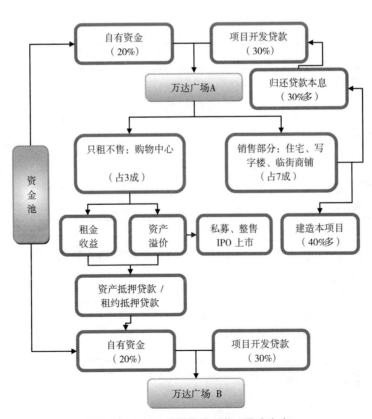

图2.1.4-1 万达集团的现金流量滚资产

例如，一个总投资为50亿元万达广场A，前期投入20%的自有资金，主要用来买地。一般来讲，万达集团对新项目的前期投入为土地出让金+（2.5亿~3亿元），之后原则上不再投入资金。项目资金缺口部分主要依靠两种方式来解决：

一是依靠项目总投资30%的项目开发贷款，二是万达广场中约70%的住宅、临街商铺和写字楼的销售回笼资金。至竣工时，大部分项目销售产生的现金流量就能覆盖总投资，公司还留下了30%左右的核心自持物业。到开发万达广场B项目时，万达将A项目所留下的自持物业进行抵押贷款和租约贷款，作为B项目的前期所需资金，然后周而复始的运作，这个资金运作模式就是万达快速发展而能够保持资金平衡的关键。这种模式的核心是通过销售物业产生的现金流量来培育自持物业，从而形成长期稳定的现金流量。

3. 销售驱动保证项目现金流量平衡

万达是一个销售驱动的企业，其销售牵引发展，快速销售，为快速发展提供动力源。根据地产政策特点，万达将销售分为了临街商铺销售、住宅销售两块，做到了能销售的先销售，提前回笼资金。万达也是一个善于利用外部资金的企业，他们积极发展项目开发贷款、资产抵押和租约贷款，借助低成本银行资金来保证项目的快速周转。通过这些年的发展，万达的销售融资水平不断提升，其速度是一般企业无法达到的。

万达集团开发时间节点安排　　　　　　　　　　表2.1.4-1

事项	大致时间点	代码
支付万达广场A地价	拿地时	0
商铺销售	拿地后2个月	A
开发贷款	拿地后3个月内	B
住宅销售	拿地后6个月	C
抵押/租约贷款	拿地后18个月	D
支付万达广场B地价	拿地时	E

假设商铺和住宅都能一次性销售完，开业当天就进行物业抵押/租约贷款，以时间为X轴，现金流为Y轴。

图2.1.4-2　万达集团项目全周期现金流量

位于北京市朝阳区东三环与东四环之间 CBD 万达广场项目（万达总部所在地），2003 年 6 月开工，2006 年 12 月开业，总建筑面积 50 万 m^2。总投资 50 亿元，而 30 万 m^2 的销售物业（住宅、写字楼、临街商铺）就回笼了资金 53 亿元，产生正现金流量 3 亿元。然后又通过将 20 万 m^2 的自持物业抵押，共计贷款 28 亿元，如此 CBD 万达广场项目所贡献的净现金流量共计达到了 31 亿元。用这些钱，万达到二三线城市又发展了 5 个项目。2013 年，万达对这 20 万 m^2 持有物业进行了评估，价值超过 100 亿元，与 2006 年相比翻了一倍多。

4. "订单地产模式"解决了城市综合体模式的招商难题

商业地产同住宅地产最大的区别在于招商，这一直是个难点。为了解决这个问题，万达敢于创新，成功推出订单模式，取得了成功。它的核心是先租后建，招商在前，建设在后，类似工业中以销定产、以销定设计。通过与主力店签订联合发展协议，共同选址、设计对接、约定信息共享等双方的权利和义务，从而规避了建完招商难、建完不好用等问题，降低了系统风险，节约了时间。万达的主力店客户多是如沃尔玛、家乐福等世界 500 强企业，以及国美、苏宁等国内行业前三强企业。在初期，将自己和世界 500 强企业绑在一起，站在巨人的肩膀上，万达快速成长起来。随着万达的不断壮大，这些公司纷纷与万达建立长期合作关系，万达走到哪里，他们跟到哪里。现在，万达的商业合作伙伴超过 5000 家，已经形成了其最大的核心商业资源。

5. 盈利模式具有的四大优势

万达领先的商业模式和强有力的执行力，使得它比其他企业有了明显的竞争优势，主要表现在地价、工期、现金流量、自持物业价值四个方面。这些优势叠加起来，促使万达城市综合体项目快速裂变，从而创造了中国商业地产的神话。

万达集团盈利模式　　　　　　　表 2.1.4-2

序号	事项	特点	优势
1	地价	招商引资	便宜一半
2	工期	按开业计划倒排	快一倍
3	现金流量	现金为王	项目自身平衡
4	自持物业价值	快速增值	5 年翻一倍

万达的盈利模式主要表现在以下四个方面：一是因为其土地便宜一半，所以其临街商铺、住宅、公寓、写字楼等销售部分收益可观；二是万达 1700 多万 m^2 持有物业的租金收益，2013 年达到 86 亿元；三是持有物业升值，五年翻一倍，2013 年升值超过 100 亿元；四是酒店、影院、百货等自营产业的收益。

万达通过研究房地产行业的发展趋势，提前布局商业地产，借鉴国外的成功经验，将住宅地产、临街商铺、写字楼、酒店、百货、影院、大型购物市场等业态组合在一起，满足了政府和客户的需求，创新出符合中国特色的万达城市综合体模式。

2.1.5 万达商业地产的轻资产模式

万达商业地产目前是万达集团的核心资产，2014年贡献了万达集团44.46%的收入。万达集团仍将商业地产视为未来集团布局中重要的板块，未来几年将采取轻资产模式加速发展，占据全国包括三、四线城市在内的市场。

1. 重资产模式与轻资产模式的含义

（1）重资产模式的含义。万达将带销售物业的项目叫重资产模式，不带销售物业的项目叫轻资产模式。所谓"带销售物业的项目"，指的是万达开发万达广场所广泛使用的一种"以售养租"的模式，也就是用销售物业所得的资金支持投资物业的现金流需求。具体而言，万达商业地产开发的主要物业是城市综合体，就是建设一个大型万达广场的同时，在周边配套建设用于出售的写字楼、SOHO、住宅以及商铺等物业，利用万达广场造成的人群集聚效应促进配套物业的销售，再用销售物业所得资金投资持有出租的万达广场。因为投资商业地产初始投入大、资金回收慢，并且中国缺乏支持长期不动产投资的金融产品，所以往往长期投资商业地产的融资问题难以解决，万达商业地产的"以售养租"模式成功填补了持有万达广场物业的融资需求。

按上述模式开发的万达广场，建成后被万达商业地产持有，全部净租金收入归万达商业地产所有，该物业也作为固定资产显示在万达商业地产的资产负债表上。这种开发方式就是重资产模式。

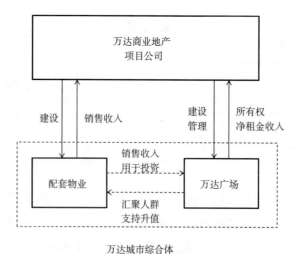

图2.1.5-1 重资产模式的项目结构图

（2）轻资产模式的含义。轻资产模式在开发商业地产项目时，资金来源于机构投资者或销售理财产品，而万达商业地产则主要负责选址、拿地、建设、招商、管理等。建成后的万达广场归属投资方持有，而万达广场产生的净租金收入，万达商业地产会与投资方按照一定比例进行分配。

该模式下，建成的万达广场不再被万达商业地产持有，万达商业地产更多靠贡献人力资本和管理方案赚取收入，让万达集团如愿实现"去地产化"和向服务业企业转型的目标。该模式已在2015年年初被万达集团启用，未来的万达广场项目将采用这种轻资产模式开发。

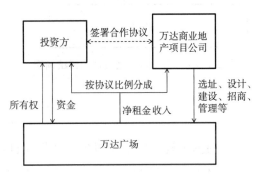

图2.1.5-2　轻资产模式的项目结构图

2. 轻资产模式的项目案例分析

（1）四家机构出资240亿元建20座万达广场。2015年1月14日，万达商业地产与光大安石、嘉实基金、四川信托和快钱公司签署投资框架协议，4家机构拟投资240亿元人民币，建设约20座万达广场。这是万达商业地产的第一个轻资产项目，该项目协议的签署标志着万达商业地产的轻资产模式正式启动。

在该项目中，四家机构提供建设万达广场的资金，万达商业地产负责设计、建设、招商、运营，使用万达广场品牌、"慧云"信息管理系统、电子商务系统。建成后的物业归属于投资方，而经营物业产生的净租金收入则由万达商业地产与投资方按合作协议规定的方式分成。项目结构如下图：

（2）北京丰台合作项目。王健林在万达集团2015年上半年工作报告中介绍了这个项目。在北京市区拿地很困难，为在北京市区地理位置较好的区域建造万达广场，万达商业地产采用了一种全新的合作模式，让合作方提供资金和土地，成功签

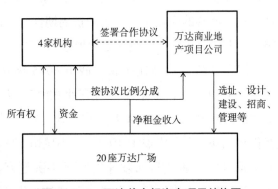

图2.1.5-3　万达首个轻资产项目结构图

下位于在北京正南三环、位置极佳的项目。在该项目中，投入资金和土地都是合作方提供，万达商业地产只负责建设、招商、管理等。建成后的物业归属于合作方，而物业产生的收入则由万达商业地产与合作方三七分成。

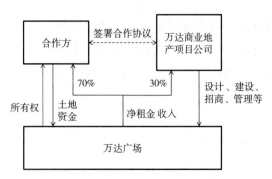

图2.1.5-4　万达丰台轻资产项目结构图

3. 轻资产模式的意义

（1）开创全新合作方式。根据王健林的工作报告，合作项目将是万达集团发展轻资产的重要渠道。通过类似北京丰台合作项目的轻资产项目，万达可以更容易的获取一、二线城市核心区域的土地资源和建设万达广场的融资支持，有利于万达集团在一、二线城市的商业布局完善。全国范围内，拥有与万达合作开发潜在需求的企业有很多，这些企业一般只擅长开发销售的住宅地产，当手中握有商用土地或商用物业时，往往缺乏万达商业的品牌和万达的信息化管理系统，万达今后会专门寻求合作伙伴开展轻资产化合作项目。

（2）熨平经济周期。宏观经济具有周期性，而房地产行业又是对宏观经济很敏感的周期性行业，当经济处于下行期时，不免对房地产企业造成打击。因为重资产模式涉及物业的销售，所以当房地产不景气、价格下降时，重资产模式就可能出现资金链断裂的问题。万达的轻资产模式，投资万达广场的资金来源于机构投资者或通过理财产品募集，建成的万达广场也不属于万达集团的资产，同时项目不涉及物业销售；另外，万达广场定位在大众消费，经营的商业具备一定的抗周期性，所以轻资产模式可以很好地规避经济周期的影响，让万达商业地产的收入更加稳定。

（3）支持万达高速扩张。截至2015年6月，万达集团已开业万达广场111家，上半年新开业4家，下半年还将开业22家。万达广场的发展速度已很惊人。而按照万达集团的战略规划，为扩大万达在商业地产领域的竞争优势，未来几年万达广场的建设速度仍将加快，将全覆盖中国的大中小城市，服务7亿～8亿人口。如果使用重资产模式，融资速度、销售项目回款速度都无法满足万达广场高速发展的需求。而采取轻资产模式，资金来源于机构投资者或理财产品销售，目前投资者对万达广场项目热情仍然高涨，万达将拥有充足的项目资金，可以专注于项目开发、建设与管理，让万达广场的高速发展成为可能。

4. 轻资产模式的风险

（1）市场风险。万达商业地产做轻资产模式的一个重要目的就是迅速占领国内的三、四线城市的市场。当前经济形势下，一、二线城市的各类增速都明显低于三、四线城市，万达集团判断三、四线城市蕴含着极大的商业机会。尽管三、四线城市的租金水平远低于大城市，但是初期投入和运营成本也低，王健林在工作报告中就提到目前三、四线城市的万达广场的租金回报率是高于一、二线城市的。但随着经济形势的变化，三、四线城市的消费需求往往更加敏感，而市场需求的恶化就会导致万达广场的租金收入下降、资产价值减损，给万达集团和投资方都造成损失。

（2）退出风险。目前万达的轻资产模式的资金主要来源于机构投资者和理财产品销售，而无论是机构投资者还是理财产品持有者，往往都对流动性有着要求，不太可能长期持有万达广场的物业产权。因此，在万达轻资产模式合作协议中，退出机制是投资者特别关注的条款。

将万达广场的资产包装成不动产投资信托（REITs）实现上市是一个理想的退出方式，但是目前中国还没有REITs上市的先例，有无法实施的风险。另一种方式是将万达广场的资产出售给第三方实现退出，但也存在找不到愿意接手万达广场资产的第三方的风险。

一旦上述退出方式无法实施，那么为了实现退出，万达集团就需要回购投资者持有的万达广场股权，这就将给万达集团的现金流带来巨大的压力，轻资产模式的优势也将减弱。

2.1.6 万达的金融产业布局

目前，万达集团的核心业务仍然是围绕商业地产展开的，但王健林去年以来就曾在很多场合提到万达集团进入金融行业、建立万达金融集团的战略规划，按照万达集团的金融野心和转型决心，未来金融将是万达集团最大的一个业务板块。下面将首先介绍万达集团发展万达金融集团的总体规划与万达集团在传统金融领域的布局，然后重点分析万达发展互联网+金融的思路和项目案例。

1. 万达金融集团规划

根据王健林2015年上半年工作报告，万达集团未来计划收购银行、保险和券商，加上已有的快钱和万达投资，正式成立万达金融集团。万达金融集团将通过收购控股传统金融行业公司，也将利用万达在不动产、商业管理等方面的优势创新发展互联网+金融。按照万达集团的发展蓝图，未来万达金融集团将在收入、总市值的规模上超过万达商业地产，成为万达集团最大的支柱产业。

万达在2015年上半年工作会后，也在官方微信上公布了金融集团工作组的阵容：原中国建设银行投资理财总监兼投资银行部总经理王贵亚任万达集团高级副总裁兼金融集团筹建组组长，原渤海银行行长赵世刚成为万达金融集团筹建组副组长（高级副总裁），原深圳证券交易所副总经理陆肖马任万达金融集团筹建组副组长兼万达集团投资有限公司首席执行官（副总裁），而此前已被万达收购的原快钱董事长兼CEO关国光任快钱公司首席执行官。

2. 万达的传统金融业务布局

（1）万达投资传统金融的原因。除了投资金融业可能带来的更高的资本回报外，万达集团布局传统金融行业的另一个目的就是希望完善集团转型后的生态系统，希望能够让旗下的其他产业与银行、券商、保险产生协同效应。比如这些收购来的传统金融公司可以作为万达开展互联网金融的平台、给予万达金融牌照的优势，未来银行还会跟万达商管、万达电商展开更密切的合作，这些都将产生出协同效应。

（2）万达的收购对象。万达已经与收购目标就收购银行、券商、保险三家金融公司达成协议。保险业是王健林一直感兴趣的行业：2014年7月万达集团从国电电力手中接过百年人寿一亿股股权，经过2015年1月的增持，万达集团已经持有百年人寿超过5%的股权。百年人寿很可能是万达集团的收购对象。而还未传出万达接触银行、券商的消息，但推测万达将投资一家非上市地方性股份制银行。

2.1.7 万达的医疗产业布局

2016年1月6日，万达集团与英国国际医院集团（InternationalHospitalsGroupLimited，简称IHG）在北京签订合作协议。万达将总投资150亿元，在上海、成都、青岛建设三座综合性国际医院，由IHG运营管理并使用IHG品牌（中文名为"英慈万达国际医院"）。这是中国企业在医疗行业的最大一笔投资，也是IHG首次在中国运营管理医院项目。

IHG是全球顶尖国际医疗集团，成立于1978年，总部设在英国，已在全球超过50个国家管理450多个医疗项目，客户包括22个国家政府、联合国、世界银行以及全球的高端客户群。

万达投资的三座综合性国际医院的硬件、医疗和运营水平都达到国际一流。上海英慈万达国际医院拥有床位1000张，投资80亿元；成都英慈万达国际医院拥有床位500张，投资50亿元；青岛英慈万达国际医院拥有床位200张，投资20亿元。三座医院均按照国际顶尖标准设计建造，IHG将确保三座医院的运营通过JCI（国际医疗卫生机构认证联合委员会）等国际医疗机构认证。

青岛英慈万达国际医院位于东方青岛影都内，目前已开工建设，计划2018年7月开业；成都英慈万达国际医院位于天府新区秦皇寺中央商务区，占地500亩，将于2016年一季度开工;上海英慈万达国际医院也将于2016年内开工。IHG将委派世界一流外籍专家担任医院院长,为医院配备一定比例的高水平外籍医生和专业医疗团队,使之达到国际高端医院的医疗水平和运营水准。

王健林表示,引进顶级综合性国际医院是万达在中国的创新,不仅满足高端人群对健康医疗的需求,也使所在城市医疗水平达到国际一流,带动中国高端医疗水平提升。

2.2 资源整合

2.2.1 绿地公司概况

绿地控股集团有限公司(简称"绿地集团")创立于1992年7月17日,前身为"上海市绿地开发总公司",1997年改制为有限责任公司;原始注册资本人民币2000万元,截至2014年12月31日注册资本为人民币129.49亿元。绿地集团股权结构及其控股子公司如下图所示:

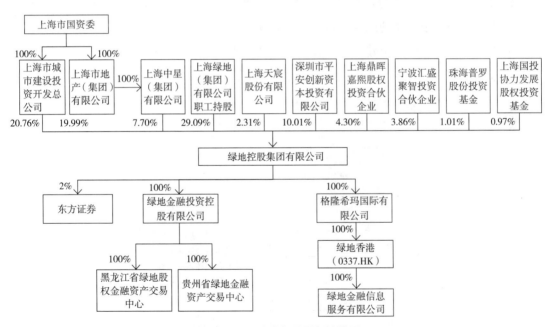

图2.2.1-1 绿地集团股权结构图

近20年来,绿地集团已形成目前"房地产主业突出,能源、金融等相关产业并举发展"的产业布局,经营范围涵盖实业投资、绿化、仓储、房地产、出租汽车、日用百货、纺织品、物业管理、化工产品、建材、金交电、建筑施工;下属主要业务板块有房地产、能源、汽车、酒店及商业运营、绿化、建筑工程和金融等。绿地集团在2014《财富》世界企业500强中位列第268位,在上榜的中国内地企业中位列第40位。2014年末绿地集团总资产近5090

亿元，净资产 612 亿元；2014 全年实现业务经营收入达 2620 亿元，营业利润 92 亿元，净利润 54 亿元，并于当年登顶全球最大房企。

按照绿地集团的发展规划，到 2020 年公司业务经营收入将超过 8000 亿元，利润超过 300 亿元，跻身世界企业 100 强行列。面对行业竞争日趋激烈的挑战，绿地集团近年来提出了三大战略转型计划，即"大基建"战略、"大消费"战略和"大金融"战略，力图开拓新的业务领域。绿地集团希望依托其已有的地产行业优势主动进行业务转型，向更高层次的新型房企演进。

2.2.2 大基建战略

1. 战略概况

绿地集团正在落实以地铁投资产业为基础的大基建战略。2014 年 7 月，绿地组建绿地地铁投资发展公司，并联合轨道交通建设上下游优势企业申通地铁、上海建工的沪上企业组成联合体开展投资开发业务。绿地集团将推进"轨道工程＋区域功能"的整体开发模式，结合沿线土地出让作为部分回购条件，介入参与地铁沿线综合功能开发，打造具备商业、办公、酒店等功能于一体的地铁上盖城市综合体及配套服务设施。目前绿地已在 5 大核心城市拿下 6 条地铁线的投资建设权（徐州 3 号线、南京 5 号线、重庆 9 号线、哈尔滨 6 号线和 9 号线、济南 6 号线），预计总投资规模 1150 亿元。

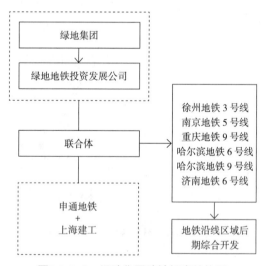

图 2.2.2-1　绿地集团地铁投资结构图

2. 战略分析

在地方政府隐约面临债务困境的背景下，绿地集团瞄准城市轨道交通投资建设有着美好的发展前景，既能以较优惠的条件拿到项目及沿线优质土地，还能利用地铁物业开发的

"增值效应"从中获利。

以徐州地铁三号线为例。绿地预计投入117亿元于此次三号线1期工程建设。根据过往数据统计,地铁物业的开发一般能让区域房产普遍增值10%~20%,中心区域甚至高达30%,增值幅度呈现出正态分布的特征。而该工程为横穿南北的辅助骨干线,串联了徐州主城区"双心五组团"中的多个片区,衔接了多个交通枢纽以及多种重要功能中心。因此其沿线属于徐州优质地产地块。绿地在获取地铁投资建设权的同时已经拿到了"物业综合开发"、"区域综合开发"等地铁物业开发权。以十年前南京地铁3号线竣工前后为例。2014年3号线规划区域仅有3个均价2000元/m^2楼盘在售,而到2014年年底该区域内新房价格普遍涨到了1万元/m^2~1.3万元/m^2,比十年前涨了近6倍。由此可见"轨道工程+区域功能"的整体开发模式盈利空间巨大。

3. 战略展望

作为绿地创新转型升级的重要新增长点,绿地"大基建"意义非凡。这是绿地商业地产模式的再度升级,发挥资源集中优势,延伸拓展相关产业,向"平台"型企业发展的积极尝试。城镇化的背景下,城市轨道交通产业空间巨大。因此这种尝试使得绿地在房地产行业处于黄金发展时代结束的拐点期内找到了新的多元化经营方向,增强了其地产业务抵御系统性风险的能力。

2.2.3 大消费战略

1. 战略概况

绿地集团规划在未来5年内构建以"体验式商业"为根基的"大消费"新型商业地产生态圈。由于传统商业地产模式同质化严重,即"开店—运营—收租"模式,商家与商场之间、顾客与顾客之间严重割裂,造成商家引流功利性强、顾客消费体验糟糕。一方面普通民众抱怨闲暇时光无处打发,另一方面商场部分商铺门可罗雀。因此绿地集团提出了新的商业地产概念。嫁接全球资源,服务中国市场,集中供应链和品牌优势打造"体验式商业"生态圈。

2. 战略分析

绿地集团的"体验式商业"以旗下"G系列"品牌门店为核心,涵盖购物、餐饮、学习、社交等多方面,包括G-Super、G-Coffee、G-Kid、G-Kitchen、G-Store、G-Cooking等。该模式下绿地集团精心提升顾客体验;顾客带来人气与大数据,惠泽周边商家;绿地集团利用顾客反馈与大数据有针对性地解决顾客需求痛点,从而形成以顾客体验为中心的运营"闭环",构建自我生长、进化的商业生态圈。

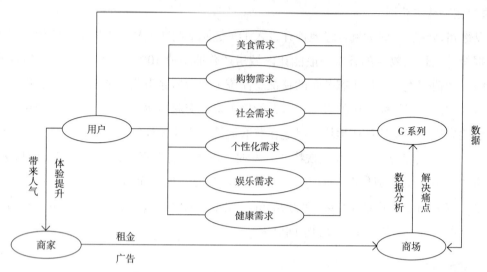

图2.2.3-1 绿地集团"G系列"闭环运营图

以目前市场反响最好、人气最高的 G-Super 为例。G-Super 即绿地全球商品直销精品超市。G-Super 定位于向都市人群传递健康、安全、高品质生活理念,创新体验式"自产—直采—直销"业态:自产,即收购海外优质食品、日用品企业;直采,即建立美国、澳洲、英国、韩国四大海外商品直采中心;直销,即线上线下全渠道平价销售。与传统超市、大卖场相比,G-Super 属于精品超市,其产品来源更加讲究,但是价格却与普通超市一致。G-Super 通过自建的海外采购中心,或向海外经销商统一协议采购获得,或由收购的优质产品生产商自己生产提供,这样无论产品、价格都有保障。因为批量采购,绿地集团可以与航空公司或航运公司签订协议将大量产品通过搭载客机辅仓运输直接运输到中国,单品运费更少。在国内,由于没有各级分销商,产品到消费者手里时所含的运费、人工费、加价更少,消费者由此获得实惠。

更重要的是,G-Super 只是绿地集团"体验式商业"模式中的一环,其本质目的并不在盈利,而在聚拢人气、打造生态圈,所以 G-Super 敢于真正"平价销售"。G-Super 模式看起来与网络海淘电商模式相似,但相比于网络海淘有着无法比拟的优势。绿地集团利用其在海外地产开发的经验,能够顺利投资、建设海外采购中心。而海淘模式则是在海外租赁转运中心(实际上就是租赁一些无人居住的小别墅),来处理商品储存、转运环节。海淘模式里,先由客户下单,电商由经海外购买、转运,这样一来每次购买量小,转运费用相对较高,难以统一管理订单,费时费力;大部分商品从海外运回国内只能通过航班密度低的货机,导致客户需要等待的时间拉长。

进口商品价格中很大一部分是税。商品进口若按照正常流程走,将被征收关税、增值税和消费税,且需每日结算缴纳税款,通关速度慢。绿地集团 G-Super 与上海自贸区试点的上海跨境通平台进行合作,实现合理避税、加快通关速度。

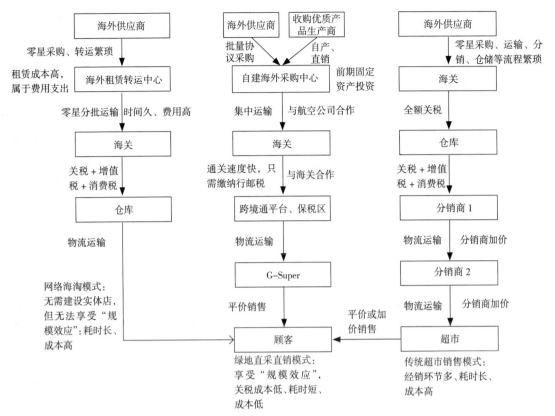

图2.2.3-2 G-Super与海淘电商、传统超市模式对比图

跨境通平台是指为应对当前跨境商务贸易发展新形势，国家发改委委托海关总署所实施的跨境贸易商务服务试点工程，由海关口岸搭建，并完成与之配套的海关通关系统建设，以便为国内消费者提供便利、快捷的跨境购物新渠道。此次合作中，绿地G-Super的商品通过跨境通平台进口，货物可在海关指定"保税区"储存。通过跨境通平台进口，商品将只需缴纳行邮税。行邮税税率为10%～50%，大部分商品税率在10%～20%，小部分商品免税。按照行邮税缴纳税款后不需要再缴纳消费税和增值税，因此大部分商品的行邮税实际税率低于正常进口税率。以广受欢迎的海外进口补品（如燕窝）为例，其征收关税是25%，增值税17%；而行邮税只有10%。因此通过跨境通平台进口商品能减免税赋。

此外，货物还能在海关指定的保税区仓储、转运。在保税区，对进口货物将施行周期性统一计算总税负，该模式与传统的日结算相比手续更少、流程更短，可以为消费者节约时间。根据协议，商品从保税区直接快递发货，进一步减少仓储、运输、人工费用与时间。

根据上述优势，通过减少进口商品交易环节、降低流通成本、减少进口商品关税，自产直采直销模式蕴含的降价空间巨大。G-Super将极大地为中国顾客提供实惠。同时绿地集团还能借助强大的资金实力和品牌影响力构建优质供应链体系和客户反馈系统为客户带来优质的客户体验。

2015 年，G-Super 已在上海、南京和杭州三地开业，销售情况火爆。上海徐汇正大乐城 G-Super 开业仅一天便因为人气太过火爆而被叫停进行安全隐患排查。据悉，第一天第一小时销售额便突破 10 万元。顾客表示虽为精品超市，但商品价格却比普通超市便宜三成。由此可见，该模式聚集人气效果拔群。

与此同时，依托 G-Super 丰富优质的资源，面向都市中爱生活、爱美食、爱社交的女性，打造集健康、快乐、互动为一体的烹饪、烘焙美食社交平台 G-Cooking，G-Cooking 也将成为 G-Super 会员线下体验中心。"G 系列"便由点及面，全方位提升顾客休闲娱乐购物多方面购物体验。

3. 战略展望

未来绿地集团将重点并购发达国家产能过剩的优质商品，常规性商品将覆盖全球十余个国家，并进一步完成自产直采平台的搭建与使用。2015 年下半年，绿地全球商品直销超市将进入全国多个核心城市，开设至少 15 家门店，今后还将完善 O2O 线上销售平台，打造"大数据"后台，以便更好地抓住需求痛点，服务顾客。在消费升级的大背景下，现代人的消费观念已由温饱营养型向健康复合型转变，对生活品质有了更高追求。绿地集团将打造符合"个性化、定制化"的体验式消费趋势的"大消费"商业平台。

2.2.4 大金融战略

1. 战略概况

近年来，金融创新发展如火如荼，尤其是在互联网技术、通信技术不断取得突破并与金融快速结合，不断提高金融资源配置效率。金融创新的健康发展，有利于提升金融服务质量和效率，深化金融改革，促进金融创新发展，扩大金融业对内对外开放，构建多层次金融体系。从 2011 年成立绿地金融投资控股集团以来，绿地集团也以开放的心态接纳金融创新，并将其列入集团未来五年规划三大战略之一，力图将金融创新业务打造成集团核心业务。

2. 战略分析

绿地集团先后组建绿地金融投资控股集团，投资入股商业银行、证券公司等金融企业；积极在上海、重庆、宁波、青岛、呼和浩特等城市成立小额贷款公司；与中国信达资产管理公司在资产管理、联合投资、资本运作与产业融合等方面开展全方位合作。绿地正努力获取多元化的核心金融资产，积极发展具有绿地特色的综合金融业务，打造绿地金融和绿地香港两大金融产业的核心平台，全力构建拥有多种金融牌照的金融控股集团架构体系。

绿地金融控股板块 2015 年业务规模将达 200 亿元，明年将超 500 亿元。

2015 年以来，绿地集团在互联网金融领域频繁布局。绿地金融 2015 年发起多期"地产宝"产品。产品不仅在陆金所等知名互联网金融平台上市，还在绿地旗下倾力打造的贵州绿地金融资产交易中心交易。绿地计划将"地产宝"打造成为规模 500 亿的互联网金融产品。此外，近期绿地集团还发起成立了国内首只千亿规模的中国城市轨道交通 PPP 产业基金。从集团内部了解到，公司也在考虑开发类似"地铁宝"的金融产品，未来将注入公司上市平台中。

绿地金融投资控股有限公司还将立足于通过优势产业领域的投资银行服务以及灵活、高效的财富管理服务为客户提供综合性金融解决方案，打造投资银行业务并成为现代金融服务的综合供应商。未来几年，绿地将持续加大金融板块投资，快速提升规模和盈利，拓展在金融领域投资的广度和深度，目标是打造"大金融"。集团将在政策框架范围内，深度介入包括金融资产管理、信托、投资银行、小贷公司运营等业务，并自主参与经营，打造绿地又一重要增长极。

3. 战略展望

在当前中央鼓励金融产业创新、大力发展金融市场的背景下，"大金融"战略是绿地集团有效实施产融融合发展的核心思路。目前，绿地金融已将旗下交易所、财富管理公司、第三方支付、征信等平台整合，成立互联网金融事业部，准备重点突破互联网金融创新领域。在绿地看来，绿地金融控股集团的架构体系，实际上就是投资加投行，属于大资管。绿地的金融产品将不仅局限于自己旗下的优质地产资产，还将致力于为中小房企提供资金解决方案，为社会大众投资者提供"高收益、低风险"的新渠道。

2.3 专业化

2.3.1 万科

1. 背景

随着时代的发展，房地产商业模式正经历着从前端向后端、从满足最基础需求到满足更高层次需求的演进过程。从满足人们"住有所居"的基本需求而诞生的商品房的建造与销售，到满足购物需求的商业地产出现，再到现在满足美食、娱乐、购物、社交、分享需求的"最后一公里"社区服务，社区 O2O（Online-to-Offline）的概念由此而生。

社区 O2O 本质是互联网时代的一种地产行业向后端自然进化以满足消费者更多元化需求的商业模式，是通过新技术手段优化流通环节，降低运营成本，改善服务体验的商业革新。

O2O 最核心的要素，是通过把线上的技术性优势和线下的人性化服务完美地融合起来，最大程度提升消费体验、提供本地化生活服务、满足消费者个性化信息和服务需求。

作为中国地产行业的领头羊，万科很自然地将这一模式纳入到自己的业务体系中，并试图打造"线上—线下—大数据分析"的地产后端服务生态圈的完整闭环，主动迎接移动互联网时代的到来。

2. 万科社区 O2O 结构

（1）线上：网络社区平台。2013 年"双十一"，万科物业推出了第一款针对万科业主的 APP——"住这儿"。"住这儿"APP 的主体功能区由 5 个小模块组成："首页"、"房屋"、"随手拍"、"良商乐"、"关系"。"首页"是一个集纳了小区最新公告、活动召集令、热点议事厅、社区分享、投诉表扬、跳蚤市场等板块的综合性平台，类似于小区的"活动广场"；"房屋"点击进入，立刻就会显示你拥有房产目前的均价估值；"随手拍"模块相当于一个实时"曝光台"，可以曝光坏事，也可以晒晒好事；"良商乐"则是一个很独特的板块，带着浓浓的万科色彩——这里集合了附近的美食、超市、中介、美发、洗衣等等生活服务商家，并且有"活力排行"和"黑榜"。用户可根据商家表现选择"砍一刀"还是"加滴血"，此外还可"送鲜花""扔鸡蛋"并发表评论；在"关系"这个功能下，业主可以查看快递的代收代发情况。目前，APP 功能体系的进一步完善万科还在摸索中。

（2）线下：社区配套基础设施。这几年万科在线下社区配套方面做了一系列的研究，并逐渐形成了"五菜一汤"的社区商业标配模式，并在北京、江苏等地成功推广。"五菜一汤"指的是：绿色、时尚的社区菜市场（汤），健康、便民的社区食堂，丰富、齐全的品牌超市，以及服务快捷的洗衣店、药店和银行（五菜）。为了推广这个模式，万科近期频频出手，例如为了更好地为住户提供领先的社区金融服务，斥资 27 亿元入股徽商银行。该模式下，所有社区商业由万科统一招商和运营，以保证社区形象、管理品质和业主对生活配套的要求，切实解决社区居民的日常生活问题。

（3）后台大数据。在线上线下布局的基础上，万科建立起一个大数据分析与反馈中心，通过线上 APP 与线下各个社区商铺和服务项目详尽搜集业主的日常开支、消费偏好甚至生活癖好等方面的数据。通过分析以上提到方面的数据，万科可以预测业主的潜在需求，针对业主的偏好和需求痛点进而调整线上平台与线下社区服务的内容，并指导社区内商业营运。而这种调整能够让业主体验提升，增加线上线下万科系列产品的使用频率，从而为万科提供更多、更准确的数据。这样一来，从用户出发，通过"线上 APP—线下社区服务—后台大数据分析"，最终又回到用户，便形成了完整的、闭环的、能够自我生长和演进的万科后端服务生态圈。目前，万科与华为合作建立了万睿科技有限公司，研究和建立起了涵盖"住这儿"APP 的一体化数据收集与研究平台。

3. 万科 + 天猫家装——O2O 生态圈衍生服务

就像阿里巴巴基于淘宝、支付宝商业生态圈衍生出来许多其他业务，万科基于这个社区 O2O 生态圈也拓展出许多其他地产后端服务内容。2013 年，万科和天猫展开战略合作，拟打造从线上到线下的家装预售。与金螳螂家装 e 站专注于家装和小额公装业务不同，万科力图为用户提供含购物、装修、家居订购的一体化服务体验。此次合作中，万科提供样板房，天猫家装设计师提供软装设计方案。这种模式开启了房地产销售的新模式，从出售"房产品"到出售"房住品"。在一些发达国家，精装修房销售已成为主流模式。为业主提供包含软装在内的全装修服务，也是房地产业未来发展的方向之一。

地产企业打造"社区 O2O"有着天然的优势，因为物业公司便是最天然的社区入口。但如何在"社区 O2O"平台运营体系中把控线下物业品质和打造标准化服务体系，对于体量达到如此量级的万科来说也是一件颇具挑战、重中之重的课题。只有把控好了品质，才能提高用户黏性，从而挖掘更多有效的数据，采取更加精准的营销，也才能够进一步精准把握用户需求，改进社区建设，获取业主青睐。正因如此，万科着眼于长期发展，并不急于考虑其短期内盈利点，而是希望根据用户的反馈慢慢雕琢其功能、提升体验、聚拢人气，将万科社区 O2O 体系打造成另一个和阿里巴巴支付宝一样的亿级平台。

4. 发展展望

随着房地产行业竞争加剧，开发房产本身的盈利逐渐摊薄，借助移动互联技术的普及，各大房企纷纷提出转型计划，欲图通过后续物业的增值服务来实现盈利的提升和获得差异化竞争优势。事实上，无论是打造社区 O2O 生态圈，还是提供由此延伸的其他服务（例如万科和天猫合作），从本质来说都是万科对其自身主业在移动互联网经济时代下的商业模式重塑，是对未来盈利模式的探索。互联网的本质是平台战略，万科便是要打造这样一个平台。这种重塑的模式下，社区 O2O 是大平台，地产是基础硬件，丰富的服务内容可以镶嵌其上，数据是构建一切的细胞。

未来，面对自身 48 万套住宅存量、8000 家社区供应商这一规模的自有物业数据，万科可发挥的空间之大难以想象。首先，万科致力于打通上下游服务链，将越来越多的服务内容镶嵌在这个平台上。例如，万科利用"住这儿"已开通地产中介业务，进一步缩短与潜在客户的距离。其次，万科将进一步完善业主体验闭环，增强生态圈融合。最重要的一环恐怕就是在不久的将来补上"支付"环节。最后，便是在前两步的基础上彻底改变产品结构和盈利模式，从单纯物业出售盈利变成利用城市配套服务盈利。由此万科将改变过去一锤子买卖的收入模式，使其变为可持续的终生服务模式。

2.3.2 龙湖地产

1. 背景

近年来房地产行业持续向纵深发展，产品的竞争也已经从建筑品质的硬件转移到后期物业管理服务创新能力的软件层面，物业服务的水平也越来越多地被买房人所重视。持续为业主提供交通和教育配套资源、缩短社区商业成熟期、丰富社区文化活动是当前业主急需的需求。龙湖地产抓住这个契机开始转型，以改良自身业务、更好地服务客户。龙湖布局全国，坚持地产开发、商业运营和物业管理三驾马车齐头并进的稳健经营发展战略；在品质、口碑与服务三个方面积淀自身的核心品牌价值，打造了一条从前端物业开发到后端社区服务的全方位服务的地产产业链。

目前，龙湖地产已是中国地方开发企业前十强，正处于高位稳定期的重要阶段。在这个阶段，稳健比规模更重要，品质比速度更重要，口碑比业绩更重要，服务比销售更重要，因此龙湖提出了"智慧龙湖"这一全新的企业战略，为"龙民"打造更便捷科技的智慧物业服务和专属的品质生活体验。集中支付、小区设备设施智能化管理、物业智能化管理和小区业主交互智能化则是龙湖为智慧社区生活定位的四大基础功能。依托此四大功能，龙湖物业将搭建云社区平台，让龙湖业主尽享智慧生活，真正达成"居者依其屋"，持续升级物业服务。

2. 重庆龙湖"互联网思维"社区服务

2014年2月26日，龙湖在重庆提出了三个三年计划，一方面继续深化地产、商业、物业的"三驾马车"战略；另一方面，分三个三年计划，使公司从传统房企向具有互联网思维的现代房地产企业转型。

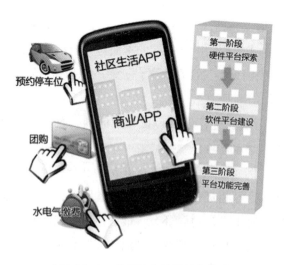

图2.3.2-1　龙湖地产三驾马车战略

（1）线下：优化配套设施。互联网思维最大的特征之一便是以其产品极致的性能满足客户，想客户之所想、做客户之所想。重庆龙湖便将这一点做到了极致。以其2014年6月龙湖旗下紫云台项目交房为例。该项目是周边较早开发的高端别墅群，附近配套设施尚未完全跟上。传统地产在新交房的社区，往往存在一个普遍现象：由于入住的人少，没有商家愿意来做生意，配套因此不足；但越是没有配套，入住率提升就越难。龙湖想客户之所想，提前在现场为前来接房的客户开设安排好了相关服务通道："美居"服务点、从私家花园的打造到装修建材的团购、一站式装修服务托付，甚至是后期租赁托管。与此同时，龙湖还为客户打造了一项名为"仟百汇"的社区生活服务平台："仟百汇"快餐店、"仟百汇"生活超市、"仟百汇"综合便利店等等，这让新入住的客户能享受到鲜亮的蔬果、冷藏的鲜肉、可口的快餐、琳琅满目的五金日用品。这种提前布局配套设施的战略思路，便是龙湖互联网思维社区建设的一大重要举措。

互联网思维不仅局限于想客户之所想，更要"思客户之未想"。龙湖力求超出客户期望，投入1亿元，在社区搭建生活平台；由龙湖物业经营拓展部新业务中心进行招商运营管理，提供便利吸引经营者进场；在市场准入过程中，龙湖物业对商家的商品和服务进行整体管理和把控，最终实现成功运营社区"六大件"（洗衣店、药房、五金店、便利店、快餐店、提款机）。值得一提的是，对于六大件的用房、招商、开业进程，龙湖物业做了严格的时间节点要求：在项目交房前3个月，主要进行装修和招商确认；项目交房时，餐饮店、便利店和五金店陆续开业；项目交房3到6个月，也就是项目集中装修到成熟期间，洗衣店、药店和ATM机也会开业。

此外，重庆龙湖物业成立了自己的生活服务中心，为龙湖业主带来放心愉悦的"私人定制"服务。服务中心引入精品水果团购、速递易包裹柜、家政中心等从业主需求出发的服务。目前，龙湖物业已建立起租售中心、美居中心、品质中心、生活服务中心、客户中心。这样，重庆龙湖地产便打造了一整套以"六大配套服务社区、五大中心服务业主"为中心的线下社区服务体系。

（2）线上：布局互联生活。在战略转型中，龙湖地产创新地提出了"联袂互联，精彩在未来"的线上云社区服务平台。目前，由龙湖地产开发的重庆首款物业APP已上线。龙湖物业APP是基于智能移动终端打造的软件平台，该APP更多着眼于为使用者（业主）提供物业管理的地面服务，不仅让使用者对社区服务一目了然，而且还可以通过移动设备"遥控生活"。龙湖通过联动配套、服务，将产品和服务系统化和便捷化。打造"云端"APP社区的好处在于，APP应用的互动性设计，可以打破以往单一的静态式、封闭式展示方式，鼓励业主参与、增强互动性，可以通过让业主参与的方式增强与用户的黏性。而且APP产品设计多样化，结合不同媒体，包括文字、图形、数据、影像、动画、声音及特殊效果，增强参与感和趣味性。重庆龙湖的目标便是以社区为基础建立一个以服务社区居民生活为目的的互联网终端平台：通过整合互联网资源从而打开了电商、团购、优惠券等O2O经营模式进驻社区的大门。

3. 成本收益分析

在重庆龙湖的线下服务体系构建的蓝图里,龙湖计划以"基础设施投资+招商营运管理"的模式推进服务体系的构建。该模式的好处便是龙湖只负责前期基础设施的搭建与在引入经营者时的整体管理和严格把关,从而避免了在整个投资、引资、管理、经营、客服方面投入过多。前期基础设施搭建方面,龙湖在2014年全面启动3个一亿工程(即教育投入1个亿、配套投入1个亿、"六大件"投入1个亿)和社区"六大件",对基础服务进行升级。此外,由龙湖物业经营拓展部新业务中心进行招商运营管理,设计方案和优惠政策吸引经营者进场投资经营。

2014年龙湖已开业商场总面积125万 m^2,交付业务总面积476万 m^2。目前,龙湖重庆商业公司管理着超过100万 m^2 的商业面积,这包括已管理的面积54万 m^2 和未来新增的46万 m^2;拥有超过了8万户业主家庭,累计业主人数超过25万人。按照现在龙湖的布局,在3年以后"龙民"的数量将超过40万人。这些数字背后蕴藏的盈利想象空间是巨大的。以重庆龙湖现有的25万业主为例,每月若在社区生活APP上消费200元,则该平台上的月营业额将达到5000万元;若在整个线下线上平台搭建完成时,以当下估计的40万"龙民"月消费200元计算,一年重庆龙湖APP平台上产生的消费约为9.6亿元。

更重要的是,互联网思维下完善的用户社区生活体验,将让龙湖地产的品牌效应得到质的飞跃。互联网的网络传播倍增效应将对客户内心偏好产生强烈的影响,口碑积累和传播速度将是传统物业模式下无法想象的。这便是目前龙湖大手笔投资和转型的意图所在:地产商最终的目的便是提高楼盘销售业绩,并增加未来持续收益来源。而龙湖地产的战略正是把用户本身作为提升销售的宣传渠道,从最根本上改变消费者行为,从而达到业绩的提高。

4. 未来发展方向

龙湖地产的对未来的构想是建立一个SMART(智慧)社区平台——Social(社交化),Manage(管理),Agile(个性化),RealTime(实时反馈)。龙湖高层对于未来有着这样的畅想:在龙湖智慧社区,"龙民"们早上可以运用手机预定早餐,直接送货到家;中午通过手机看保姆给自家孩子喂午饭;下班前通过手机订生日蛋糕,回家便可与家人温馨庆祝;天热时,回家前通过手机提前启动空调,开车回家又可以通过手机实现识别放行并导航入库等。龙湖希望用自己的地产、物业服务和业主一起构建一种科学而艺术的生活态度和理念:"乐活"。"乐活"作为一种环保理念和文化内涵,代表着贴近生活本源、自然、健康、精致的生活态度。围绕"智慧龙湖"与"乐活生活",龙湖物业还将推出以"乐活新生代"、"乐活狂热派对"、"乐活梦想家"、"乐活狂想年"为主题的系列社区活动。

此外,龙湖计划分三个三年计划,使公司从传统房企向具有互联网思维的现代房地产企业转型:第一阶段完成硬件平台搜索,第二阶段实现软件平台搭建,第三阶段完善平台功能。目前已实现第一个阶段中社区生活 APP 具备日常支付功能:业主可实现水电气缴费。今后,龙湖会继续完善服务,业主可通过 APP 对所有龙湖的服务包括家政等下达指令,并实现居家智能化等功能。另外,办公 OA、ERP 系统的移动 APP 软件也在规划中。该类 APP 可以帮助企业和商家实现多点多维度移动式的内部管理。APP 使用范围广,适合企业多平台推广,扩大业主范围,为企业发展营造良好的宣传平台。

2.3.3 中海地产

1. 发展概况

中海发展房地产业务诞生成长于香港,发扬光大于中国内地。三十多年来,在总公司和中海集团的正确领导下,中海发展(包括中国海外发展及所属中海宏洋所开展的地产业务)秉承"慎微笃行,精筑致远"的经营理念,深耕细作,勇于创新,经营效益与品牌价值不断提升,连续蝉联"中国房地产行业领导品牌"与"中国蓝筹地产榜首企业"称号,股票市值最高达 1675 亿元,位居房地产行业第一,利润在全行业房地产公司中一直名列第一。

中海发展 2005～2014 年主要指标汇总表(亿元)　　表 2.3.3-1

指标	2005 年	2014 年	9 年年均增长
销售额	101	1126	31%
营业收入	75	960	33%
归母净利润	17	221	33%
净资产	117	1108	28%
总资产	272	3280	32%
净资产收益率	15%	20%	—

2. 高端精品住宅模式

中海发展始终坚持"选择主流城市、锁定主流地段、关注主流人群、建造主流产品",尤为注重"过程精品、楼楼精品"的项目开发理念。中海先后投资开发近 300 个房地产项目,中海国际社区、中海华庭、中海紫御等系列产品多次荣登中国房地产项目品牌价值 TOP10，建筑面积百万 m² 以上、年度销售合约额超过 10 亿元的大盘占比逐年提高。

（1）中海国际社区。济南中海国际社区位于济南市中区，开发面积达 310 万 m²。该项目物业类型包括：高层 105 万 m²，小高层 66 万 m²，别墅 39.7 万 m²，商铺 1.5 万 m²，公寓、写字楼面积 7.3 万 m²，中海环宇城 10 万 m²。2009 年 8 月拿地，2011 年 4 月项目开盘销售。

（2）九号公馆。中海九号公馆依循 16 世纪英国伊丽莎白皇家规制建造，从富丽堂皇的立面细节中彰显尊贵魅力，以恢宏大气为基调缔造纯正英式皇家园林，由外而内打造隆重而深厚的高贵气息。该项目采用创新设计手法深入挖掘产品价值，产品为大户型豪宅、联排别墅，成为"中海第五代产品"的代表作。中海北京九号公馆当年拿地、当年开工、当年售楼。2010 年 1 月拿地，拿地后 4 个月内完成土地接收、市场定位、规划设计、政府报建、单位招标，拿地后 8 个月售楼处交付，拿地后 11 个月实现首期开盘大卖。首次开盘先推出 118 套联排别墅，树立豪宅形象，随后采取高层与别墅产品间隔开盘，持续拉高销售价格，最终实现销售收入 125.7 亿元。

图 2.3.3-1　中海北京九号公馆

2.3.4　碧桂园

1. 发展概况

1992 年碧桂园诞生于广东顺德。创业伊始，杨国强主席提出了"给您一个五星级的家"，经过 20 多年的发展，他又把"建老百姓买得起的好房子"作为碧桂园的经营理念。2007 年在香港联交所上市后，碧桂园借助资本力量走上了发展的快车道。目前，碧桂园以广东省为核心区域，聚焦一二线城市近郊、三四线城市中心区和城区，进入国内超过 100 个城市，积极向海外马来西亚、澳大利亚等国家拓展，已发展成为全国一流的房地产企业。

2013年在施投资项目已达211个,销售合约额首次突破千亿达1060亿元,位列中国房地产TOP50第7位。主要财务指标如表2.3.4-1所示:

碧桂园2005～2014年主要指标汇总表(亿元)　　　表2.3.4-1

指标	2005年	2014年	9年年均增长
销售额	—	1288	—
营业收入	52	676	33%
归母净利润	5.9	85	35%
净资产	23	499	41%
总资产	140	2143	35%
净资产收益率	26%	17%	—

2. 郊区大盘商业模式

碧桂园将自己定位为"城市新区"建造商。近三年来,碧桂园和恒大走的是一样的路线:三四线城市或二线城市的远郊拿地,超低价格,用极高的营销费用快速走量。这种模式受到了当地政府的欢迎。因为地理位置相对偏僻的地方政府财力不足,没有资金进行土地一级整理。加上交通不畅、配套不足,就算政府自己搞了一级整理,土地也卖不出好价钱。通过引入碧桂园,做一二级联动开发,不仅建了个新区,提升了形象,还拉动了周边土地升值,政府便可以分享到土地的增值成果。

创业初期,碧桂园坚持在广东发展,将本地市场做深做透,产品遍布广东的大多数城市,如广州、佛山、东莞、惠州、肇庆等。随着商业模式的成熟、品牌知名度的扩大,他们开始向东部、中部省份的城市发展,例如浙江的温州、海宁,江苏的扬州、宿迁,湖北的随州、咸宁,湖南衡阳、郴州等城市发展。

郊区大盘模式之所以受到消费者的欢迎,主要有两方面原因:一是价格便宜。楼盘售价比周边同类型房价要低20%。碧桂园2010年销售均价为5485元/m^2,不及万科的一半。二是配套先行,比其他房企更具吸引力。他们坚持先做配套,配备学校、酒店、综合商业等,满足了客户的社会需求,提升产品的竞争力。下面从三个方面来详细介绍碧桂园模式的竞争优势。

(1)土地一级开发和产业链垂直一体化造就低成本优势。对于碧桂园而言,企业最突出的原生态优势就是土地成本优势,碧桂园土地获取成本为行业最低。碧桂园的土地成本占售价的比重一直维持在8%左右,在业内是最低的。一般大型开发企业的土地成本在20%左右,甚至30%～40%以上。因此,碧桂园的竞争优势不言而喻。

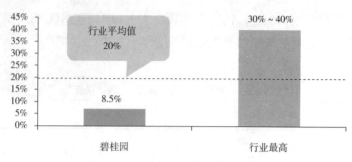

图2.3.4-1 碧桂园地价占售价比重图

（2）全产业链高规格的规模扩张。在快速的扩张过程中，碧桂园成功地做到了两点：一是全产业链的精准复制。无论是省内还是省外，碧桂园都会将规划设计、建筑、装修、销售、物业管理等产业链上下游实行整体复制，以强化自身的低成本优势。二是高规格复制。在每个地方，碧桂园都会以"大规模社区＋优美环境＋优质产品＋五星级管理服务＋超级配套体系＋合理定价"的家园模式打造始终如一的品质，赢得了良好的市场口碑。

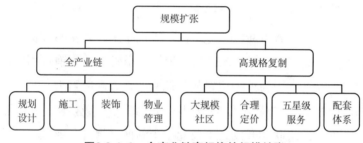

图2.3.4-2 全产业链高规格的规模扩张

3. 碧桂园大盘低价案例

（1）兰州新城项目。2012年10月，碧桂园进入兰州开发兰州新城项目。该项目距市区3公里，建设规模约97万m^2。2013年10月，项目开始销售，洋房均价6280元/m^2，比主城区房价约低3000元/m^2。

碧桂园100m^2的房子需首付19万元，当地大学毕业生月薪4000元左右，不靠家里支持，5～6年可买房，而主城区需要7～8年。该项目价格优势明显。因为商业模式得当，最终碧桂园兰州项目首推4000套房子，一日售罄，收金50亿元，打破多项纪录。

（2）南京凤凰城项目。碧桂园南京凤凰城项目距南京市中心30公里。2013年7月开盘，3小时劲销2000套，收金16亿元。销售火爆的原因，主要是商业配套好。碧桂园凤凰城拥有创南京楼市"吉尼斯纪录"的16万m^2社区商业——凤凰购物广场。购物广场内部2.2万m^2，其中7000m^2大型超市，5000m^2的美食广场，6000m^2儿童主题娱乐城，4000m^2DMAX巨幕影院。

图2.3.4-3 碧桂园兰州新城

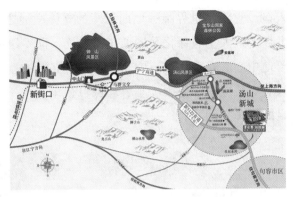
图2.3.4-4 碧桂园南京凤凰城

4. 碧桂园海外发展案例

2015年12月,碧桂园集团宣布在马来西亚依斯干达区打造一座"未来城市",项目名为森林城市。总投资将超过2500亿元人民币。

(1)地理位置。项目坐落于马来西亚依斯干达区,靠近新马第二通道,是全球公认的著名宜居地带,其项目由四个岛屿组成,总占地约14平方公里,接近半个澳门大小。森林城市与新加坡仅一桥之隔,距新马第二大桥约5公里,可快速往返新马之间。距新加坡CBD约35公里,距樟宜国际机场约55公里,项目靠近新隆高铁站点,高铁开通后约90分钟贯通新加坡与吉隆坡。

图2.3.4-5 碧桂园森林城市区位图

(2)设计规划。森林城市总体规划概念由全球著名设计事务所SASAKI操刀,四座填海岛屿皆有不同的拉动因素与功能,将打造成为外企驻地、金融特区、创新天堂、旅游胜地、教育名城、养生乐园、会展中心、电商基地八大产业聚集地,可容纳几十万人口。它将是世界唯一地面无车的立体交通之城、与自然可持续发展的融合示范基地、世界上最大垂直绿化及屋顶花园系统、世界建筑设计的典范示范区、世界智慧高新技术落地中心。在森林城市中,地面三层全方位立体交通,城市人居层看不到一辆燃油汽车,只有有轨电车、空中缆车、环保自行车及水岸步行道等;中间层、底层是交通路网和充足的停车空间。

图2.3.4-6 碧桂园森林城市规划图

(3)绿色环保。结合各种创新的建筑设计手法,通过对当地气候风化等的研究,采用相适应的建筑技术及材料,形成独特的建筑形态及风格,既与周边环境完美融合,又体现未来城市的现代居住理念。且采用垂直绿化设计,建筑物长满植物,使建筑本身成为净化空气、降低噪音和热岛效应的绿色屏障,让每一位居者都生活在绿色的自然里。

图2.3.4-7 碧桂园森林城市植被情况

（4）教育资源。依斯干达教育城（IskandarEduCity）是马来西亚最重要的发展教育项目之一。教育城定位在亚洲吸收6亿东盟人口，成为380万亚洲人口及马来西亚学生的战略教育枢纽。森林城市坐享依斯干达区的政策资源，森林城市的"一小时生活圈内"拥有多间美式及英式国际名校，学费从每学期3000多马币至20000多马币不等。

高校方面，按马来西亚政府规划，碧桂园森林城市所处的新马特区，计划建设3所大学城，包括16所高效科研机构，其中10所已完成。计划建设11所国际中学，其中10所已建成。森林城市项目还将引入英国、中东等国家的国际学校，携手特区政府，引进国际科研中心等。换句话说，作为森林城市业主，在这里既可以享受森林城市内部的教育资源，也可同步享受新马的顶尖教育。

（5）其他热点。2013年，碧桂园位于马来西亚依斯干达区的金海湾项目取得开盘即销售93亿元的耀眼成绩。为森林城市项目奠定了良好的营销基础。"第二家园"计划是由马来西亚政府主导的投资定居项目。门槛低、适用性广，受到中国人的青睐。根据马来西亚第二家园计划官方信息所公布的审批数据，从2002至2015年5月，中国一直排在马来西亚第二家园计划项目十大来源地之首，占总申请量的23%。森林城市方面介绍，置业该项目，就可以享受第二家园计划，让孩子仅需要在马来西亚就读两年，即可参加华侨生联考，入读国内名校。

2.3.5 华夏幸福

1. 发展概况

做住宅地产是小学生，做写字楼是中学生，做城市综合体是大学生，做产业园区地产的才是研究生。因为要做产业园区地产，不仅要对区域经济、产业资源禀赋、城市规划等做深入研究，有深刻的理解，还要具备与政府良好的沟通能力和专业的招商团队，否则住宅卖不出去，商家也招不来的。

华夏幸福基业成立于1998年，致力于成为全球产业新城的引领者，坚持以产促城、以城带产、产城融合、城乡一体、共同发展的理念，确立以产业新城为核心产品的业务模式。目前，公司投资运营的产业新城主要布局于环渤海和长三角区域，事业版图辐射全国近20个区域。

华夏幸福2011年成功在上海证交所上市，迎来了企业发展的新征程，取得了骄人业绩，创造了丰厚的股东回报。自2011年以来，华夏幸福平均以每年150亿元的增量逐年增长，2014年销售额突破500亿元大关，2015年实现销售额724亿元。在规模快速增长的同时，公司的盈利能力始终保持在较高水平，净利润基本在13.5%左右，净资产收益率一直保持在20%以上。有关指标如表2.3.5-1所示：

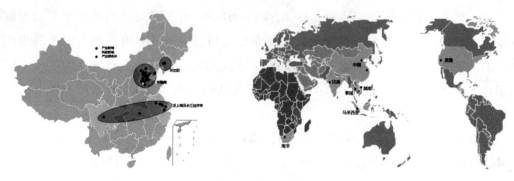

图 2.3.5-1　华夏幸福经营区域

华夏幸福 2005～2014 年主要指标汇总表（亿元）　　　表 2.3.5-1

指标	2005 年	2014 年	9 年年均增长
销售额	—	513	—
营业收入	1.6	269	77%
归母净利润	-0.2	35.4	—
净资产	3.6	154	52%
总资产	4.7	1140	84%
净资产收益率	-6%	23%	—

2. 产业新城业务模式

华夏幸福产业新城模式主要有四大类业务构成，即产业新城、地产、产业园及公共配套。通过同国内、国际顶级战略咨询公司合作，深入研究区域的产业发展规划，明确区域的产业定位、发展方向、空间布局和产业发展策略，获得政府的高度认可，并通过丰富的一级开发、城乡统筹建设、园区核心区建设、产业招商和住宅建设等多样化的产品和服务获取政府的信任，在建设中获得政府的高度支持和配合。

华夏幸福的产业新城业务板块（由产业新城集团全权负责）主要职责为统一代表华夏幸福进行园区拓展、区域规划、与政府合作模式的安排、土地整理、基础设施建设（"九通一平"）等，为地产开发、招商引资以及公共配套建设奠定良好发展基础。经过 10 余年的探索，华夏幸福目前已形成了较为完善的标准化产业新城产品线，为后续托管产业园区的招商、地产开发及公共配套建设奠定了有利条件。

3. 园区地产业务模式

（1）拿地策略。一般情况下，产业园区会配有 30% 的住宅用地，华夏幸福通过招拍挂拿地（实则定向招拍挂），进行园区住宅的开发。华夏幸福的拿地模式有助于形成一二级开发协同联动，可以根据战略、资源、资金状况自行把握拿地及开发节奏。与同在河北的竞争对手荣盛发展相比，华夏幸福平均拿地成本仅为荣盛的68%。

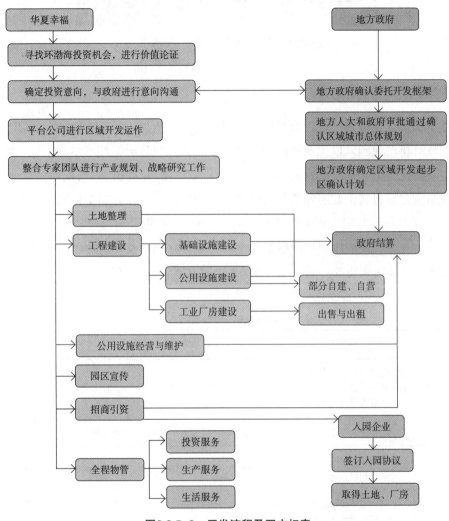

图2.3.5-2　开发流程及双方权责

（2）营销策略。一是形成网络式拓客模式，分区深耕。例如，将北京区域按5公里半径划分为16个大区。二是建立5大联合销售渠道，联合具有拓客能力的公司进行拓客，促进渠道资源扩大。三是打造500人精英团队，集结式作战，如潮白家园强销模式。四是以客户量、销售力为核心重建销售组织。重划集团营销职能线，强化集团资源整合及管控能力。五是地产集团专设自销团队管理部，强化对自销团队的管理、培训，促进销售力提升。

（3）产品策略。华夏幸福旗下产品主要有"孔雀城"、"大卫城"和"华夏系列"等。截至2015年底，已开发的孔雀城达到30余座，其中包括知名的固安永定河孔雀城、大厂潮白河孔雀城、怀来八达岭孔雀城等产品。

图2.3.5-3　华夏幸福潮白河孔雀城

4. 盈利模式

华夏幸福基业独特的产业新城综合开发模式可以概括为"园区+地产"。其中"园区"是指地方政府将产业园区以工业地产的名义立项，通过与公司签订整体合作开发经营园区的合作协议委托公司进行园区的规划设计、基础设施建设、招商引资、后期运营管理等工作，委托管理期满之后再转由政府相关部门经营和管理，政府可以分期支付园区各发展阶段企业垫付的成本、利息费用和相关收益的分成。"地产"是指公司通过合作开发经营过程中的深入介入，充分利用园区规划阶段的深度参与优势在园区及其周边以先于市场反应的速度获取园区以及园区周边的优质土地，并进行大规模的房地产开发。

园区建设各项业务　　　　　　　　　　表 2.3.5-2

业务	内容	结算金额	结算方式	支付方
基础设施建设	道路、供水、供电、供暖、排水设施、公告项目等基础设施建设管理	实际投资的110%～115%	一次性分成不超3年	政府工业区管委会或财政局
土地整理	土地整理	土地整理成本的110%～115%	一次性分成不超5年	
产业发展服务	工业园区进行宣传、推广和招商引资	新增投资落地的45%	一次性分成不超3年	
规划设计咨询	园区整体规划设计	经审计咨询费的110%～115%	一次性分成不超3年	
园区综合服务	物业管理、公共项目经营与维护	实际投资的110%	一次性分成不超3年	

产业发展服务作为华夏幸福的核心，主要为受托工业园区内进行的产业定位、产业规划、城市规划、招商引资、投资服务。近几年，华夏幸福新增签约入园企业家数和投资额在稳步增长，2014年当年新增签约投资额502亿元，2015年上半年新增签约投资额253亿元，累计签约投资额达到2168亿元。

根据固安的建设经验，这些签约项目可能在3～5年内部分会转化为实际投资落地园区，对应的产业发展服务利润潜在空间很大。随着京津冀协同发展在政府推动下加速、产业转移将更快落实，同时公司在环上海等区域的全国性布局，规模化复制扩张也将带来招商引资落地的稳定增长。2014年产业发展服务毛利占比为36%，2015年高达95%，首次超过地产，成为利润贡献"大户"，经过10余年的积淀，产业发展成效卓著。

5. 现金流循环模式

华夏幸福产业新城模式要求公司在前期垫付土地基础设施费用以及后续一系列产业发展服务、规划咨询服务、物业管理等相关费用，与此同时公司在园区及周边地区开发大量的住宅等配套设施，这对公司的资金链要求极高，整个新城开发建设的财务风险都背负在公司的现金流之上。

但这种模式有效解决了政府资金及专业能力的不足，实现了地方政府财政压力在时间和空间上的分摊。同时政府返还落地投资额的方式也有效解决了以往政府、开发商利益出发点不一致的难题，有效统一了双方的核心诉求。

华夏幸福的现金流量循环模式　　　　表2.3.5-3

起步阶段		快速发展阶段	成熟阶段
以基建和房地产项目开发为主，招商引资启动		基建建设、房地产销售、招商引资加速进行	园区建设结束，招商工作收尾
T年	T+1年	T+2～T+4年	T+5年
垫资进行园区规划、基础设施建设、土地整理	政府出让土地，获得土地款；企业竞买土地，房地产开发	基础设施与园区成熟度上升，扩大房地产销售，现金净流入；招商引资也进入快速增长期	为园区企业提供物业管理和经营服务；园区企业为政府提供稳定税收收入

2.3.6　褚橙

褚橙是云南的一种特产冰糖脐橙，因种植人褚时健而得名。其形状为圆形至长圆形，颜色为橙黄色。前华润创业总经理、北京大学光华管理学院访问教授黄铁鹰撰写的《褚橙你也学不会》让更多的人了解了褚时健和他的褚橙，以及将工业化的运营管理运用于农业管理取得的成功。

1. 褚时健的创业历程

褚橙的故事是一位75岁的老人重头创业的故事，为人津津乐道的，正是褚时健的四段创业经历。

（1）酿酒。褚时健14岁那年成为村里最好的酿酒师傅，出酒率比别人高15%～20%，酿出的酒口感更清冽。在苞米恒温发酵过程中，褚时健采用了从老师傅那里听来的用木炭和炭灰保温的做法，可自始至终老师傅也从没有这么做过，因为每隔两个小时就得倒腾一次炉火，晚上几乎睡不踏实，没人愿意这么麻烦，褚时健却做到了。

（2）制糖。"文革"时，褚时健负责县里的制糖厂。他经营期间，这家糖厂从每年亏损30万元变成每年盈利30万元，原因就是认真到极致。担任厂长后，褚时健发现榨出的甘蔗渣很甜，这说明压榨不充分，于是他把压榨机中3个滚筒改成9个。出糖率提升了，但甘蔗渣还是很甜，他申请去广州糖厂学习，用新技术把甘蔗渣在40℃的温水中再次压榨，终于把糖分全部榨干。对于燃料消耗过高的问题，褚时健到广州把人家废弃的真空蒸发设备拿回来实验，通过抽真空，降低水的沸点，利用水蒸气循环加热，大大提升了热能利用率。最终使得能耗降低到原来的15%，出糖率提升30%！省里三十几家糖厂都来跟褚时健学习过，却没有一家能做到这一点，因为太麻烦了。

（3）红塔山烟厂。褚时健出任红塔山烟厂厂长期间，云南省的财政收入由全国倒数第七，变成全国正数第三，红塔山烟厂给云南省税收的贡献几乎达到了50%。

2. 培育褚橙

（1）选址。褚橙的产地——云南哀牢山，气候条件（日照时数大和有效积温高导致产量大，昼夜温差大导致果品甜）确实优于其他地方，橙子会比其他地方早成熟十多天到一个月，抢先上市没有竞争对手，容易卖出好价钱。

（2）灌溉。褚时健亲自去探索水源，而那样的探索是很危险的。总体投资一千万元，确保每周可以灌溉一次，能做到这一点的，全国唯一。并且采用精细化管理，严格规定什么时候浇水、什么频率、多少水量。

（3）施肥。为了确保土壤里的16种元素结构合理，根据不同的变量做实验；建立自己的化验室，化验土壤（全国绝无仅有）；自建肥料厂，因地施肥，确保2400亩橙树口味一致（这个是品牌形成的重要因素）；数字化定义施肥流程，可以抽查，确保农户严格执行了操作流程。"褚橙的商业机密，就在肥料里。"土壤营养成分改造前，果子口味平淡；改造后，不仅口味逐年好转，而且产量达到每亩4.2吨，是行业内平均数字的4倍。

（4）间伐，也就是砍掉过密的果树。要砍的都是正在结果子的最健壮时期的树，常人根本下不了手，对于别的果农来说，根本理解不了。褚橙从此前的每亩146棵，间伐到每亩80棵，总产量上升，果实因为光照条件更好，质量上升，果农可以更精细化的照顾果树。

（5）控捎和剪枝。控捎是剪掉新长的树枝，剪枝是对于老的枝条，通过修剪，控制树形，确保整体的采光和透风。数字化管理，要求在嫩捎10厘米以内必须控除；基于实验，在其他种植地剪10%的情况下，褚橙的剪枝多的达到1/3；10年时间，把农户培养成了剪枝技术专家。

（6）病虫害防治。不惜成本，做好防治，在发病前就打药，看似每年多了60万元农药，但是相比一个香港人投了几千万种橙，结果因为病虫害颗粒无收，褚时健明显胜出一筹。

（7）果农管理。褚橙雇有117户农户，230人，别的果园是年底统结收入，褚橙是每月3号预发每人2000元工资，年底再根据收入扣除。这种做法全国仅此一家，除了可以稳定农户外，可以通过及时的奖惩，来贯彻作业要求。

褚时健用工业化的管理方法，来管理农业。种植流程中，由可以和西方农业相媲美的数量化标准和具体的管控细节，这才保证了褚橙酸甜比 1:24，口味一致、口感好、质量高，享誉全国。

3. 褚时健的认真

华盛顿大学中国学院院长肖知兴感悟到，此前在和中国企业家聊天的时候，往往是想聊全球最先进的理念、工具，但是后来才慢慢发现，其实中国企业家缺少的，往往是最基本的东西。比如泰勒面向产业工人的科学管理理论，虽然是 100 年前的理论，但是放在现代的中国，似乎根本就没有过时。背后的原因是什么？科学管理的数字化、规则化、细节化，在制定阶段和执行阶段（执行阶段往往更难），都意味着无比的认真，意味着一种工匠精神。为什么褚橙也学不会？黄铁鹰教授想告诉大家的，也许正是褚时健的认真精神。

2.4 多元化

2.4.1 复星集团概况

1992 年，受到南巡讲话精神的感染，郭广昌取消了去美国留学的计划，把原本筹来留学的 3.8 万元资金当作了生意的本钱，从复旦下海，成立了复星集团。从最早的市场咨询服务，到房地产代理销售，逐步过渡到房地产开发，又通过诊断试剂销售进入医药制造领域。1998 年，复星实业成功登陆上海证券交易所，2007 年 7 月 16 日，复星国际（00656.HK）在香港联交所主板上市。在此之后，复星又先后进入商业零售、钢铁、矿业等领域，目前发展成为中国最大的综合类民营企业之一。

复星集团坚持扎根中国，投资于中国成长根本动力，积极践行其"中国动力嫁接全球资源"的投资模式，矢志向"以保险为核心的综合金融能力"与"植根中国、有全球产业整合能力"双轮驱动的世界一流投资集团大步迈进。目前，复星的业务包括综合金融和产业运营两大板块。在实践中，复星持续打造发现和把握中国投资机会的能力，优化管理提升企业价值的能力和建设多渠道融资体系对接优质资本的能力，形成了以认同复星文化的企业团队为核心，以上述三大核心能力为基础的价值创造链的正向循环，成为复星业务稳定高速增长的坚实基础。

复星国际控股有限公司的股东为郭广昌、梁信军、汪群斌和范伟四位自然人，郭广昌先生与复星国际控股有限公司其他 3 位自然人股东未签署过一致行动协议。郭广昌先生持有复星国际控股有限公司 58% 的股份，因此，复星国际的实际控制人为自然人郭广昌。

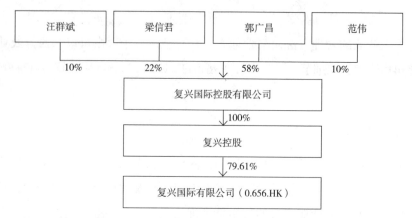

图2.4.1-1 复星国际控股有限公司股权结构

注：董事及其关联人（复星控股外）对复星国际共计持股0.38%

2.4.2 多元化发展

王石经常提到，麦肯锡公司曾对412家企业进行过分析：67%的营业收入来自一个业务单位的，称之为专业化经营；至少67%的营业收入来自两个业务单位的，称之为适度多元化经营；而少于67%的营业收入来自两个业务单位的，是多元化经营。麦肯锡研究结论标明，专业化经营方式下的TRS（股东回报率）为22%，适度多元化经营方式下的TRS为18%，而多元化经营方式的TRS为16%。从回报率的角度看，专业化经营方式能够为股东创造出更高的回报。

复星集团却始终坚持多元化发展，鸡蛋不放在一个篮子里，走出了多元化发展的一条新路。2007年，复星国际是顶着"上海的和记黄埔"这样的综合类企业的帽子上市后，郭广昌开始在考虑什么是复星最好的商业模型。后来认为巴菲特的模式是比较适合复星的，坚持价值投资与长期资本进行很好的匹配。所以复星不仅在内地布局了保险，在香港布局了再保险，累积一定时间后开始在葡萄牙、美国、以色列控股了比较大的保险公司。复星在投资上提出了中国动力嫁接全球资源，在大健康、快乐时尚两个主要线索上积极布局中国经济下一阶段的受益企业。

2010年，复星战略入股法国地中海俱乐部ClubMed，开启了海外投资的大幕。一年之后，复星又战略入股希腊FolliFollie，并获得了美国第二大寿险集团保德信的青睐，设立了5亿美元的中国动力基金第一期。之后，复星在全球展开了一场仍在持续进行中的并购，聚焦保险及金融服务，广泛涉猎医疗、健康、地产、奢侈品牌、酒店、能源等众多领域。外人看上去，这是多元化的又一次狂飙突进——但是在复星内部，一手抓保险为核心的综合金融能力，一手抓具备全球配置资源、具有产业深度的投资能力，这个双轮驱动、互生互补的战略思路日益清晰。

郭广昌认为，一个企业如果要做多个产业，其实就已经是在做投资了，而投资本身是一件非常专业的事情。作为一个投资集团涉足多行业是可行的，但是多行业对于产业运营者来说，这是难度很大的。如果投资集团的核心团队整天还处在某个行业的运营当中，这样公司就会陷入进去，反而把最重要的投资工作给忘了。目前，整个复星生态体系正在互联网化、O2O化。

2.4.3 复星国际

1. 概况

复星国际施行多元化经营的战略，其业务包括综合金融和产业运营两大板块。复星国际的多元化经营并非盲目地多产业发展，而是将其各个业务板块有机结合，真正架起了资本与产业的桥梁。一方面，复星国际利用境外资金成本低的优势，通过其综合金融板块业务为其产业投资从外部募集资金；另一方面，复星国际通过投资运营国内快乐生活、健康、房地产开发和销售等产业获得相对较高的投资回报。产业运营获得投资回报后，从外部募集的资金将沿与图2.4.3-1相反的路径回到资金提供者手中。

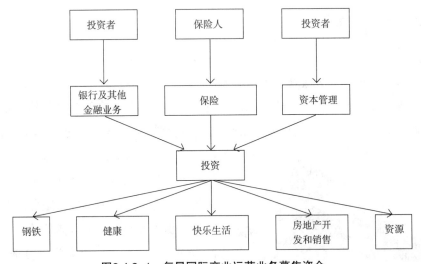

图2.4.3-1　复星国际产业运营业务募集资金

2. 优势

（1）海外市场资金成本低。目前海外资金成本远低于国内资金成本，上述业务模式中，复星国际利用其国际市场资源将海外市场较低成本资金引入国内，并将其投入国内产业，因中国经济仍在高速发展，许多产业投资回报率相对较高。因此，整体风险相对可控。

（2）轻资产模式可支持复星国际高速发展。如用重资产模式（全部使用自有资金）进行产业投资，一方面无法汇集众人的力量使企业的产业投资部分迅速做大做强，另一方面也容易因为自有资金短缺错过好的投资机会。而上述轻资产模式，通过综合金融业务找到全球的低成本资金并将其配置到高速发展的中国市场上,因为资金来源丰富,可以避免上述问题的出现。

3. 风险

(1)市场风险。复星国际采用轻资产模式的主要目的即实现高速发展,但过于迅速的发展放大未来的市场风险。中国经济近年来形势较为严峻,尽管复星国际拟投资领域受众广,也为未来的发展方向,其亦存在承受短期市场波动的风险。

(2)管理风险。2013年,复星国际的保险金总规模为130亿元,2014年已飙升至1000亿元,2015年增至1806亿元,预计到2016年年底保险金总规模或将达到4000亿元。在规模迅速扩张的同时,若人才数量的增长无法与规模增速匹配,资产端的投资回报率具有下降的风险。

(3)时间错配风险。复星国际拟大力投资的健康及快乐生活业务均具有较长的投资回报周期且该周期具有一定的不确定性。若对回报周期估计错误,对保险资金时间错配,将会带来一定的偿债风险,且有引发连锁反应的可能。

4. 保险+产业+蜂巢

保险指的是低成本的保险金,产业指的是健康、快乐时尚产业的产品与服务,蜂巢指的是"蜂巢城市"地产开发能力。复星国际发展的"蜂巢城市(社区)"产品,通过导入复星既有产业资源、整合全国全球资源,建设城市升级和产业升级急需的核心功能,如直接金融功能、健康医疗功能、文化体验旅游功能、物贸物流功能等;并创新规划、打造工作、生活、消费三个场景合为一体、具有24小时活跃人流的活力社区;通过核心功能产业、衍生服务产业及生活消费配套服务产业发展为社区持续提供充足的多元就业机会;降低入驻门槛为创新创业企业留足空间,打造自我生长、环境友好、主动辐射服务周边的功能性社区,服务城市的同时,还可以通过不同功能的蜂巢(社区)无缝同质连接形成群落型的城市。以下为蜂巢城市示意图:

图2.4.3-2 蜂巢业务构成

2.4.4 发展思路

1. 站在价值的地板上与周期共舞

这里面有两个概念:一个是纪律性,强调

投资的纪律性和价值投资，复星坚持长期投资，强调对企业的服务；二是与周期共舞，不怕没有机会。现在互联网的确改变了信息传播的方式，的确消灭了一些通过信息不对称赚钱的机会，但是互联网永远改变不了人性，包括人性的懦弱、贪婪，当然也有人性的勇敢和智慧。只要这些东西都存在，现在这个市场的错配机会永远存在。比如说现在石油价格的变化，谁会预测到会下跌这么多？虽然现在石油价格跌下来了，但要把握住市场真正错配的机会，要观察俄罗斯、日本乃至古巴的经济，石油和大宗商品价格变化，搞清楚之后，越是在血流成河的地方，越要有兴奋感，越要努力！股市上涨，出现一些泡沫。对此复星强调投资纪律性，充分利用市场错配的机会，与周期共舞。

2. 产业整合

以前，复星要做有产业深度的投资者，看产业里谁是最强的、最好的，然后以合理的价格去投资，以"中国动力嫁接全球资源"帮助其成长。但是另一方面，现在要强调产业整合就是能够在全球平台上推动公司已经投资的企业发展，让他们做到全球数一数二。复星已经有了足够的产业能力和产业规模、有了很多很好的团队，比如在旅游领域，拥有地中海俱乐部和亚特兰蒂斯两个全球最有吸引力的旅游目的地品牌；在医药健康领域，除了复星医药，还与国药控股有非常深度的合作。有一批这样的企业，可以帮助他们进行全球产业整合。所以，复星的投资团队一方面关注好的资产，也重视与已投企业的合作，帮助他们在全球平台上进行产业整合。

3. 双轮发展

复星集团作为一个金融企业，在两个竞争上是无法避免的：一个是负债端的成本，第二个是资产端管理的能力。过去复星在负债端上的成本是比较高的，但控制得比较严。在资产端管理能力投资上，回报虽然不错，但还需要不断提高。在未来，尤其是互联网金融迅速发展之后，所有金融企业在负债端的成本会越来越趋同。所以在负债端这一块，如果没有很强的创造能力，就会被同质化。要降低成本，一定要加大产品的创新，加大发展规模，做有竞争力的产品。负债端能力的建设包括保险产品的创新，尤其是在跟复星产业特别是大健康相结合上。另一块，未来的全球金融企业中成功者，一定是资产管理能力非常强的企业，因为只有这样才有可能成为全球最有竞争力的金融企业。靠以前粗放的、发展负债端来竞争的企业，有两种结果，一种就是会发展很快，另种就是发展得很快之后死掉。只有价值创造之树，才可以常青、可以发展。

4. 紧盯客户需求

过去，复星做保险就是把保险卖出去，做房地产只要造房子就好了，做矿山有矿挖就不用管了。但现在，真正重要的是客户需要什么。只有客户认为你做的事情是有价值的，这才是最重要的。客户都非常聪明,他们只管公司会提供什么价值。归纳来讲就是三个点:第一个是健康。现在中国老百姓基本吃饱了、有房子住,有车开,下面就想到健康、养老,复星需要在大健康领域建立起核心竞争力。第二个是快乐。房子买好了,小孩教育问题解决之后,逐渐就会有全家去旅游、去享受快乐和时尚生活的需求。大健康、快乐时尚生活这两块是未来的核心需求,也是复星要打造的核心竞争力。第三个是效率。复星旗下的钢联、国药、星泓以及许多企业都在做信息、大宗商品和物流等,关键是能够为客户带来效率,要通过效率消灭过去通过忽悠、信息不对称来赚钱的模式。

5. 产品闭环

闭环的概念,是把复星所有的优势都整合进去,形成一个产品,一个完整的、可以给客户体验的、可以创造价值的产品。从健康保险产品出发形成闭环,也可以从一个时尚产品出发形成闭环,也可以从地中海俱乐部出发,把地中海俱乐部不仅仅打造成一个旅游的综合服务商,还应该是一种独特的生活方式提供者,这也可以形成产品的闭环。

6. 核心资源配置

一是明显的市场配置错配的机会,二是支持有产品力的产业整合,三是更多关注新生事物。金融方面要加快私人银行、健康保险的发展,物流领域要围绕钢联和与钢联对应的东西来做。强调行动的一致性,进行充分而有建设性的争论沟通,产品、服务一定要让客户有一种趋之若鹜的感觉。

2.5 平台化

2.5.1 广联达

广联达软件股份有限公司成立于1998年,2010年5月在深圳中小企业板成功上市(股票代码:002410),成为中国建设工程领域信息化产业首家上市软件公司。广联达立足建设工程领域,围绕工程项目的全生命周期,提供以4MC(项目管理-PM、建筑信息模型-BIM、数据服务与管理-DM、移动应用服务-Mobile、云计算-Cloud)为独特优势的一流产品和服务,支持客户打造智慧建筑,实现智慧建造和智慧运维,提升经营效益。秉持"以客户为中心、以奋斗者为本、保持创业精神、坚持共赢理念"的核心价值观,广联达在产品研发、人才培养方面形成独特优势,建立了完善的自主研发和技术管理体系。广联达主要产品均具有自主知识产权及自主创新的软件架构,公司掌握核心技术三十余项、软件著作权一百六十余个、专利近二十项,其中3D图形算法居国际领先水平,而在针对项目全生命周期的BIM解决方案、云计算,以及管理业务技术平台方面,均有深厚积累。

图2.5.1-1 广联达业务平台构成

2.5.2 发展策略

广联达基于多年来在建筑工程信息化领域的布局，利用云计算、移动互联网等技术，由工具软件（计价、算量、施工）提供商转型为覆盖建筑工程全产业链的数据信息运营商，并通过信息服务、金融服务、广告服务、旺材电商等方式实现工程数据的变现。公司正在逐步刻画建筑工程全产业链数据，并将以此形成独一无二的数据资源卡位优势，从而形成卡位价值的重估。

1. 背靠建筑业17.7万亿产值，打开千亿级收入新空间

在施工环节信息化产品的市场空间在300亿元以上，公司的收入有望达到100亿元。交易服务方面，建筑业每年的采购额在10亿~20亿元之间，假设采购额稳定在15亿元，旺材平台的收入达到采购额的5‰，则其收入空间将上看750亿元。如果仅考虑工程征信和劳务征信，公司征信服务的收入空间就超过85亿元，其中劳务征信20亿元，工程征信65亿元。互联网金融业务，仅施工环节的互联网市场空间就达到1700亿元，假设广联达金融的市占率达到10%，收入规模就将达到170亿元。

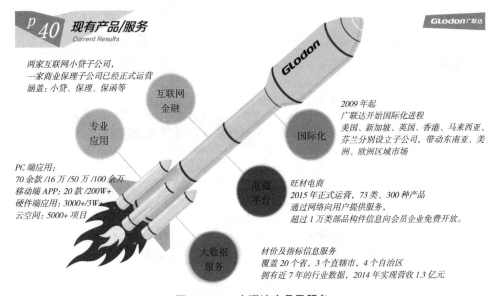

图2.5.2-1 广联达产品及服务

2. 施工环节信息化产品

互联网重构建筑业将带动产业链各环节效率大大提升，节省采购成本10%、施工成本30%，降低20%~30%的运维能耗以及15%~20%的空间闲置率。以我国每年平均55万个施工项目，对应20个外包，每个项目信息化解决方案保守估计平均1万元计，市场空间也在千亿以上。公司将信息服务从传统业务的招标环节造价软件拓展至建筑行业全产业链，打造建设工程领域互联网+的平台服务商。

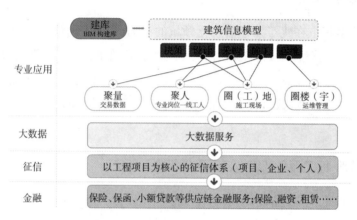

图2.5.2-2　广联达建筑信息模型应用

3. 打造建筑行业专业B2B垂直电商平台

公司的旺材电子商务是目前国内唯一的专业B2B建材业电商平台。一方面，旺材电商为地产商节省了大量搜寻成本，并通过联合采购等形式为采购方带来优惠，使得总采购成本至少节约10%以上；另一方面，旺材电商的商业模式是单品铺货价值锁定的撮合交易，能以一定价格区间和品质锁定采购方两到三年间的需求并进行深化设计，这不仅帮助大量中小地产企业优化了其采购方案，更为供应商提供了下游客户未来需求的信息服务。

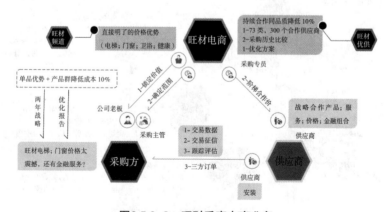

图2.5.2-3　旺财垂直电商业务

4. 布局垂直领域的供应链金融

公司供应链金融业务的核心是行业征信体系的建设，通过对旺材电商的交易数据和招标信息行为数据的分析评定企业的信用等级，同时利用公司的工程项目管理软件将工程信息传递给融资机构以降低信息不对称，吸引和整合银行等资金方。同时通过对客户大数据分析挖掘客户需求，从而将资金的需求和供给链接起来。目前公司已拥有两张互联网小贷牌照和一个保理公司，一旦行业征信体系建设完成就可以通过保理、小贷等方式为企业提供融资服务，而未来公司还将进一步布局第三方支付以加强其金融服务能力。

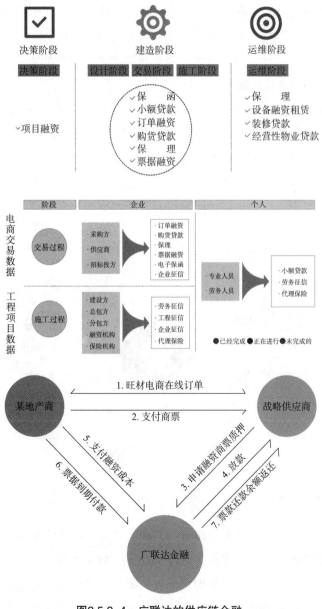

图2.5.2-4　广联达的供应链金融

2.6 智能化

2.6.1 智能制造

2008年爆发的金融危机严重挫伤了全球实体经济之后，重振制造业已成为各国的共识。重振的方向，就是利用先进信息科技发展智能化的制造业，即所谓的"工业4.0"。在2015年5月发布的《中国制造2025》行动纲要中，中国也将智能制造作为主攻方向。智能制造聚焦生产领域，但又是一次全流程、端到端的转型过程，会让研发、生产、产品、渠道、销售、客户管理等一整条生态链为之发生剧变。

对工业企业来说，在生产和工厂侧，它依然以规模化、标准化、自动化为基础，但它还需被赋予柔性化、定制化、可视化、低碳化的新特性；在商业模式侧，会出现颠覆性的变化——生产者影响消费者的模式被消费者需求决定产品生产的模式取而代之；在国家层面，则需要建立一张比消费互联网更加安全可靠的工业互联网。

这个转型的驱动因素来自"互联网+"的广泛应用（智能产品，全渠道营销，行业生态链），使制造企业有机会直接面对消费者和上下游，以可接受的成本获取之前无法获取的数据，从而能更好地洞察客户需求并获取产品的市场反馈。

基于这种洞察，企业能够重新定义和设计自己的研发、生产工艺和供应链体系，在获得规模效益的同时实现个性化交付，同时提升自身的生产效率和资产利用率，降低能耗和污染。

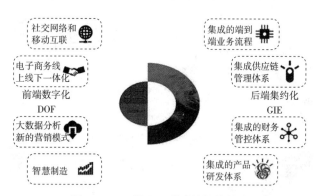

图2.6.1-1　基于互联网的智能制造

1. 智能制造的实现之路

（1）第一阶段，是迅速打好企业转型的基础，掌控自我方能支持转型。重新梳理现有的研发、供应链和财务人事管理流程，通过ERP、PLM（产品生命周期管理）系统的实施构建整合运营体系。此外，企业需要构建流程标准、数据标准以及相应的管制体系，然后通过智能产品，或全渠道营销，或上下游生态链体系去获取客户和产品的数据，从而获取消费者和产品洞察来支持后续转型。

（2）第二阶段，结合客户和产品洞察，整合企业内外其他数据资源，构建自己的大数据体系。在该体系指导下，按照以消费者为中心、个性化、柔性化、大规模定制等智能制造原则重新构建自己的研发、客服、生产、供应链和物流体系。

（3）第三阶段，基于智能产品平台、全渠道平台、大数据体系来实现生态链的跨界创新，强化后台整合运营体系，支持企业的全球化扩张。

2. 高端实木家具生产商美克家居的智能制造之路

美克家居和IBM从2012年开始就信息化领域进行合作。最初，双方的合作仅限于传统ERP系统建设。从2014年开始，美克家居开始尝试从传统制造业向智能制造转型，双方合作随之深化。IBM从五方面着手，帮助美克家居建成了实木家具领域第一个智能工厂。第一，引入数控机器人和其他自动化设备，这些设备可以代替手工匠人在实木家具上自动雕花；第二，组装柔性化的组装线，以适应个性化规模定制的需求；第三，建立一套高效精准的场内物流，这套场内物流系统的任务是负责整个工厂的生产调动，自动分配原料、成品，实现工厂生产计划的全自动化；第四，建立一套连接销售渠道的智能系统，销售订单自动转化为场内的生产需求、分解成具体生产任务；第五，通过将设计数字化，把ERP系统和生产执行系统集成起来。

美克家居还与IBM、苹果联合针对高端用户开发了零售店互动营销APP，用户可以在iPad端通过APP进行实木家具的个性化选型、配色设计和搭配，然后，这些被确定的订单又将直接发送给后端系统，自动进入选型、配料和机器加工的制作周期。一般实木家具的交付周期是120天，美克家居希望通过智能工厂将交付周期缩短到35天之内，在不增加人员的前提下产值翻番。

美克家居在2012年开启此项目时，全球都未有成功的参照，能否转型成功是个未知数。实木原材料的花纹和木皮的先天复杂性给标准化带来很大的困难，同时美克家居的客户都是高端消费者，个性化需求旺盛，在实现标准化的同时还要保证个性化，是一个巨大挑战。正是由于其转型的代表性和典型性，美克家居在2015年7月入选了国家工业和信息化部2015智能制造试点名单，成为46家试点公司中唯一的一家家具制造零售公司。

单纯的研发和生产端的改造不是智能制造的全部，基于渠道和消费者洞察的前端改造亦是重要的一环。二者相互结合，相辅相成，才能完成端到端的全链条智能制造改造。

3. 智能制造的核心和难点

企业要完成从传统制造向智能制造的转型，第一前提是要投资一些硬件设备，比如传感器、机器人、宽带、云数据中心能力。不过，智能制造转型绝非仅仅是购买一套软件，改造一套生产装置，增加多少机器人就能完成的。这是一场全流程、端到端的变革，因此绝不可能一蹴而就。

对于那些天然拥有智能基因和能力的产品，企业可以通过使自己的产品更加智能来获取对客户和商品的洞察。比如工程机械制造中的领导者中联重科，很早就在自己的产品里增加了智能控制模块，设备的定位、开工情况、运行状态等都通过互联网传到企业总部，目前已经覆盖了超过13万台设备，从而帮助他们建立了自己的工业大数据。

再比如一家洗衣机企业，通过传感器、物联网、大数据分析技术，企业可以告知维修服务部门，哪些零配件出了问题，或者哪些部件需要提前更换，保证维修人员上门一次就能搞定，甚至易损坏部件信息也将反馈到厂家用于指导产品设计研发。

但并不是所有消费品都可以变得智能，例如鞋服产业，尽管市场上也有智能童鞋等有益尝试，但从产品特性、使用习惯和性价比的角度，大多数鞋服产品并不适合增加智能模块。类似品类有很多，例如洗护、食品等。

同样也不是所有的工业品都能变得智能，例如化工产品。对于这类工业品行业而言，想要增加对客户、对产品的洞察，关键在于是否能和自己的上下游取得更好的互动、构建和谐的生态圈，从而实现共同创新。

企业需要建立制造业自己的工业大数据体系，这个大数据体系不仅需要囊括来自客户、市场和智能产品的外部反馈信息，也需要汇总内部的数据信息，这包括设备状态、物流、生产过程、能耗等数据。

根据IBM价值研究院的报告，今天90%以上的实时数据只是被静态地存储了起来，但60%以上的实时数据只有在实时的决策中有价值，之后便变得毫无意义。制造业企业如何获取大数据，如何将基于数据的洞察转变为创新和竞争优势？对于很多传统制造业企业来说，这在现阶段具有相当大的难度。

但是，产业格局正在发生剧变。目前，苹果、小米和富士康等企业已经实现了基于产业链大数据来指导产品研发和营销的模式。在IBM的客户中，一个领先的全渠道零售连锁企业就在利用过去十多年经营空调品类积累的大量线上线下数据，来尝试构建一种全新的ODM营销模式：自己设计针对目标市场的空调产品，然后交给空调制造商进行贴牌生产。

在消费品制造业和零售商博弈融合的战场中，掌握大数据并用来指导研发、营销，进而整合产业价值链的企业会走上苹果或者小米那样的发展路径，侧重于生产效率和规模化的企业会演变成为富士康模式的企业。

通过大数据体系来提供差异化的产品、强化客户体验和服务也是很多制造企业目前正在走的转型道路。苹果与IBM自去年宣布全球合作伙伴关系，已经陆续推出40余款企业级移动应用。近来，日本邮政公社与IBM及苹果公司联手，借助iPad设备和定制APP将iPad嵌入辅助性功能，为日本老年人打造一个更加好的终端界面。通过苹果的移动智能设备和IBM的移动应用及数据分析技术，为数以百万计的老年人提供药物、锻炼和饮食的提醒和警示，协助他们与社区和家庭的沟通。

在大数据体系的指引下，制造业的供应链体系也在发生革命性的变化，很多企业正在根据来自消费者、运输、设备等大数据调整自己不同品类的供应链网络，并优化自己的场内物流，取得了很好的效果。大数据体系下，很多企业产生了跨界创新火花。IBM 的一个在装备制造行业极为领先的客户，正在和保险公司合作并基于设备的工业大数据分析，为客户设计全新的保险产品。

4. 中国企业的转型之路

智能制造愿景美好，但实现愿景是一条艰苦的转型之路，与美国、德国、日本等世界先进制造大国相比，中国公司的智能制造之路必定会有大的不同。

德国工业 4.0 的提出背景是 2006~2011 年德国工业出口总值几乎没有增长，目的是增强德国制造的竞争力，开拓新市场，增强服务收入来获得持续性盈利。所以方向上侧重于智能制造，以 CPS（信息物理系统）和物联网技术为核心，重点在设备自动化和生产流程管理，试图实现面向产品制造和供应链的一站式服务。主要依托企业包括西门子、博世、SAP。

美国则是在奥巴马的第二个任期提出了"制造业回归"，主要背景是美国在过去 20 年积累了大量科技红利，并且经过分析，发现采用新制造手段，成本会比中国的劳动密集型制造还要低 30% 左右。所以美国的 CPS 战略是发挥其信息产业的传统优势，提升对终端用户的体系性服务能力，重点在以智能设备、大数据分析和互联网为基础的智能化服务方面，实现服务链与价值链的一站式服务。主要依托企业有 GE、IBM、Cisco 等。

中国企业的转型背景则是：产能过剩、产品同质化现象严重、白热化的价格战、劳动力成本上升、小批量多批次的定制化生产蔓延中国制造业。因此，企业急需通过智能制造转型来解决这些问题并获得正面的成果：个性化产品、服务型产品、敏捷化生产、资源高效利用，以及跨界融合的能力。

由于发展阶段的原因，大量中国制造群企业目前仍处在工业 2.0 状态，且对传统渠道的依赖过大，在前 30 年的高速发展过程中有太多制度红利，导致企业家们对精细管理和匠人精神重视不够。这都不利于企业的智能化转型。

2.6.2 物联网

"互联网+"行动计划和"中国制造 2025"行动计划同时出现在 2015 年的政府工作报告中，这绝不是偶然。凭借规模优势和价格利器，中国制造在十几年间席卷世界，到 2007 年，全世界 70% 的鞋和玩具，50% 以上的 PC、手机、彩电、空调，40% 的纺织品都在中国生产。那一年，一本名为《离开中国制造的一年》的书先后在美中两国畅销，书的结论是："价格最终总是战胜我们的价值观，我们无法拒绝中国制造的产品。"到 2010 年，以产值计算，中国超过美国成为世界第一制造业大国。

但就在此前后,以新一代信息技术为核心驱动力的第四次工业革命悄然开始。截至 2014 年 6 月,德、美、日、英、韩等国均提出了自己的国家战略,以适应并引领新工业革命的浪潮。其中的代表,是德国的"工业 4.0"战略。

1. 工业发展历史

18 世纪后期开始的第一次工业革命,象征物是蒸汽机,成果是机器取代人力畜力的机械化。19 世纪后期开始的第二次工业革命,象征物是电,成果是电气化和自动化。20 世纪中期,以电脑为代表的信息技术蓬勃发展,工业化和信息化深度融合,生产效率得以指数化地增长,被视为第三次工业革命。

20 世纪 90 年代开始,新一代信息技术——互联网——登场,20 年后,PC 互联网升级为移动互联网,互联网公司超越电脑软件等传统 IT 公司成为科技公司的代表,并革命性地改变了媒体、娱乐、零售、旅行等与消费者直接相关的众多行业。

2011 年前后,以德国人提出"工业 4.0"概念为标志,互联网技术开始进入并改造大型工业企业。基本上,我们可以把"工业 4.0"、物联网、工业互联网这三个分别由德国人和美国人提出的概念相提并论,互换使用,它们都意味着第四次工业革命拉开了帷幕。

2. 万物互联

互联网迄今经历了三个阶段。第一阶段是人与信息的互联,代表公司是雅虎谷歌百度新浪;第二阶段是人与人的互联(代表公司是脸谱、推特和腾讯)和人与商品的互联(代表公司是亚马逊、阿里巴巴和京东商城);第三阶段刚刚开始,是物与物的互联,代表公司是提出"工业 4.0"概念的西门子和提出"工业互联网"概念的 GE。前两个阶段被称为消费互联网,它做到了人与人、人与商品的天涯咫尺。动几下手指,失散几十年的小学同学就出现在面前,敲几下键盘,千里之外的心仪商品就会被送进家门。那么,第三阶段,工业互联网阶段,会不会有同样神奇,甚至更神奇的事情发生?

完成工业互联网改造的企业,是全价值链数字化的、数据驱动型的企业。首先,企业实时掌握完整的内部数据:人的数据(过去的管理软件已能实现但现在能更廉价便捷),机器设备的运行数据(过去有限掌握);其次,实时掌握供应链各环节的完整数据(过去有限掌握);第三,实时掌握客户/消费者的完整数据(过去有限掌握)。

过去,企业不是不想掌握这些数据,但没有技术手段,或者代价过于高昂。但没有这些数据,企业运营就像瞎子摸象,成败与否很大程度上靠的是经验直觉和运气。比如,企业都知道要以销定产,都知道要最小化库存,但是很难做到,因为决策信息匮乏。只有沃尔玛这样的贵族企业,才能够花几亿美元发卫星贴条码来实时监控卖场数据,指导后端的物流生产。

现在,无处不在的移动互联网使企业可以低成本对接消费者和渠道商,采集分析消费者行为数据，从而实现对产品从设计到销售的全生命周期管理。射频技术和传感器（单价已经降到了 100 美元以下）的普及，使得企业能够对机器运作数据进行采集，并加以分析，实时了解工厂的运作情况，实现过去求之不得的精细化运营。

旧时王谢堂前燕，飞入寻常百姓家。这就是技术的力量。需要强调的是，仅把数据采集回来，后端的分析能力跟不上，不能用数据指导行动，那就只是 datarich（数据富集）而不是 datadriven（数据驱动），而做不到数据驱动，就不能称为实现了工业 4.0。

3. 未来展望

互联网的第一和第二阶段，中国起初落后，但很快赶了上来，并与美国共执牛耳。在赶超过程中，造就了腾讯和阿里这两家两千亿美元市值的公司。第三阶段，中国暂时落后，能否后来居上，不能盲目乐观。因为与消费互联网不同，工业互联网不是平地起楼，而是与此前的工业传承紧密相关，此概念由百年老店西门子和 GE 提出，而不是由硅谷新贵提出，原因正在于此。

物物互联也不是互联网的尽头。美国数据咨询公司 Gartner 预计，到 2020 年，将有 260 亿个传感器安装在各类设备上。与此同时，人工智能技术也正在蓬勃发展。不远的将来，人人、物物、人物的大范围的实时互联将成为常态，一个万物互联的世界不再是想象而成为现实，这将深度重塑这个星球的商业运行和社会形态。

第 3 章 执 行

执行决定成败。拥有高水平的执行力，公司才有强大的竞争优势，才能够在激烈的市场竞争中始终立于不败之地。尤其是战略目标已经很明确、服务对象已经很突出的情况下，剩下来就是如何快速有效的执行。每家公司发展历史不同，企业家经历不同，管控模式以及围绕管控模式设计的组织架构、资源分配等也不尽相同。而不同的管控模式，其结果就形成了不同的组织架构和不同的运营效率。

3.1 组织架构

3.1.1 互联网+时代下组织架构的变化

互联网企业的迅速崛起已经展现出某种颠覆力量，快速迭代与灵活多变的特质让很多传统企业感到无所适从。扁平化、网状结构、多任务和项目制等词汇变成热门，有些传统企业唯恐被替代，甚至开始探索相应的组织变革，互联网正在重塑整个商业世界。互联网带给商业世界三个主要的冲击：一是个体能力发生变化。原来的个体能力是有局限的，如果个体不在一个组织里面就很难获取资源，而互联网让个体具备了极强的主动权，他们离开组织也能做事。而且今天的个体非常活跃，他们渴望自由，不愿意被限制在一个结构里面，对传统企业和组织的挑战特别大。二是互联网改变了企业的竞争状态。原来组织在面对竞争时，可能处于相对稳态，但是现在这个稳态被打破，企业会一直处于动态竞争之中。三是互联网让跨界竞争变得普遍。现在的组织不可能仅在行业内竞争，更多时候还需要考虑跨界竞争，后者如今已经变成竞争的常态。

组织本身却承担着几个极为重要特点：首先，组织是用来实现目标的；其次，组织必须通过分工来形成自己的力量，然后再去完成功能；再次，组织很大程度上是为了解决稳定性问题，组织带来的稳定性有利于绩效的获得；最后，组织的局限性在于面对不稳定和变化的时候很被动。由于个体能力变强、动态竞争以及跨界融合等新的变化出现，这些变化又与组织之间存在天然的矛盾，组织代表稳定，互联网带来变化，这二者的冲突才是今天互联网经济对传统企业挑战的本质。

1. 目标是第一位的

从组织的特点来看，首要的是必须明确目标。这既是组织的功能要求，也是合理安排组织结构的前提，因为只有当目标确定后，才可能对整个组织进行合理设计。如果一家企业的目标是提供产品、成本和质量，也就是传统企业的最基本目标，那么稳定的组织、合理的流程相对来说是承担这些功能的最佳状态。但是，如果企业的目标是不断地进行创新、迭代和变异，那么就需要一个动态的组织与之匹配。所以，组织变革与否，判断的核心首先应该是企业承担的目标，以及它在市场或行业中的基本诉求。这一点必须非常明晰，然后才能判断和选择组织的状态。

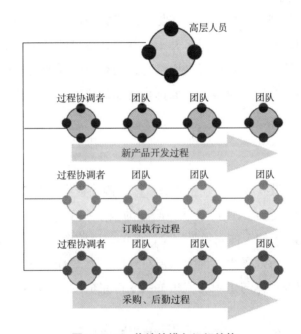

图3.1.1-1 传统的横向组织结构

很多企业的共同追求都是效率和成本控制，确定目标后就需要找到合适的组织形态来完成它。假如一家企业拥有庞大的组织结构、管理层级太多，就很难达成这个目标。因为指令太远，既不会有效率，也很难控制成本。因此，选择与效率匹配的结构就必须把组织单元划小，并且贴近市场。很多互联网企业的组织结构就是这样，因为其产品必须高效，所以它们把经营单元划得很小，像阿里巴巴会有28个事业单元，而腾讯则采用项目制。需要注意的是，传统企业海尔目前正在进行的人单合一、网状结构变革，试图推动企业在新的商业环境下转型，肯定是有益的尝试，但最重要的事情依然是明确自身的目标。

追求高效的组织结构还有好几种，其中一种是老板说了算，决策时间短、效率高，小型私营企业多采用这种方式，可以称之为简单结构或者一人结构。还有一种叫专业性结构或是职能结构，就是请各个领域的专家来行使职能，通过分工来完成目标；另外一种结构是事业部制，即让决策权靠近真正做经营的人，这是华为所选的方式——让听得见炮火的人去做决策。

今天，许多的互联网企业仍然处于创业阶段，因此它们的目标可以时点化、阶段化，在完成一个目标之后，它们才能设定下一阶段的目标。由于互联网的进入成本较低，如果一个项目完不成，它们可能就会放弃这个项目。但是，传统企业却不是这样，它们的进入成本很高，举例来说，假如买设备花费很大，设备的成本分摊和折旧可能需要10年，那传统企业肯定就得做10年。因此，传统企业的目标不太容易时点化和阶段化，实现周期也要比互联网企业长得多。

某种程度上，互联网企业的成功其实是商业模式的成功，无论小米还是阿里巴巴都是这样。传统企业的成功则需要经过了几十年甚至几百年的竞争。如果把互联网企业的目标拉远，时间周期拉长，它们同样会面临与传统企业一样的管理困境。因为长期竞争对于企业的团队能力、品牌等等很多方面都会有新的要求，企业就需要按照真正的组织体系去运作。

2. 分工不等于分权

事实上，互联网并没有改变传统企业的目标，传统企业依然要提供高性价比的产品。那为什么它们现在会遭遇这么大的挑战？问题的核心在于如今个体的能力发生了改变，组织的稳态属性对于今天的个体来说是完全冲突的，以前个体离开组织做不了什么事情，现在的人离开组织仍然可以做事，因为只要在互联网上做就可以了。互联网让个体能力和需求发生改变，使得个体与组织的依赖关系变得完全不同，这是传统企业真正需要面对的冲击。

互联网企业为什么能在最近几年迅速崛起？原因是它们一开始就和互联网时代的个体属性相符，它们基本上是项目制，项目制的好处之一就是没有固定的组织。这种制度有点像体育运动队，要去打世界杯就临时组队，找最好的球员组织起来去打，打完了就解散。这里面的特点是有明确的时间截止点，有明确的目标和角色，如今很多人都喜欢这种形式，因为它会让你的人生能够被规划和相对自由，而不是被锁定在一个组织里面。

在传统企业当中，个体很难知晓明确的目标和角色，他们在组织里面奋斗，但是不知道奋斗完之后，最终公司会不会真正认可他们的价值。传统的企业和组织也不太适应项目制，它们没有具体的时间截止点，必须一直奋斗，否则稍有松懈就会被取代。

除此之外，传统的中国企业管理，普遍对"管"这个字看得太重，不明白组织本质上是通过分工来进行协作。大部分经理人习惯看重权力，觉得要说了算才行，但是他们不知道组织并不是拿来分权的，而是用来分工的。分工的核心应该是分配责任，责任与目标相对应。

基于承担的目标和责任,相应的权力也就分配了。

可是,很多人经常会把这些东西忘了,仅仅关心权力和利益,甚至只关心谁说着算,也就是决策权,一旦认为说了不算,那么没有人会对组织的责任和目标负责。

但是,现在的互联网体系并不太在意权力和权威,项目制的时间周期都很短,产品的迭代非常快,互联网经济唯一相信的就是结果,因为它是在合作和平等的基础上形成的。比如,起初QQ很厉害,但微信出来后你就得服气,再过两年如果出现一个打败微信的产品,那微信也得服气。互联网企业在很短的时间就可以得到检验,相应的权力和权威不会持久,项目完成后会被拿掉或者消散,所以它们的组织更倾向于分工协作,更加平等、平滑,在这个过程中人们心态也都很简单。传统企业应该看到互联网企业的这些优点,在变革之时需要明白组织是通过分工来完成功能,而不仅仅是在分权。

3. 变革是为了领先

无论传统企业还是新兴企业,组织是否需要变革,最核心的要求是对整个主营业务的成长空间和领先性进行判断。组织究竟用什么样的形态,最重要的是看组织在竞争中所处的状态。没有互联网的时候,传统企业并没受到这么大的冲击,原因就在于那个时候它们的成长空间和领先性足够大。但是,因为互联网带来跨界融合与竞争,跨界打破了传统企业原先的成长空间和领先性。当企业的领先性表现不出来,成长空间又不够的时候,就会出现所谓的转型困难,这是固有组织形成的阻碍,因为大家都习惯了原有组织体系的思维方式和工作方法。

如果成长空间和领先性足够,那么问题不会暴露出来,也就不需要进行组织变革。组织形态最好的类比对象是体育,体育是所有组织结构当中最能激发个人潜能的,而且本身就是竞争,目标都是要超越。例如,中国体育的举国体制,能够让乒乓球、羽毛球、跳水等项目在竞争中保持领先,那这种组织结构就应该延续;足球和篮球变成俱乐部制后并不成功,也许这种组织方式或者组织运行的结构就应该放弃。当固有组织能够帮助你保持领先,就可以保持它;当这个固有组织不能让你保持领先,那你自己肯定也得打破它,因为在市场上你已经输了。

如何判断领先性?有很多具体的方法,其中平均增长率是简单易行的指标。如果一家企业的平均增长率低于行业平均增长率,那就需要考虑组织变革了。道理很简单,现在是行业第一,但是增长率低过平均水平,可能很快就会被第二超越,从而丧失领先性。

至于如何进行组织调整,需要把握的应该是行业中的关键成功要素。举个例子,手机这个行业的关键影响因素是技术替代,当智能手机技术出现的时候,诺基亚的变革核心本应该是这个技术,但那个时候它的主营业务盈利过多所以难以放弃,最后反被苹果赶超。因此,组织变革和调整的目的不应该是企业暂时的盈亏,而是如何让组织在市场中保持领先性。

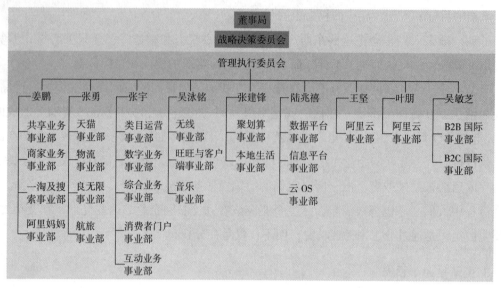

图3.1.1-2 阿里巴巴的事业部制结构

4. 突破变革难点

假如企业的领先性和成长空间并不足够，目标也决定组织必须变革，那企业的领导者就需要提前认识到组织变革的难点，以及为可能的阻碍做好准备。变革会影响当期盈利。组织进行变革，企业本身需要投入。中国企业进行组织变革之所以很辛苦，就是因为企业本身积累的盈利空间并不足以支持组织变革。

组织变革意味着淘汰落后、增添新的东西。对于落后的调整，代价是非常大的，但变革就是要把旧的东西抛弃，然后再引入新的要素。因此，作为管理者需要具备极强的心理承受能力，不仅要说服老板或者股东，还要让企业里的每个人都相信这种调整是必须的，这是组织变革中的又一大难点。

在组织转型和变革中，必然要面对利益群体的打破。为什么组织变革要在状况好的时候实行，也是因为企业在状况好的时候容易做出利益补偿。原先的利益格局被打破，如果不进行补偿就有可能被颠覆，从而导致变革夭折。管理者应该记住，在变革的时候，企业和组织一定要有利益补偿机制。

正是由于组织变革会面临诸多阻碍与难点，因此对于互联网时代的组织变革，不应过早下成功或是失败的结论。在新的商业时代，应该鼓励组织进行变革探索，即便不成功，变革本身也是对的，因为不变，它可能已经死了。

3.1.2 动物型组织

企业组织从诞生至今，出现了直线制、直线职能制、事业部制等多种组织形态。这些相对固定的组织架构，承担起公司战略、执行和文化的保障责任。但互联网出现改变了这一切，组织形态的特征正在发生一些深刻的变化。从拟人的角度，就是从植物性组织向动物型组织开始转变，组织开始具有灵魂、思想、个性，拥有快速反应的神经系统、消化系统等等，能够捕食其他企业。

1. 植物性组织的失败

传统的企业中，几乎全部工作都是内部自主完成，仅仅有少量的外部合作。企业对所在行业和领域的依赖性强，常年在一个领域内深耕细作，很难切换进入新的行业和领域。对于内部管理效率的关注度要远远大于外部市场环境的变化，对市场变化的反应迟缓。特别是一些公司持续扩张，规模庞大，管理层级多、链条长，内部沟通效率在迅速下降，员工也缺乏自主创新的动力。

这些企业与植物非常相似，通过光合作用自给自足，根茎叶相对稳定。长期处在某一个环境中，不会或不能自主进行移动。虽然对光、温度、水等具有一定的敏感度，但反应缓慢或只有局部才有反应。他们不具备神经阻滞，缺乏大脑的统一指令。

互联网的快速发展，使得客户的需求、员工的需求和行业的发展趋势出现了飞速的变化，如同将一株植物不停地移动到不同的地域。这时候，那些组织僵化的企业很难对自身的组织进行调整来适应环境的变化。

2. 动物型组织的灵魂

动物型组织具有鲜明的个性和灵魂，一个没有灵魂的企业，缺乏做出改变的决心和动力，也无法找到真正需要改变的方向。动物型组织的灵魂主要有三种表现方式：一是产品。产品作为载体，需要对设计和质量进行把控。企业输出的产品展现的是领导人的特指和企业的特质。如苹果公司的手机、平板电脑等产品的个性，就像乔布斯一样，是对完美不懈地追求。二是创始人和员工的表现。互联网的领导者们热衷于发起平民公益活动，但为了展现企业全面的个性，寻求用户的共鸣，他们都亲力为之。三是个性化的企业氛围。如马化腾创造了低调而务实的腾讯文化，谷歌公司通过平等创新来吸引优秀的人才。企业的灵魂与领导人、代表人物相契合，灵魂的形成不是一朝一夕，但却不可或缺。

3. 动物组织的神经系统

神经系统是动物和植物最为重要的区别。传统的管理与组织方式，主要是提高工作效率，把事情做好。而互联网时代，一切瞬息万变，能否做出正确的决定关系着企业的命运。要实现对外界的快速反应，必须要建立起完备的神经系统。

（1）人才团队。在工业时代，一个优秀技工与一个普通技工的效率差异在30%左右。但到了信息时代，一个高级程序员与一个普通程序员的效率差异却在10倍以上。三星集团的李健熙曾谈到，一个天才可以养活数百万人，创造力是企业成功的重要助推器。

（2）组织架构。互联网企业中，无一例外地对组织层级进行了调整，组织结构更加的扁平化，使得高层管理者与基础用户之间的沟通与对接更加容易。

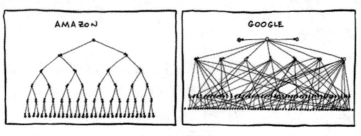

图3.1.2-1　亚马逊与谷歌的组织结构

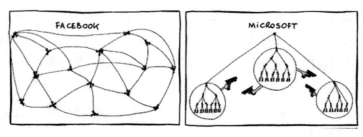

图3.1.2-2　脸书与微软的组织结构

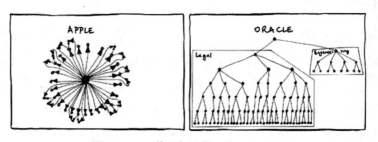

图3.1.2-3　苹果与甲骨文的组织结构

4. 动物组织的管理系统

动物和植物都有细胞、组织与器官。但植物没有系统来协调各个器官，也就无法完成一系列特定的、连续的生理功能。动物型组织的系统不同于传统的事业部或事业群，企业的内部管理系统拥有不可或缺、不可替代的独立性。

阿里巴巴2013年进行了两次组织架构调整：上半年，集团划分为7大事业群，包括淘宝、一淘、天猫、聚划算、阿里国际、阿里小微和阿里云。下半年，马云又将7大事业群调整为25个事业部。不管组织和部门如何变化，阿里不可或缺的系统只有三个：淘宝、阿里巴巴和天猫组成的电子商务系统，以支付宝为核心的金融系统，以阿里云为中心的数据支持系统。

动物组织的管理系统还需要做出清晰的规划和明确的职责、目标。这样，可以提高公司信息传递与运行的速度，使每个管理者与员工专注于自身的工作职责，保证战略和公司机密不会被泄露。

5. 动物组织的开放与捕食

植物型企业常年通过原料、加工、生产产品生存，动物型组织则具有捕食性。他们对外部环境有很强的依赖性，甚至联合形成生态圈，跳出传统的来料加工、组织生产、提供服务的圈子，以更低的价格来赢得顾客。

对于企业系统中非核心部分，动物型企业会选择外包，这样可以更加专注于核心功能的建设。前文已经介绍，苹果通过生产外包方式消减成本，正是因为公司有一整套管控措施对整个供应链的运行质量进行标准化管理和优化。从挑选代工厂家开始，苹果总部会派出专门的团队到工厂考察（一般只对加工业前5名的制造商感兴趣），考核的项目众多，要求严格。一旦选定，从厂房规划建设到工人培训，从生产监控的计算机系统和软件到原材料采购，苹果公司都会提出明确的标准建议，以此来保证每一个产品的质量。苹果为此培育了一支非常庞大的工程师队伍，仅富士康一家代工制造商就有近5000名工程师。在供应环节，苹果通过生产计划和数据库管理，掌握每一个元器件的来源、研发、生产和测试过程。

收购和兼并也是动物型企业常用的捕食手段，即把核心功能直接纳入体系内部。谷歌公司成立后一直通过并购来寻求灵感，了解新业务发展的方向。仅2014年谷歌就收购了25家公司，平均两周一家。如果算上为专利和知识产权收购的公司，总数会达到79家。当然，通过吞并还能不断吸收来自外部的技术、市场和好的文化。

3.1.3 万达集团的"倒金字塔"管控

万达集团在发展过程中，高度集中、快速执行的军事化管理思想贯穿始终。在产业模式选择的基础上，针对实践提出的一系列问题，借鉴了军队、沃尔玛管控模式的核心思想，形成了与万达商业地产、文旅地产特点相适应的独具特色的管控模式，为万达高速发展创造神话提供了条件。

1. 管理体制——"一长四委"

万达集团中央集权的管控体制　　　　　　　　　　　表 3.1.3-1

机构	职责
董事长	一票否决
投资决策委员会	负责投资事物分析决策

续表

机构	职责
商业地产规划设计院	包括商业规划院、南方设计部、北方设计部三个部分,负责进行项目总体技术分析决策
文化旅游规划研究院	文化旅游规划研究院负责文化旅游城的规划设计、技术分析决策和全程管控
招投标委员会	负责工程招投标事务分析决策

2. 组织架构——倒金字塔

万达按照中央集权的管理体制,设置了"倒金字塔"的组织架构,即:大总部、小区域、小项目。在最上端,集团总部包括专业委员会、系统(业务线)总部和职能部门三大块,其职能包括了拿地、规划设计、招商、成本控制、财务资金管理和销售计划等。万达的高度集中化管理,拿地完全由集团总部发展部等部门直接对接地方政府,负责洽谈、可行性研究等工作。项目确定后,规划设计、项目发展等也均是由集团总部负责。项目公司只是专注于贯彻执行,负责建造和销售的实施,区域公司只负责商业的运营管理。具体情况如下图所示:

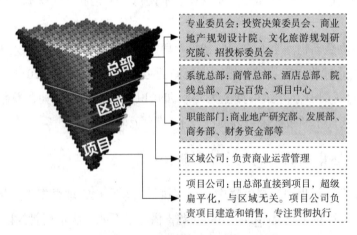

图3.1.3-1 万达集团倒金字塔组织结构

高度集中造就了万达强大的总部,所有战略管控集中在总部,下面只负责执行。这种扁平化的机构设置,高度集中的管控模式,使万达在不断变化的市场环境中,能够快速反应,有效执行。万达项目公司人员流动频繁,但公司运营丝毫不受影响。

万达集团总部员工数量　　　　表3.1.3-2

公司	人数
万达总部	4371

续表

公司	人数
其中：集团总部	1156
商业地产总部	2064
文化集团总部	1151

反观国内一些集团公司的总部，只负责一些重大投资事项的审批，具体运营往往放在子公司或项目公司。比如拿地的可行性研究等，都是由各地子公司在市场上去寻找，报到总部审批。之后，合同签订、规划设计、项目运行、销售等都由子公司去做了。总部的管理人员与市场时有脱节，具体操作的人，宏观视野不够，加上子公司和项目公司管理距离又大，阻碍、沟通往往不畅，所以投资效率可想而知了。

在项目发展过程中，投资成本控制是十分重要的环节。首先，从规划设计上控制成本，这是成本控制的关键，实行带造价控制的图纸设计是一个好的方法。万达有自己庞大的规划设计院，且董事长王健林亲自抓，每个周末两天时间，都在规划院工作，从源头上控制住了成本。其次，集团控制发展过程中的重要事项。选择施工队伍、招投标、集中采购等，都是以总部集中管控为主，各子公司、项目公司、职能部门各自为政，成本是无法控制好的。万达集团多采取议标，90%以上的项目有中国建筑下属工程局施工，尽管成本比其他建筑企业高出10%左右，但关键时刻能顶上去，保证了万达广场的顺利开业。最后，准决算管理。项目全部施工图出齐后，必须做好工程决算，与总承包单位签订准决算合同，凡是没有图纸变更，不再决算，价格也不再调整，也就是我们常说的一口价。据了解，万达规划院的工程概算和清单报价准确度在98%左右，真正做到了工程预算当决算管。这样，可以很好地堵塞内部管理漏洞。

3.计划管控

万达业务板块非常多元，有商业广场、酒店、文化区、旅游区等，如何把这么复杂多元的企业统一有序地管理起来，主要是抓纲、抓计划管理。万达每一年有四个计划：工作计划、投资计划、资金计划、开业计划。

（1）工作计划。万达集团的中长期战略目标，分业务类别的战略目标，市场地位等；年度计划目标，如营业额、净利润额、资产总额，净资产额，净资产回报率等等。这一年要干哪些事，如要招聘多少人、设计多少产品、考察哪些企业等，要排得非常细，要排到每一周。项目发展计划由计划部牵头，集团各部门、项目编制；年度计划目标，由财务部牵头，集团各部门、地区公司、项目配合编制。

（2）投资计划。投资计划是要有发展计划，买多少地，大概付出多少成本，大概产生多少利润，缴纳多少税收，都要算进去。由于政府邀请多，万达一般是四个项目中挑一个。

2013年，万达完成了169个项目的可行性研究方案，淘汰了1/4，发展了1/4，剩余1/2滚到2014年，之后再通过与地方政府的沟通补入1/2，以保证未来3～5年的开发。

万达广场的快速发展在于政策、规模、商家和选址优势。在商业地产选址中，万达主要考虑经济、人口、项目区位、交通、市政和适宜的规划条件五大要素：

——经济发展。宏观经济基本要求：同时满足GDP≥1000亿元、社会消费品零售总额≥300亿元、市区人口≥100万人。

——人口要素。项目周边3公里范围、部分核心区域5公里范围内，要有30万人聚集，以满足5万～6万人次/日的来访流量。

——项目区位。项目一般位于城市核心区内的商圈（老城），或城市发展规划中的城区边缘。一个城市两个万达广场的距离必须大于7公里，以保证客流。

——交通要素。一是要毗邻城市主次干道，最好四面临街，沿街主干道应超过300米，但不能位于快速路或高架路进出口处；二是项目周边拥有充足的公交、地铁、城铁资源，公交线路在10条以上；三是广场车流出口要有3个以上的方向，保证车流畅通。

——规划建设条件。土地规模以200～300亩最佳，主干道沿街面长度大于300米，地块纵深超过150米，便于摆放综合体、写字楼和商铺。项目商业密度65%～70%，绿化率20%（规划要求一般为30%～35%），人防6级，用电、城市照明要有双回路保证，保障项目不断电，安全运行。

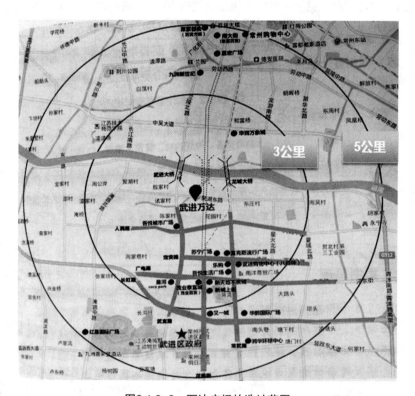

图3.1.3-2　万达广场的选址范围

（3）资金计划。资金计划以现金流量为主线。万达的资金计划要求细化到电影城、百货、商业广场每一个公司，细化到每一个项目公司的现金流量表。总部现金流要分析到周，每家项目公司要分析到日。万达在现金流量计划表编制完成后，重点审核以下几个方面：一是各年度现金收支是否均衡；二是各期现金流量净额是否有负数出现；三是关注每年1月份（春节）、8月份（开学）和12月份（年底）前后现金流量是否充足；四是关注首次销售收入的回款时间，特别是销售数据的准确性；五是工程尾款的支付情况以及工程形象进度是否满足开盘需要。现金流量计划执行过程中，万达将销售和融资作为现金流入的管理重点，强调去化的重要性，提高销售收入，降低应收账款占销售收入的比重；加快四证手续办理速度，为开发贷款获取创造条件。现金流出重点关注建造成本和期间费用，通过细化工程成本、严格招投标、工程设计变更签证、加强制度管控等，来控制成本费用发生。每年7月初，万达召开一次调整会，在预算额度之内调整，不允许突破。

（4）开业计划。开业计划实际就是项目发展计划，一定要细化到哪年、哪月、哪日。每个项目做一个开业计划。比如，2013年年底做某个项目的开业计划，工期为32个月，则要排到2016年，一定3年。有开业计划大家才能做准备，人力资源部知道每一年招多少人，财务知道需要多少资金，现金流量计划也就有了。

有销售而生，无销售则死。万达有一个不成文的规定，城市综合体项目从拿地到开业平均控制在18个月以内，如果实现不了，不管理由，不找借口，一定要对项目总负责人进行问责，问题严重者予以开除。这样一条规定，看起来有些不近人情，但却形成了高悬在各级管理人员尤其是项目总经理头顶上的一柄利剑，倒逼着他们提升管理水平，加快周转效率。万达的项目一般拿地就开工，开工就建售楼处。拿地前期营销部门到当地调研，已经把售楼处的位置选好，售楼处的模板都是标准化的，图集都是现成的，就能迅速开工建设售楼处。售楼处建好就开盘，之前的营销、招商等工作已经完成，确保快速销售城市综合体中住宅、写字楼和临街商铺，快速回笼资金。

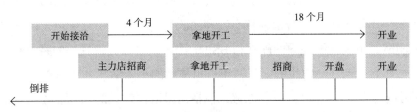

图3.1.3-3　万达集团18个月开业及建设周期

在万达成立26年100多个项目中（包括住宅项目），只有昆明一个项目没能按期交工，其总经理被开除了。北京万达石景山项目从破土到开业只有14个月，期间还经历奥运期间不许施工，照样一天没有拖延，按计划开业。

部分万达广场建设周期 　　　　　　表 3.1.3-3

项目名称	动工时间	开业时间	月数
宁波江北万达广场	2009 年 10 月	2010 年 12 月	14 个月
沈阳太原街万达广场	2008 年 8 月	2009 年 11 月	15 个月
北京石景山万达广场	2007 年 10 月	2008 年 12 月	14 个月
上海五角场万达广场	2005 年 10 月	2006 年 12 月	14 个月
天津万达商业广场	2002 年 10 月	2003 年 12 月	14 个月

抓住四大计划,主要就是做到有备而战。这四大计划,从每年的 9 月初开始做,历时 3 个月,上下博弈。11 月底把第二年全部排定,第三年及以后年度的有所安排预测。执行后每一年的 6 月再做适当微调,7 月初定下来。如此运行,其实就是工业计划模式,非常严密。

国内的大公司集团总部往往仅有工作重点,各部门分解编排,总经理办公室统筹协调,只能算是一个目标,没有过程,时间要求也不具体。基层的计划改了又改,计划赶不上变化成了口头禅,完不成计划成为天经地义。万达的计划,就是军令,必须完成。而万达的工作计划用横道图来编制,并在网络上形成每一个项目、每一个节点明确的要求和时间安排。

3.1.4 小米的组织架构

1. 扁平化

小米的互联网+的扁平化组织,采取了非常扁平的三层组织架构。也就是以小米核心的合伙人团队,作为最高的一级管理层次。中间就是各个的主管,而最底下就是员工,由员工直接面对用户。

小米的合伙人我们也可以看一下,从今天来看吸收了雨果巴拉、陈彤等之后,正式构建了围绕小米生态体系的一个合伙人核心管理团队。由黎万强引导的电子商务的运营、营销、推广的团队,由周光平领导的硬件和 BSP 的团队,由黄江吉领导的路由器和云服务的团队,以及由洪锋领导的 MIUI 的团队,和王川领导的小米盒子和小米电视的团队,以及刘德领导的小米手机的工业设计和生态链,包括雨果巴拉领导的国际业务和安卓战略合作团队,以及陈彤领导的小米内容和投资运营的团队。

这样一个团队,下面直接对的是一些核心的中层部门经理,那么再由中层带着几个直接的员工,构成了这样的一个由合伙人、中层到员工的三层扁平化的组织结构。小米为了做到能够真正地跟用户零距离,构建了一个充分挖掘用户需求,充分与用户进行参与互动的一个基层员工和用户做朋友的组织机制。

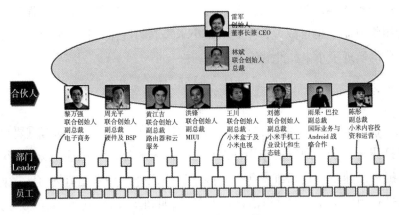

图3.1.4-1 小米组织架构

2. 爆扁爽

黎万强开玩笑说，"就是把老板爆扁一顿，员工就爽了。"爆强调产品策略、产品机构一定要爆，而整个组织就要确保所有的资源能够聚焦在让用户尖叫、有参与感的爆品打造。扁用户的需求是非常分散，非常碎片化的，因此组织结构一定是压扁。梳理和压缩组织，与用户真正保持零距离，充分加强组织对于用户需求和市场的相应能力，通过围绕着用户的需求，把团队结构也碎片化。比如说成立一个2～3人小组，长期跟踪和改进一个功能模块，由工程师直接跟用户进行交流，进行响应。然后根据用户需求和反馈来改善，长期进行功能模块的完善和改进。爽就是要让员工非常爽的激励机制。小米的激励机制是这样来设定的。首先，采取与比市场高20%～30%的薪酬水平。其次，去掉过去传统企业在用的KPI、考勤等等这样的一些过程性的考核手段。把员工的业绩激励，业绩考核，和用户的反馈直接挂钩，用用户的反馈来考核到员工的业绩，让用户来激励团队。

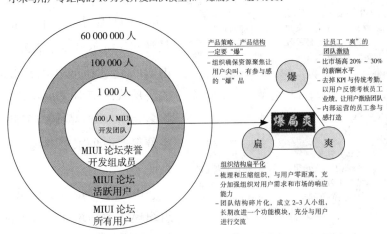

图3.1.4-2 爆扁爽示意图

在整个爆扁爽的体系当中，也充分设计了一个能够在内部运营的过程当中让员工参与进行的一种组织机制。也可以说，正是由于小米采取的这样一种扁平化的和爆扁爽的组织机制，才充分的实现了小米如此辉煌的业绩。

3. 交互平台

事实上，在小米的这个架构背后，论坛作为用户交互平台，扮演着重要角色。它不仅有用户信息搜集、分类、回复的作用，而且通过这个平台，用户还可以参与很多工作，如发现Bug、提产品建议、论坛维护等等。除了论坛之外，小米还有博客、微博、QQ空间等社交媒体进行用户交互。在这里信息是丰富、透明和及时的，每天都有20多万的发帖量，这些都极大地降低了组织和用户之间、组织内部成员之间、用户之间的信息不对称，提高了组织运行效率。2014年2月，小米是四五千人的规模，这种组织方式能保证小米的高效运转。但是，如果小米的规模再扩大5倍，10倍，效果又会如何？尚需进一步观察，毕竟实践之树常青。

3.1.5 海尔的组织架构变革

2014年，海尔营业额为2007亿元，同比增长11%；实现利润150亿元，同比增长39%，利润增幅是收入增幅的3倍，充分说明盈利能力提升，对于用户解读能力提升。其中，线上交易额实现548亿元，同比增长2391%。其实，千头万绪之中，始终有条主线。有的成功是现象而不是本质，海尔的成功，在于张瑞敏不断砸碎组织、重塑组织，甚至进化为自组织的组织转型实践。

1. 科层改造的极限

20世纪80年代，海尔聚焦品牌战略，7年时间只做冰箱一个产品，通过全面质量管理让海尔电冰箱成为"爆款"。也正因为这样，内部的组织模式能够用最简单的科层式来应对。90年代以后，海尔扬帆多元化，将产品线扩展到洗衣机、冰柜、空调等，白色家电市场占有率在全国名列前茅。

1996年，张瑞敏意识到原有工厂制组织模式大一统而不够灵活，毅然启动了事业部制改革，1997年又采取细胞分

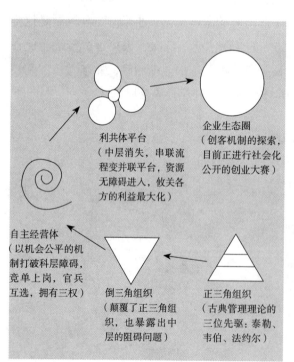

图3.1.5-1　海尔组织结构的演进路线

裂的方式，将组织模式划分为总部、事业本部、事业部、生产工厂、班组五个层级，分别为战略决策和投资中心、专业化经营发展中心、利润中心、成本中心、质量中心。事业部虽然获得了一定程度上的授权，但其行动还是要受到总部的制约。

这种组织模式的特点是集中决策、分散经营，本质是从集权开始走向分权，支持了海尔当时的多元化战略，没有让海尔被并购拖慢发展速度，反而是高歌猛进。但是，这样的组织模式也出现了事业部各自为战而导致的混乱：一家商场的家电部进购了海尔冰箱、空调、洗衣机、彩电等十多种产品，他们需要与海尔的十多个营销人员打交道，账号有十多个。事业部庞大的处室设置虽然使其获得了灵活性，但各自的销售活动、产品宣传等缺乏统筹，造成了资源投入的浪费。虽然销售额明显上升，但集团整体投资回报率却开始下降。随着海尔的不断扩张，大企业病也随之袭来，张瑞敏认识到，科层改造已经走到了极限。

2. 内部市场化

1999～2005年，海尔的开始进入国际化战略阶段。张瑞敏认为，如果依靠常规路径，用时间和资金来填补市场空间，很难实现对于跨国公司的超越并成为全球品，关键是要让员工直接感知市场的温度，让他们的利益都与市场挂钩，以此来激发企业的活力。海尔在科层组织内部引入市场机制，通过流程再造，将职能变为流程，厘清一条内部市场交易的应有路径，使得任何人都知道自己的用户（下游）是谁，自己是谁（上游）的用户，避免无效的交易。

流程再造必然涉及组织结构调整：第一步，把事业部的财务、采购、销售业务全部分离出来，整合成独立经营的商流推进本部、物流推进本部、资金流推进本部，在全集团范围内实行统一营销、统一采购、统一结算。第二步，把集团原有的职能管理资源进行整合，如人力资源开发、技术质量管理、信息管理、设备管理等职能管理部门，全部从各个事业部分离出来，成立独立经营的服务公司，其主营业务收入来源于为业务部门所提供的"服务报酬"。第三步，把这些专业化的流程体系，通过"市场链"连接起来，设计索酬（S）、索赔（S）和跳闸（T）的连接标准。服务公司必须得到采购者的认可才能索赔，否则要被索偿，如果既不索赔也不索偿，就需要跳闸，说清楚了问题再往下走。这5年的时间里，海尔频繁进行了42次组织调整，许多管理人员更是每周工作70个小时，以至于在一次接受媒体采访时，张瑞敏直言组织变革"太累了"。

3. 倒三角组织架构

2006年，海尔开始实施全球化战略阶段。全球化战略不同于国际化战略，是将全球的资源进行整合，创造本土化主流品牌。2005年9月，张瑞敏在海尔全球经理人年会上提出了"人单合一"："人"就是员工，"单"表面上是"订单"，本质是顾客资源，表面是把员工和订单连在一起，但订单的本质是顾客的需求，顾客的价值。"人单合一"，也就是把员工和他应该为顾客创造的价值、面对的顾客资源"合"在一起。

在多次调整后，海尔的组织结构变成了著名的"倒三角"。最上边的一级经营体主要包括研发、生产、市场三类，提倡以员工为单位，直接面对用户进行决策；中间的二级经营体又叫平台经营体，也被称为功能单位平台，主要包括财务、战略、企业文化、人力资源、供应链等，是由大幅精简后的职能部门转变而来，由下指令变成提供资源；最下面的三级经营体又叫战略经营体，是原来的高层管理者，同样是由下指令变成了提供资源。这样一来，就彻底颠覆了原来的"正三角组织"，组织的决策由一线员工与用户零距离接触后发起，原来的管理者则必须要提供资源进行匹配。"倒三角"虽然将经营体分为三个层次，但三个层次之间的关系并不是行政管辖，而是一种以用户为中心的极度扁平化的组织。这让中间管理层的职位大量减少，很多以前的管理者不得不交出手中的权力，甚至连自己的职位也没有了，更有一些管理者不得不离开自己的宝座，被迫到一线去组建经营体。

4. 生态圈组织架构

张瑞敏深知，在互联网时代，用户需求千人千面，只有通过这类平台化的组织模式，才能够调动一切力量，迅速满足用户需求。一旦发现了用户需求，自主经营体就能够迅速回应，共同组成一个网络化的利益共同体。当组织内的资源呈现网络化结构，极致扁平化得以实现，组织真正就变成了一个"平台"。平台式的海尔开始开放：一边是开放的用户交互，另一边是开放的资源涌入。用户方面，是打造"虚实交互平台"，通过海尔社区、微信平台、Facebook及海尔虚拟展厅等网络工具纳入粉丝的体验，听取吐槽。资源方面，是打造"开放式创新平台"，HOPE（Haier Open Partnership Ecosystem）就是海尔联合全球创新资源的一个平台，其建立了一流的资源超市，可以对接全球专家和解决方案的资源，目前已经实现了与200多万专家资源信息的无缝对接。海尔引以为豪的"无尾厨电"就是

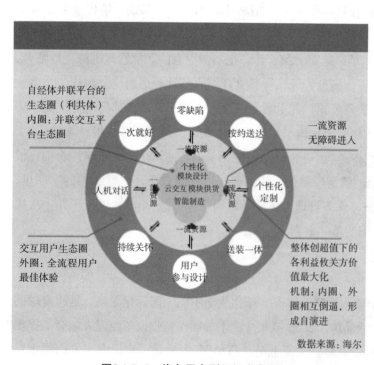

图3.1.5-2　海尔平台型组织生态图

在这一平台上得到的解决。这种转型的意义显而易见，当海尔打开了私有云的用户接口和外部创客接口，用户诉求和创客资源就可以无障碍地涌入海尔的云台，形成对冲，使海尔的产品更能满足用户的需求。

3.1.6 "阿米巴"组织模式

1. 阿米巴简介

"阿米巴"（Amoeba）在拉丁语中是单个原生体的意思，属原生动物变形虫科，虫体赤裸而柔软，其身体可以向各个方向伸出伪足，使形体变化不定，故而得名"变形虫"。变形虫最大的特性是能够随外界环境的变化而变化，不断地进行自我调整来适应所面临的生存环境。阿米巴经营是指将组织分成小的集团，通过与市场直接联系的独立核算制进行运营，培养具有管理意识的领导，让全体员工参与经营管理，从而实现"全员参与"的经营方式。

稻盛和夫创建的京瓷公司就是由一个个被称为"阿米巴小组"的单位构成。与一般的日本公司一样，京瓷也有事业本部、事业部等部、科、系、班的阶层制。但与其他公司不同的是，稻盛和夫还组织了一套以"阿米巴小组"为单位的独立核算体制。"阿米巴"指的是工厂、车间中形成的最小基层组织，也就是最小的工作单位，一个部门、一条生产线、一个班组甚至到每个员工。每人都从属于自己的阿米巴小组，每个阿米巴小组平均由十二三人组成，根据工作内容分配的不同，有的小组有50人左右，而有的只有两三个人。每个阿米巴都是一个独立的利润中心，就像一个中小企业那样活动，虽然需要经过上司的同意，但是经营计划、实绩管理、劳务管理等所有经营上的事情都由他们自行运作。每个阿米巴都集生产、会计、经营于一体，再加上各个阿米巴小组之间能够随意分拆与组合，这样就能让公司对市场的变化做出迅捷反应。

2. 韩都衣舍的阿米巴组织

服装行业的淘品牌韩都衣舍将整个公司分割成许多个被称为阿米巴的小型组织，每个小型组织都作为一个独立的利润中心，按照一个小企业、小商店的方式进行独立经营。韩都衣舍把韩国流行品牌的款式，按照ZARA的模式，快速生产、上架、销售。整个采购团队分为四百多个买手组，每个买手组由三到五个员工组成，并进行独立核算。当员工进入买手组后，每人的初始资金使用额是2万~5万元。本月小组资金的使用额度是上个月销售的70%。公司只规定最低定价标准，具体产品定价，生产数量，何时打折，促销价格等，基本由小组自己决定。根据每个小组的毛利润以及库存周转率，计算提成。小组内提成分配，由组长决定，由部门经理和分管总经理批准。六个月内，业绩排名前三名的小组，奖励特别额度，业绩连续排名后三名的小组，则解散重新分组。

3. 万科的事业合伙人制度

2014年3月,万科在股东大会上首次提出事业合伙人制度。万科总裁郁亮表示,从互联网公司身上,万科学到了两点:对客户要极致的好,管理组织要扁平化。为进一步细化新的合伙人机制,万科目前已在着手准备建立项目的跟投制度,以破解以前职业经理人发展瓶颈的难题,从而迎来万科与职业经理人发展的双赢局面。

(1)合伙人项目跟投5%。万科在着手准备建立的项目跟投制度,即对于今后所有新项目,除旧改及部分特殊项目外,原则上要求项目所在一线公司管理层和该项目管理人员必须跟随公司一起投资,公司董事、监事、高级管理人员以外的其他员工可自愿参与投资。员工初始跟投份额不超过项目资金峰值的5%。同时,为激发员工参与项目跟投热情,万科还将对跟投项目安排额外受让跟投,投资总额不超过该项目资金峰值的5%,且遵循市场化运作原则。项目所在一线跟投人员可以在支付市场基准贷款利率后,选择受让此份额。通过跟投,员工成为项目合伙人,有助于形成背靠背的信任,进一步激发公司内的创业热情和创造性,为股东创造更大的价值。

(2)提高分红比重。除通过跟投制度来为管理层谋取更多的利益外,万科在分红比例上也将有所提高,兑现了万科董事长王石在2012年股东上回应"希望给予万科三年时间达到分红持续增长"的承诺。万科分红方案显示,万科2013年分红派息将以分红派息股权登记日股份为基数,每10股派送人民币4.1元(含税)现金股息,由此计算,万科用于分红的现金超45亿元。相比2012年,2013年万科分红比例由15.79%大幅提高至29.87%,上升程度接近一倍,每股股息同比增长127.8%。未来,万科会在目前29.87%的基础上,继续稳步提升派发现金红利占合并报表净利润的比例。不管是考虑员工利益建立跟投制度还是照顾股东利益大幅提高分红比例,相关分析认为万科在为员工、股东谋取更多利益方面已做出实质性的改变,同时,万科也在未来可以通过投资回报机制及股权权益回报等方面改变来留住更多的发展人才。

(3)留住人才。在万科"小股操盘"轻资产运作情况下,钱不再重要,但人特别重要,在这种情况下很是需要保留人才,因此,推行事业合伙人制度也基于这方面的考虑。为更好的留住人才,而提供带有创业性质的跟投制度,或能为管理层带来更多的益处,为保证其余投资人的利益,建立合伙人制度同时也是强调风险共担机制。如果只是发工资的话,公司经营的好坏跟员工是没有多大关系的,但如果发奖金的话在发奖金之前还是有关系的,这样的约束机制是长期的。地区公司总经理拿了块地,地还没有开发完,他就离职了,用薪酬这种制度是没办法保证项目跟他们与公司始终共担风险的。但在跟投制度下,只要买了这块地,合伙人就要与公司共同承担今后经营收益的所有风险。

(4)跟投制度的挑战。万科此次变革除意在实现管理层个人利益价值体现的同时,也为进一步建立和完善万科特色的职业经理人制度,有机遇也有挑战。合伙人跟投制度与深圳华为集团为解决老员工激励问题而实施的内部创业机制,在推行上有可类似考察之处。成功与否的关键,都需看企业能为跟投入提供多大资金支持及一旦投资失败后企业与跟投者的容忍度又是多少。对于企业员工来说实施跟投计划好比如创业,最主要顾虑就是创业的风险。而在较大风险下,如果企业给予创业者的薪酬太低,而一旦创业失败又将面临过重的惩罚,那么他们宁愿选择保守消沉。

3.2 计划管控

前面讲了万达集团的四大计划。四大计划的落实,对众多项目的垂直管控,并保持高效快速发展,关键在于计划模块管理。

3.2.1 计划模块

万达集团的计划模块已经上线运行了两年时间,其本质上是纵横交错的项目管理方法在商业地产建设中的应用。项目在满足质量、合同要求以及开业目标的前提下如何实现成本最优化。项目开发周期工作计划详细安排到每一天,327个节点按经营管理、生产工艺,逻辑顺序分布其中。计划模块节点分布在与地产相关的所有责任部门、系统总部及项目公司,由他们负责执行管控,与其人员薪酬直接挂钩。

3.2.2 计划模块的分类

计划模块将项目全过程开发的业务事项分成12个阶段,共计327个关键节点,按照重要性将节点分为三级。

万达集团管控节点构成　　表3.2.2-1

业务编码	业务事项	节点小计	一级节点（个）	二级节点（个）	三级节点（个）
合计		327	50	87	190
1	筹备	2	2		0
2	摘牌	1	1		0
3	交地	1	1		0
4	四证	5	3		2
5	经营	4	2		2
6	设计	92	18	28	46
7	招标	35	2	6	27
8	销售	6	1		5

续表

业务编码	业务事项	节点小计	一级节点（个）	二级节点（个）	三级节点（个）
9	招商	8	7	1	0
10	工程	150	5	46	99
11	验收	20	5	6	9
12	交付	3	3		0

这12个阶段相当于一天的24个小时，周而复始，不停运转，步骤有序，忙而不乱。

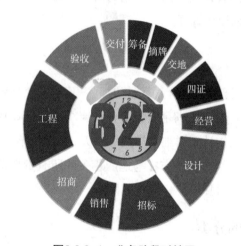

图3.2.2-1 业务阶段时钟图

项目在满足质量、合同要求以及开业目标的前提下如何实现成本最优化，以及在质量成本给定的条件下，如何做到投资建设期最短，通过计划模块信息系统都能够自动计算和生成。项目开发周期工作计划详细安排到每一天，327个节点按经营管理逻辑、生产工艺、逻辑顺序分布其中，如图3.2.2-2所示。

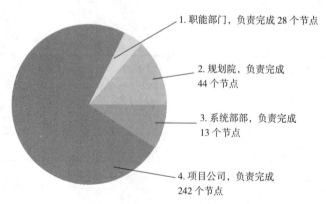

图3.2.2-2 327个节点执行单位分布图

计划模块节点分布在与地产相关的所有责任部门、系统总部及项目公司，由他们负责管控，与其人员薪酬直接挂钩。其中项目公司涉及节点最多，共计242个，职能部门中规划院涉及最多，共计44个。做到了责任明确，具体到人。此外，计划模块的各级节点由相应的中高层领导进行检查、督办，如图3.2.2-3所示，做到了信息对称、责任共担。

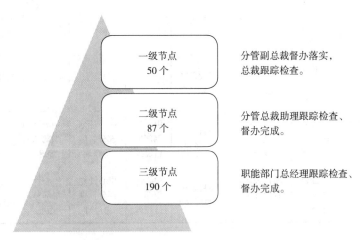

图3.2.2-3　327个节点监督执行分布图

3.2.3　计划模块节点示意

1. 一级节点

一级节点计划模块示意图　　　　表3.2.3-1

阶段	业务事项	节点排序	计划模块			完成标准
			开始日期	周期	完成日期	
筹备	班子组建	1	摘牌日前60天	30	摘牌日前30天	公司班子配齐编制确定
筹备	编制人员到岗	1	摘牌日	90	摘牌日后90天	编制人员全部到岗
摘牌	摘牌	2	摘牌日	1	摘牌日	按发展计划节点摘牌
交地	交地	3	交地日前10天	10	交地日	合同约定的交地时间
四证	证件办理	4	交地日	60	交地日后60天	正式土地证和用地规证、建筑规证和施工证为临时

一级节点计划模块责任人示意图　　　　　　　　　　表 3.2.3-2

阶段	责任人									
	责任部门							分管领导		
筹备				人力资源部分管招聘副总					人力资源部总经理	分管人力副总裁
筹备		项目公司人事主管	项目公司行政部经理	项目公司总经理					人力资源部总经理	分管项目副总裁
摘牌		发展部发展经理	发展部区域副总经理	发展部区域总经理					发展部总经理	分管发展副总裁
交地	项目公司开发专员	项目公司设计部经理	项目公司分管设计副总经理	项目公司总经理	中心计划部项目经理	中心计划部分管副总经理	中心计划部总经理		分管计划总裁助理	分管项目副总裁
四证	项目公司开发专员	项目公司设计部经理	项目公司分管设计副总经理	项目公司总经理	中心计划部项目经理	中心计划部分管副总经理	中心计划部总经理		分管计划总裁助理	分管项目副总裁

2. 二级节点

二级节点计划模块示意图　　　　　　　　　　表 3.2.3-3

阶段	业务事项	节点排序	计划模块			完成标准
			开始日期	周期	完成日期	
经营	酒店产品定位及设计要求	5	交地日前55天	70	交地日后15天	见附件2-8
经营	酒店管理服务合同签订	5	摘牌日后20天	150	摘牌日后170天	编制签批完毕
设计	规划启动会	6	摘牌日前20天	5	摘牌日前15天	见附件2-1
设计	售楼处内装设计	6	摘牌日后40天	45	摘牌日后85天	达到售楼处内装施工要求

二级节点计划模块责任人示意图　　　　　　　　　　表 3.2.3-4

阶段	责任人						
	责任部门				分管领导		
经营		酒店发展部主管	酒店发展部总经理	酒店总部分管副总经理		酒店总部总经理	分管酒店副总裁
经营		酒店发展部主管	酒店发展部总经理	酒店总部分管副总经理		酒店总部总经理	分管酒店副总裁

第3章 执 行

续表

阶段	责任人								
	责任部门				分管领导				
设计		项目负责人	建筑分管所长	分管建筑副院长			规划院院长	分管规划副总裁	
设计	项目公司设计主管	项目公司设计部经理	项目公司分管设计副总经理	项目公司总经理	中心设计部项目经理	中心设计部分管副总经理	中心设计部总经理	分管设计总裁助理	分管项目副总裁

3. 三级节点

三级节点计划模块示意图　　　　　　　　　表 3.2.3-5

阶段	业务事项	节点排序	计划模块			完成标准
			开始日期	周期	完成日期	
四证	国有土地使用权证	4	交地日	20	交地日后20天	正式土地证
四证	建设用地规划许可证	4	交地日	30	交地日后30天	正式用地规证
经营	项目经营目标管理责任书	5	交地日后210天	30	交地日后240天	编制签批完毕
经营	项目结算	5	开业日	90	开业日后90天	所有总分包及供货商的结算确认
设计	施工图设计单位确定	6	摘牌日前15天	25	摘牌日后10天	定标

三级节点计划模块责任人示意图　　　　　　　　　表 3.2.3-6

阶段	责任人								
	责任部门				分管领导				
四证	项目公司开发专员	项目公司设计部经理	项目公司分管设计副总经理	项目公司总经理	中心计划部项目经理	中心计划部分管总经理	中心计划部总经理	分管计划总裁助理	分管项目副总裁
四证	项目公司开发专员	项目公司设计部经理	项目公司分管设计副总经理	项目公司总经理	中心计划部项目经理	中心计划部分管总经理	中心计划部总经理	分管计划总裁助理	分管项目副总裁
经营			项目公司分管成本副总经理	项目公司总经理		中心计划部经营经理	计划部总经理	分管计划总裁助理	分管项目副总裁
经营	项目公司成本主管	项目公司成本部经理	项目公司分管成本副总经理	项目公司总经理	中心计划部项目经理	中心计划部分管副总经理	中心计划部总经理	分管计划总裁助理	分管项目副总裁

4. 一级节点横道图

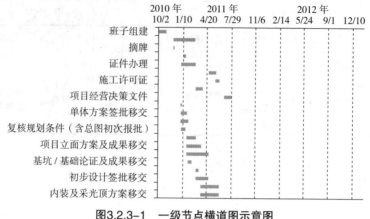

图3.2.3-1 一级节点横道图示意图

3.2.4 内控与专项计划

计划模块是集团为项目建设制定的中心计划；内控计划是项目公司为保证任务完成而制定的计划，一般按工期提前2个月完成制定；专项计划是项目公司根据各个工序制定的更加详细的计划，如售楼处建设、装修等。

为确保按时完成计划模块的各节点任务，项目公司的首要的就是按时完成更加细分的内控计划、专项计划。

计划模块系统实际运行中要结合内控计划、专项计划和工作清单等计划管控方式，形成严密的计划管控网络。

3.2.5 计划动态管理（PDCA）

计划控制遵循PDCA过程，P是计划，D是执行，C是检查，A是响应。检查中发现的问题，采取纠偏措施，及时调整计划，再将调整后的计划投入运行，形成周而复始的过程。

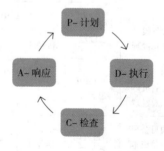

图3.2.5-1 PDCA流程图

3.2.6 计划模块"红黄绿灯"管理

计划模块形成后,针对某一特定项目制定好各项参数,输入电脑,下达计划。执行时,随时将该项目计划完成情况输入电脑,电脑自动对比检查,显示同计划相比完成的情况。有关结果,出现在相关责任人员的电脑和手机中。所以,万达集团有一句话很好地概括了计划模块管理信息系统——"不会干,问电脑"。

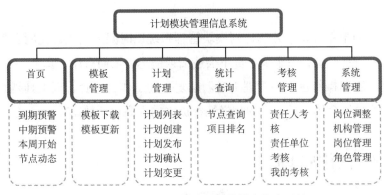

图3.2.6-1 万达集团计划模块管理信息系统

1.亮灯

万达集团的计划模块中,每一个节点按时完成,显示绿灯。所有节点完成前,显示黄灯。延期完成,显示红灯。系统的黄红灯信息将通过 OA 平台和手机短信及时通知责任人员。

2.过程控制

黄灯亮起,责任人要确认完成日期,填写 50 个字以内的情况说明;上传有关照片、资料或按时完成的详细说明文件。三级节点特殊情况需延期的,需上报集团总部审批。审批通过后,给予延期,但一、二级节点绝对不能延误。

3.建立亮灯预警系统应具备的条件

一是知识管理到位,将所有的经验积累起来,形成经验参数,合理确定每一个节点完成时间。二是计划为纲,犹如军令。责任要落实到每个管理人员,保证计划的贯彻执行。三是监督责任要与每一位高管人员挂钩,定期检查。激励与约束机制到位。

3.2.7 紧张有序的计划模块

根据模块化系统,员工打开软件就知道自己需要要做什么,每个月、每一周、每天要干什么,一目了然。6 万管理人员一年要完成约 40 多万个节点。只要节点没有完成,黄灯就会亮起,这个信息就会立马发送到相关领导的手机上。如果下一周这个节点还是没有完成,红灯就将亮起,事情就相当严重了,信息会马上传到副总裁、总裁的手机上。

2013年上半年,万达只出现了两个红灯,一个二级节点,一个三级节点,所以万达不可能工程延期。出现一个黄灯大家都一起研究解决,出现一个红灯是很大的事,大家一起摆平,抢回来。如果出现三个红灯,按照制度马上换人。所以不可能出现10月份开业,到9月发现工作量根本完不成的现象,一切都在掌控之中。模块化管理使万达管理上了非常高的台阶,因此尽管万达速度非常快,但是并不忙乱,可以说是紧张有序。

计划管控调动千军万马。万达计划模块管理系统以时间为主线,让所有人飞奔在高速公路上!不会做,看电脑,每个节点都不会遗漏或遗忘,忙而有序,真是一个伟大的创举。这也是一个具有普遍操作意义的管理工具。越复杂的工作,这套管理工具越有用。如广泛推广使用,必将激发全体人员工作的积极性,极大的提高运营效率。

3.3 信息化管理

随着网络通信技术与信息网络的飞速发展,企业的竞争力日益与企业信息化程度密切相关。信息技术、信息系统和信息作为一种资源,已不仅仅是支撑企业战略的工具,而是演变为决定企业战略的核心系统。

3.3.1 万达的信息管控

近年来,万达集团持续加大信息化的人力、技术和资金投入,特别是建立起基于ERP的计划模块管理系统,为总部高度集中管理奠定了坚实的基础。

1. 信息网络

依据管理体制、倒金字塔的组织架构,万达集团构建出眼明脑快的信息化管理系统,也就是ERP系统(企业资源管理系统),在庞大的集团内部形成了信息化沟通,形成了成千上万个信息节点。这些信息节点构成了每一个信息终端,通过集团的专用网络传输到商业地产、酒店、文化旅游、百货的系统和业务节点,最终流向集团总部的核心网。集团总部核心网对这些大数据进行汇总、分析,为决策提供服务。

万达的信息系统主要由ERP、VOIP、监控和门户网站四部分构成,每个部分均独立承担不同的职责,最后又都形成了信息化的整合,极大地提升了集团的效能。

万达商业地产ERP系统设有10个子系统,涵盖了招投标(主要功能包括招标、投标、开标、评标、定标全过程,并建立招标信息库,合格供应商管理)、项目过程管理(主要包括目标成本控制体系,资金计划体系、工程进度计划体系以及合同管理体系)、营销管理(有机整合项目策划、推广、销售、房源、客户及入伙后的物业管理等功能)、运营管理、财务、人力资源办公自动化、信息门户（企业与客户间的信息交互平台）等模块。

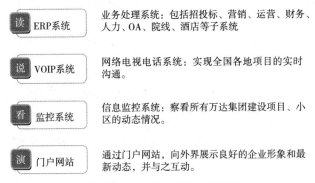

图3.3.1-1　万达集团信息系统

VOIP系统就是电视电话视频系统，通过该系统实现全国各地项目间的实施沟通，还能与美国、英国等境外公司进行及时沟通。

监控系统通过网络和遍布全国的视频监控系统，对万达广场、万达百货、酒店、写字楼、影院、秀场等在建和运营项目的施工进度、车辆、人员进出、消防进行实时监控。万达广场有上万个摄像头，借助信息化手段万达已经实现了一键式、自动化管理。如某个区域温度偏高，智能化系统会自动开启空调系统降温。人、车、能耗等所有管理信息完全是自动调整的，且全部上传到集团总部，总部也完全清楚哪一天，这个商场的客流量、销售量、现金收入数额。再比如安全管理，位于广州的消防监控中心的监控火警点多达70万个，油烟多、危险多、忘记关门、着火等都会自动报警，万达广州总部就会知道那个酒店、哪个楼层、哪个房间出现火情，及时安排消防工作。

门户网站主要向外界展示良好的企业形象和最新动态，并与之互动。近期，万达还将王健林董事长的一些演讲和宣传片录像放在了网站上，以便大众了解万达。

2. 信息化嵌入业务流程

万达认为信息化绝不仅仅只是办理日常工作、提高劳动效率的工具，而是实现企业管控理念的手段。当今的信息技术已经发展到了很高的水平，技术上是没有问题的，管控理念和水平才是信息化的关键。按照这个思路，万达逐渐形成了一个800人的信息化团队。其中150名自有员工是专门提需求的，其他650名外包人员是负责编程的。这150人包含工程、投资、商务、规划、IT等专业人才，他们有项目开发工作经验，对项目全过程相当熟悉，既懂信息化，有了解专业知识。这样的配备使这个团队对业务、流程、IT三方面都掌握，能够迅速将管控理念转化为信息化工具。负责具体输出管控理念的是万达的业务部门，他们的水平很大程度上决定了信息化的水平，在业务系统开发过程中，信息中心会与这些业务部门进行深入的研讨。例如：2011年开始，信息中心与成本管理部开了接近一年半的会，最终建立了成本的全面信息化系统。现在的万达，每个业务都有管控职能的信息系统，这些系统反过来又大大地提高了各业务的管控水平。

3. 系统研发

万达曾经和国内外知名软件商合作，但他们跟不上万达的发展速度，也不愿意多投入，一年也开发不出一个软件，开发出来的软件，万达也没有知识产权。从2010年开始，万达以自己为主、软件商为辅进行研发，投入大量的人力和财力（如表3.3.1-1所示）。2013年，信息软件上线运行49个，获得知识产权和专利证书467个，位居中国企业前列。几年来，万达信息化取得长足进步，2013年被美国《CIO》杂志评为全球信息百强企业，中国仅有中国移动和万达两家入围。

万达集团信息化情况表　　　　　　　　　表3.3.1-1

指标	情况
累计资金投入	20亿元
其中：2013年投入	2亿元
信息化人员	800人
其中：自有人员	150人
常年在万达总部的外包人员	350人
其他外包人员	300人
云计算中心（廊坊）	2700m^2
信息软件上线运行	49个
2013年获得国内外知识产权和专利证书	467个

（1）绿色先进的数据中心和火警监控。

图3.3.1-2　万达云数据中心（廊坊）

图3.3.1-3　万达火警数据监控中心（广州）和生物掌纹门禁

（2）远程视频监控系统。万达项目监控系统支持手机和IPAD等移动设备随时访问。王健林董事长、公司高管人员可实时关注每个万达广场的建设和运营情况。

图3.3.1-4　万达火警数据监控中心（广州）和生物掌纹门禁

（3）店铺客流统计系统。万达广场客流统计系统可以对综合体以及每家店铺的客流数据进行统计，通过激光技术检测进入万达广场或万达旅游文化城的客流数据，解决了开放式广场客流统计困难的问题。

3.3.2　中联重科的信息管控

在互联网时代，重型机械正向充满人情味的"钢铁侠"蜕变。一台失窃的混凝土车会向主人发送"SOS"求救信号，分分钟让警察把偷车贼缉拿归案。当遇到鲁莽的操作者，导致水温油温过高时，起重机会告诉主人，自己"发烧"了，请对症下药，谨慎操作，从而延长使用寿命。

中联重科成立于1992年，原是长沙建设机械研究院的老牌机械行业龙头企业，不仅是国内工程机械企业的领头羊，在全球机械行业也是排行前5的佼佼者。这些近似科幻小说的内容现已在中联重科逐渐变为现实，仅用5年时间就完成了从传统机械企业到信息数字化企业的转型。根据IBM近期进行的全球企业调查，中联重科代表了正在迈向"D世代"的中国企业——那些了解数据分析独特且巨大的价值，将数据分析与云计算、社交和移动技术结合，实现转型的先锋企业。

在同质化程度较高，竞争充分的市场中，中国工程机械企业直接和外企面对面竞争，之所以能做到全球领先，靠的就是服务。中联重科的"互联网+"战略以服务为导向，以信息共享为核心，利用物联网、大数据等信息工具，让IT部门由研发逐渐转型为利润部门。

1. 打好信心基础

中联重科首席信息官王玉坤于2008年加盟中联重科，是中联信息化建设的践行者，也见证了该企业数字化转型的每一步。他在信息产业领域具有丰富经验，因此深知企业智能化水平仰赖于坚实的基础信息化工作。"互联网+"对企业有严格要求，如果基础信息化没达到一定水平，企业互联网+根本做不成。中联在运用新技术方面具有超前意识，早在2008年以前就已经创造了很多IT仿真工具和电算化内容，并开始着手构建物联网。但当时研发的系统都以单元为单位，工作组级最多达到部门级，很难形成整体全面应用。

2008年，中联进行了为期3个月的IT战略规划，达成了构建基础信息化的原则：平台要统一、数据中心要集中部署，各事业部要协同建设。中联重科以OA办公系统为突破口，全公司上下花了6个月时间实现了该系统的普及和顺利运转，创造出了实现企业信息化所必需的内部环境。根据王玉坤回忆，因为中联重科是传统制造企业，公司上下对于信息系统的认识并不统一，到底能做什么，想法不一。因此在实施过程中很难突破。之所以选择OA，是因为办公系统将涉及所有公司管理层，能让他们从基础上对信息系统熟悉起来。

从2009年起，中联重科开始与IBM合作，从当时占到公司产值约80%的最大的两个事业部——工程起重机和混凝土机械开始，基于SAP框架，用ERP系统对生产、采购、销售、物流和财务进行统一管理。通过SAP项目实施，IBM帮助中联重科初步完成数字化企业的构建，前端业务运营数字化、后端业务支持的集中化，并对集团、事业部等组织体系，责权利分配等进一步标准化、清晰化；形成了企业对以信息化这一现代化生产力的切身体会与支持，从而为进一步构建现代化企业奠定了坚实的基础。此后5年内，ERP系统基本实现了对中联重科17大事业部的全面覆盖，将企业内部的产供销、财务等日常运营业务统一在同一信息化系统下进行管控。

2012年，基于统一的SAP平台，中联重科又与IBM合作上线了CRM系统，让销售人员通过实现端到端客户管理、客户数据的分析以及商机的管理，影响到对后台的生产和采购计划,大大提高了企业的集约化管理能力。现在使用的信用销售系统和海外营销系统,也是基于 CRM 改造的。这一切都就是为了少做接口,统一平台运行,让整个系统运行效率高,不容易出问题。根据 2012 年的数据,启用 IT 系统统一管理之后,以 2009 年为基准,IT 部门为中联节约的成本占到了 2012 年利润的 1.7%,价值超过 1 亿元人民币。

2. 实现信息共享

(1)开放信息加强客户黏性。自 2013 年起,在世界经济不景气、国内经济下行的大背景下,中国工程机械行业面临重大挑战,也让中联开始关注如何利用"互联网+"实现商业模式转型。"互联网+"更多可能意味着信息共享,让企业和客户之间的信息交流更加顺畅。以前所有的基础信息化都是为了企业自己使用,但现在的信息化是为了加强与客户的黏性,向客户开放信息。按国家通信部两化融合的 1~4 级标准,想实现"互联网+"至少要达到 3 级,即集成应用的水平,否则信息很难共享。目前国内大多数制造企业还停留在 1、2 级水平;而中联重科的信息化水平已实现集成应用,国内同行很多企业大约还需要 3 到 5 年才能赶上。

(2)物联网实现数据共享。2010 年中联重科开始全面打造物联网平台,历经工业化考核、业务系统配合、GPS 检测与安装等重重难关,终于在 2 年后实现了物联网系统的稳定使用和运行。现在公司 13 万台设备全部与物联网平台互联,也实现了数据的收集以及相关经营决策的分析。在现在的物联网平台上,包括油耗、油温、工况、客户的行车轨迹以及电子围栏在内等信息,正面向客户开放。

(3)数字化战略。中联重科的数字化战略是:互联、智慧、可控和安全,可以分成前端、中端、后端来实现。前端用互联、技术来解决与客户的沟通,来创新营销模式和服务模式;中端强调智能产品和智能制造;后端则包括智能服务、管理和决策。这是中联重科未来努力的方向。因为有前面这么多基础,以后做起来就更容易。现在更多考虑的是如何利用好现有数据,让这些数据真正为公司的经营决策服务。

3. 打造移动平台

中国机械企业的一大短板是,核心零部件依旧不能实现自主生产,受制于欧美国家。中联在国际上的对标企业卡特彼勒,就自主研发制造发动机,并且现已围绕发动机上的各种控件和数据展开了"互联网+"战略。因为机械行业产品质量基本同质化,价格差距也不大,所以国内的机械企业只有在前端通过提高服务品质才能胜人一筹,不能硬碰硬,毕竟外企在国内很难做到贴身服务。为在前端加强和客户交流,自 2013 年起,中联重科和 IBM 一起打造了移动端平台,让两大事业部约 5000 多名销售和服务人员的手机和 Pad,通过物联网进行集成,实现了营销和服务平台移动化,成了中联用户数量最大的一个项目。

(1)移动端管理机械设备。与银行系统将卡号和手机号绑定类似,中联重科的客户可以通过微信来管理设备,将设备号、手机号与物联网系统绑定,就可以查询相关设备信息,比如主机档案和维修记录。作为销售人员，也可从移动端应用上查到客户的360度信息，比如历史交易、付款和欠款，从中测预判未来一个月的签单情况和商机。

此外，中联重科还建立了微信营销平台以及电商平台，正尝试在网上进行一些配件、二手设备和特定型号产品的交易。公司希望在未来能和直接客户打交道，减少中间环节、代理商以及分布各地业务代表的数量，缩短营销和客户间的距离。毕竟200万~300万元单价的机械设备不可能在网上一次性成交，还要有金融手段支持。因此公司总体重点还是放在市场、服务和配件领域。

（2）智能产品和客户直接互动。中端上，中联重科正在策划一款真正代表"互联网＋"的产品，并直接采用电商方式来销售。这款产品的智能化水平应该比目前设备更高，比如可以在设备上/操作室里查看运行的状态，做出实时提醒，而不需依赖后台通知操作者水温、油温升高等关键信息。设备上还可能会安装一些传感器，直接提示操作者如何运行设备、如何保持最佳工况，减少服务的压力。此外，操作者使用机器习惯的数据也会被后台逐渐收集记录下来，和客户形成真正互联。在未来，一个区域内几台设备之间的互联甚至都不再是梦想，可以在没有互联网的大环境下进行多对多的信息交换和软件升级。

实际上中联现在已经做了一些尝试，比如在升降机上用手机终端可以直接进行电控程序升级。要想不断提高智能化水平，就避免不了和手机更换版本一样，一次次进行软件升级。智能产品的研发还有很多技术需要突破。例如，如何把传感元件和通信单元安装在设备里面就是个挑战，中联目前掌握的重量轻、高强度的碳纤维新技术的应用能力，有可能帮助实现这一目标。依托这些技术的组合应用，中联将在未来推出自己制造的智能产品。

（3）增强可控性和透明度。后端强调可控，包括风险控制和监督管理角色等手段的智能化程度也在不断加强。为提升管理透明度和服务满意度，中联推出了移动终端报修应用，确保2小时之内维修人员赶到施工现场。所有的售后服务和销售人员的手机或Pad移动终端应用都与呼叫中心相连，在后台能看到全国各地中联重科所有服务人员的轨迹和位置。一旦出现故障，呼叫中心就能通知离客户最近的维修人员赶到现场。在维修过程中发现疑难问题，可以照下来发到后台专家座席获得诊断；哪个配件坏了，可以通知备件库马上备货发往现场。智能监控让整个中联体系的透明度不断提高，保证了集团整体相对平稳运行。中联重科的文化以诚信为本，不偏听偏信，办事要有实证、用数据说话。后台监控加现场调查，形成双线管控机制。

4. 大数据变革

站在中联工程机械馆的远程监控系统显示屏前，你能看到中联的各类设备像星光一样闪烁、遍布全国。哪里颜色越深，就说明该地区设备开工热度越高。每台设备的运行轨迹、开工时长以及性能状况等数据，全部尽在掌握。中联也正在进行设备运行指标分析，比如建立油温、油耗对设备整体性能影响的数学模型。这个模型一旦完成，对中联的设备研发、服务和管理一条线的整体改进，将产生重要作用。

数据分析在未来也会为经营生产决策、营销和客户服务带来更具实质性意义的帮助。目前在售后服务方面，中联已经开始在几个主机事业部尝试对营销、客户影响和售后满意度等方面实施大数据分析，再将结果与市场调查进行比对。中联的 IT 部门通过挖掘真实数据，反馈企业经营状况，让两条线互相配合，从而显著促进整体的管理和经营。目前，中联已初步构建出利用数据源获得商业洞察力的能力和体系，下一步将在所获得的多样化数据源的大数据基础上实现预测性分析，最终转型成为完全以数据分析驱动的企业，从多种传统和新兴应用中战略性地采集多种结构化和非结构化的大数据，并分析形成预测和行动建议，指导企业常规运作。

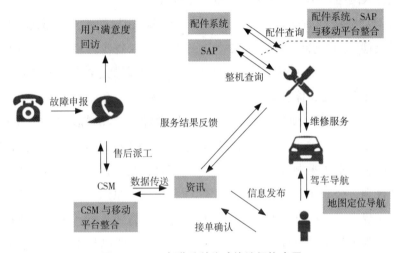

图3.3.2-1　中联重科移动终端保修应用

从 ERP、物联网、到未来对数据挖掘和预测的进一步探索，中联正一步步从"企业信息化"向"信息化企业"迈进。公司下一步追求的目标是：为生产经营决策提供一线的数据支持服务，让营销、服务人员和所有决策者拿到第一手数据，用数据说话，驱动企业快速稳健地发展。

3.4　营销与运营管理

过去十年，营销方式发生了颠覆性改变，发展速度可能只有信息技术可与之媲美。新潮的营销工具和战略不出几年就被淘汰，新方法日新月异。但令人惊讶的是，在品牌管理出现 40 多年后，营销部门的组织架构却没有什么变化。直到今天，在许多企业中，老套、僵化的等级结构依然占据着主导地位。营销人员已经意识到全面调整的重要性，公司正试图进行营销变革。

3.4.1　营销管理

1. 互联网＋时代的营销特点

以下展示了优秀的营销机构具备的一系列优点和组织高效率背后的推动力。让我们先来看看优秀营销方式的共通之处。

（1）大数据。营销人员现在掌握了海量用户数据，但用法单一，比如用来改善目标用户的选择。现在，了解用户什么时间在哪儿、做什么是最基本的。表现出色的企业能把消费者做了什么和为什么做的数据结合起来，从而产生消费者需求的新洞察，进而找到更好的办法满足消费者。这些营销人员明白消费者的本能驱动力，比如渴求成功、希望找到伴侣、培养下一代等。例如，由个人健身产品和服务构成的 Nike+ 系列，就涵盖了企业对跑步爱好者行为动机的深刻洞察和大数据的运用。Nike+ 系列在运动鞋和可穿戴设备中加入了传感技术，借此连入网络、APP、训练项目和社交网站。

除了记录运动路线和时间，Nike+ 还把用户和兴趣相投的跑友、教练等联系在一起，鼓励用户提供反馈。用户会收到定制化的训练项目，记录每次进步。初次参加半程马拉松比赛、跃跃欲试的运动员和一位伤后复出的老将获得的指导完全不同。如果表现良好，用户会得到奖励，并在社交媒体上公开成绩，与 Nike+ 社区里的人分享。

（2）理念清晰的定位。顶尖品牌会在3个方面出色诠释品牌理念：一是功能性价值，即顾客购买产品或服务的用途（星巴克咖啡具有提神作用）；二是情感性价值，即品牌如何满足消费者的情感需求（喝咖啡具有社交意义）；三是社会性价值，比如可持续性。联合利华可持续行动计划，公布了企业可持续增长的一系列指导原则，旨在改善健康问题、减少对环境的破坏，提高人类生活水平。该计划在联合利华品牌战略、雇员计划和运营战略中都有体现。清晰强大的品牌理念除了让顾客更满意，还能激励员工更专注于企业目标，确保公司在所有消费者接触点传达始终如一的信息。

荷兰化学巨头阿克苏诺贝尔（AkzoNobel）在这方面堪称典范。公司旗下的多乐士是世界领先的油漆品牌之一。2006年，阿克苏诺贝尔在各区域市场采用了高度去中心化的商业构架，本土市场可以拥有自己的品牌和商业目标，制定独立的营销策略，这一切最终导致品牌定位和市场难以统一。多乐士的业绩在某些市场飞速增长，在其他市场则一败涂地。2008年，多乐士全新的品牌团队在全球进行了一轮地毯式调查，试图找出用户的品牌印象、油漆在用户生活中的意义，以及到底是什么让人们想改变环境的颜色。最终，该品牌在中国、印度、英国和巴西推出了统一的主题：为生活增添色彩，此举对用户产生了重大影响。多乐士卖的不再是成桶的油漆，而是罐装的乐观主义。

全新的品牌理念催生了全新的市场推广活动：多乐士推出"一起出彩"（Let's Color）的宣传活动。众多志愿者（目前包括阿克苏诺贝尔公司超过80%的雇员）捐赠了大量油漆（迄今已超过50公升）用于翻新城市社区，其中包括里约的贫民窟和焦特布尔的街道。多乐士理念导向的营销方法重整了去中心化的营销组织，还让企业在全球赢得了更多市场份额。

（3）全面体验。企业正在通过提供优秀的客户体验不断增加产品价值。一些企业根据自己对某位客户的了解为其提供个性化的服务和产品，借此深化客户关系；另一些则通过增加接触点，拓宽客户关系的广度。我们的研究发现，出色的品牌两者兼备，它们提供的是"全面体验"。

衡量营销的关键标准可能很快要从"客户占有率"或"广告占有率"变为"体验占有率"。

味好美食品公司（McCormick）是一家香辛料制造企业，它向顾客承诺"不断提高香料的艺术、科学和激情"，在实践中，无论从深度还是广度，企业都做到了这一点。公司让客户在线上与线下的接触点，都获得同样的客户体验：也就是无论客户是从零售店铺，还是交互型服务 FlavorPrint，都能获得同样的产品包装、食谱等品牌内容。该服务根据客户偏好为其推荐定制的食谱。FlavorPrint 创造食谱的方式和 Netflix 制作电影的方法一样：根据算法提取每个食谱的独特风味，然后和顾客的口味偏好相匹配。FlavorPrint 可以制作出方便平板电脑和手机用户查看的定制化邮件、购物清单和食谱。

2. 敏捷组织

营销组织必须在公司规模和敏捷灵活之间找到平衡点，为抓住转瞬即逝的机会，从计划到执行须在几周或几个月内完成。"超级碗"是世界最大型的体育赛事之一，奥利奥在 2013 年比赛断电期间，在推特上提醒消费者"黑暗中你依然可以泡一泡"，这让它一度成为当时流行的话题。公司当时只花了几分钟时间就完成了这条推特的设计推广，这绝非巧合。奥利奥一直在为这样的场合做准备，精心培养和组织营销团队，授权代理和品牌小组待在指挥中心和受众实时互动。

像传统的树状结构一样，复杂的矩阵式组织结构已经过时，逐渐让位于网络型组织结构。后者的特点是岗位灵活、责任流动、流程简洁高效。新构架让领导者可以在全公司范围内根据需要调配人才，为短期的特定营销项目组建团队。根据任务需要，团队可以在几周或几个月内完成组建、执行和解散的全过程。

（1）营销新角色。企业在全球扩张中必须重组以达到全球规模和本土相关性的平衡，多数品牌的管理方式会更为集中。企业正在逐步去掉中间（区域）市场，员工的角色和流程都要调整。营销组织一直通才云集，但营销人员要按照以下 3 个类别区分："思考型"营销人员，他们擅长分析，可完成数据挖掘、媒介组合建模及 ROI（投资回报率）优化；"行动型"营销人员，负责撰写内容，设计和主导生产过程；"感受型"营销人员，负责和消费者互动接触，比如客服、社交媒体和网络社区相关职位。

（2）网络型组织。每种类型都涉及许多技术和职能。CMO 和首席体验官、全球品牌经理等营销主管，在管理中越来越像管弦乐队的指挥，从这 3 类人才里组建跨部门团队来解决问题。管弦乐队指挥向团队做简报，确保他们有所需的能力和资源，并负责监控整个过程和表现。管弦乐队和团队领导根据任务，从营销部门和其他部门，包括外部代理商、咨询公司找到合适的人才，平衡搭配思考、行动、感受这 3 种能力。

企业采用该模式组建一系列任务小组，完成特定的营销项目，比如整合线上线下体验、新品推荐等。联合利华在推出"日光计划"（ProjectSunlight，和消费者互动的项目，与公司可持续发展项目相关）时，团队成员来自 7 个不同领域。国际有线电视公司

LibertyGlobal 用任务小组的方式在关键接触点（比如客户收到账单的时候）实现了最优客户体验。团队负责人来自营销和其他部门，任职时间各异，不同程度地具备了上述 3 种能力。

（3）任务小组模式灵活有序。这种模式对企业文化有特殊要求，总部领导力要足够强大，本土团队才能充分理解公司战略并配合执行。只有当公司中的每个人都受到品牌理念的鼓舞，并且清楚企业目标时，任务小组模式才能运行良好。谷歌、耐克、红牛和亚马逊都相信这一理念。亚马逊的杰夫·贝索斯（JeffBezos）在股东大会上说的话体现了这一思想："我们的愿景始终如一，但在细节上可以灵活应变。"

3. 碧桂园的全民营销

碧桂园通过深挖员工、业主、合作伙伴和商家资源，给出业界最高的佣金，缔造了一个行业销售传奇。这两年连续做了几个日销三四十亿的项目，为了销售规模可以想出发动广场舞大妈深入田间地头给老乡卖房子这种壮举，空运 1.8 万人到海南金沙滩，淡季一个月销售 2100 套房子。再如召集数万名看房客前往马来西亚金海湾项目，首期开盘吸金 91 亿元，在全行业瞠目结舌的目送中，成为 2013 第五个干到了千亿企业。

全民营销具体而言：一是制定硬性指标，营销部所有员工全线上阵。二是充分利用内部员工，将销售的权力传递给公司员工。凡在碧桂园的员工，只要为碧桂园项目完成销售任务都会给予 3‰~4‰ 的提成奖励。三是借助企业品牌影响力，引导社会人员加入销售。碧桂园面向全社会营销，主要采用"以老带新"方式，老业主成功推荐客户可享总房款提成。四是运用学校、酒店等资源，外拓圈层人士。

4. 万达的商业营销

万达的营销方式取决于城市综合体的特点，多业态、交叉销售和现金流量产品。万达广场要快速发展，工程进度要快速推进，需要稳定的现金流量支撑，因此营销一定要与时间赛跑。很多公司从拿地到开工需要 12 月以上的时间，一些成熟的大型地产商也要 6 个月以上的时间，万达规定只有 5~8 月的时间准备。

万达的营销工作强调做好规定动作，练就营销真功夫。规定动作就是营销贯穿于房地产开发全过程，如市场调研、规划设计、营销推广、物业管理等。其规定动作包括：开工典礼、售楼处开放、样板房开放、开盘、开业等节点活动，工地围挡、沙盘、售楼处、样板房等道具制作，以及产品定位、合约规范、销售计划管控等内容。销售真功夫核心有四条：预期、方案、定价、过程。预期是心理学，对宏观经济、地区经济和楼盘走势要准确把握；方案是抓住楼盘特点，分形式化、普通、困难做好预案，审查通过才能推盘；定价与预期相关联，前期价格不能高，分期逐步推高，确保走盘顺畅；过程就是过程管控，开盘一个月，要求销售 50% 以上，最低不得少于 30%，并控制好盘中销售和尾盘销售的节奏。

随着房地产行业的不断发展进步，万达的营销管理已从"产品为中心"转向"客户为中心"，获取、保留并和客户建立良好的关系将成为万达的核心工作之一。万达总部营销中心从 2011 年开始，在各个项目公司推行规范化、系统化、标准化的交付操作流程标准，持续为客户提供良好的品牌和产品服务。

5. 中海的营销三法

经过长时间的探索与实践，中海发展总结归纳出定位法、定价法和开盘法等营销策划"三法"，用于指导项目的营销工作。

（1）定位法。有了获取土地的决心，不管拿没拿到土地，营销定位工作必须抢先一步开始。中海发展认为，项目市场定位是市场需求、产品技术和公司经营目标三种因素共同作用的结果，要找准项目定位，首先要紧贴市场，秉承客户至上的理念，多渠道获取信息，提高项目定位效率；其次，要结合各业务部门资源，从品牌、概念、产品、服务等方面进行全方位整合营销，实现技术可行、利润最大化目标；第三，要利用集团资源优势，楼盘之间相互参考借鉴，缩短项目定位周期。市场竞争中，中海发展一手抓刚需（首置、首改），加速去化，144m^2 以下普通商品住宅占比超过 65%，120m^2 以下住宅当年新推货量去化速度超过 60%；一手抓高端，树立产品的豪宅品质，提升项目边际收益，近三年来住宅销售均价保持在 12000 元/m^2。中海佛山金沙湾项目在楼型定位时，营销部门了解到佛山客户对高层住宅的偏好度较高，在设计、投资部门配合下，及时将原 16 栋住宅的"低+高"层规划设计方案统一调整为 33 层的高层产品，入市便被抢购一空，项目溢价远超成本的增加部分。

（2）定价法。在产品定价上，中海发展在对所在城市、片区、竞争对手楼盘、客户积累情况进行充分调研和分析的基础上，通过成本加成法、市场比较法确定项目的销售价格区间。之后再通过心理定价法对多组客户的心理价位进行比较，结合公司去化要求，合理确定项目销售价格。营销过程中，苏州公司以客户认知度为核心，摸准客户价格认知，综合考虑全盘持续性去化，经过多轮调整和多轮模拟销控，实现精准价格引导。如苏州人对 20 层以上高层房源存在显著抗性，对同地区不同品牌住房的差价容忍度在 1500 元/m^2 之内，为此项目的高层产品采用了锤型价格体系，且销售价格与竞争对手之间差价保持在 1500 元/m^2 之内。客户积累过程中，中海发展往往逐步释放价格区间，不断进行量化分析，准确掌握有效客户数量。上海公司万锦城项目三期项目销售时，推售房源以 90～120m^2 户型为主，通过刚需改善型客户聚集人气，实际开盘价也略低于传递给客户的预计价格。开盘当日 226 套毛坯房源去化 80%，成交均价 3.9 万元，较二期 2.8 万元均价上涨近 40%。

（3）开盘法。要尽快实现开盘销售，就必须严格按照项目发展计划确定的开盘节点，尽快取得政府销售许可文件。之后，在对产品价值信息包装后，通过媒体、推介会、示范区现场体验、公关活动等方式，分层次、有计划地传递给客户，拉高客户的心理预期。开盘当日，结合客户认筹数量和推盘数量、客户诚意度分布情况，通过摇号、分组摇号、排队、认筹顺序、筹码对应房号、成交签约等选房方式，影响现场客户的选房心理，使客户快速购房，确保销售目标实现。

3.4.2 联想的供应链整合

未来核心企业是比拼整合供应链的能力。联想飞快发展的关键原因之一，是作为核心企业，联想使用了供应链金融服务，这使得它可以顺利整合整个供应链，比如：配合其市场推广和销售网络建设，与下游经销商、分销商建立了牢固且高效率的合作协同关系等。

随着越来越多的公司采用供应链金融，金融服务所介入的领域，已不再集中在供应链核心企业的上游环节，而是逐渐渗透至供应链的每个环节。另一方面，由于越来越多的银行、保险，甚至其他金融机构的介入，供应链金融的模式也正在不断变革，其作用也已经超越了此前的为实体经济"注入流动性"这一融资功能。其最大的效果将是，未来处于供应链核心的企业（以下简称核心企业），其与对手的竞争模式将不再是"点对点"，而是比拼整合供应链的能力。

1. 杀入下游

供应链金融最显著的变化是，它已经成为核心企业整合下游资源，构建销售网络提供资金支持的重要战略工具。联想推行供应链金融的目的，并非简单地满足下游经销商流动资金需求，而是为了从战略高度，推动联想的销售。

与一般公司对市场的划分有所不同，联想根据各市场采购量、市场成熟程度，以及规模大小的不同，将国内市场划分为6个层级。在实践中，联想发现，层级越低，"客户"（代理商、经销商等）的规模越小，对运营资金的需求也就越突出。为此，联想改革了以往的赊销制度，引入银行作为资金提供机构，采用库存质押的方式，由银行为这些经销商、代理商提供贷款，同时，货品成为向银行贷款的质押物，并以库存方式交由承运商管理。承运商受银行委托，对库存进行实时监控。

但这种模式开展并不顺利，原因是该模式管理成本过高，且货品抵押风险较大，因此很难得到银行的认可。为改变这一局面，在结合返款政策的基础上，刘德国和他的团队对该模式进行了再创新：将众多"客户"的返款聚集到一起，组建一个返款池。再以这些返款，向银行提供担保，由银行给客户贷款。一旦出现个别客户无法还债的情况，就可以动用返款池中的资金进行抵债。

近期，这个模式又有了新的发展，增加了客户相互担保的条件，也就是不同客户间建立相互担保关系。这样做的好处是，还款余额变成一个更大的池子，因为互保关系，融资杠杆比率显著提高，风险却实现了最小化。这样的改革提升了银行的参与度，这直接促成联想的销售渠道向更深层次渗透。从2010年开始，联想用这个模式向渠道更下层的5、6级市场渗透。如今，在联想的市场体系中，第4到第6级层面市场份额，已经超过50%。联想也将这一模式向海外推广，尤其是在像俄罗斯、印度和巴西这样的新兴市场。获益于这一模式,联想已经占据印度市场份额的第一位。

2. 降低采购成本

供应链金融的作用还体现在核心企业的上游环节上。根据2007年《物权法》,应收账款可以作为抵押物进行融资。这就使得上游企业可以将对核心企业的应收账款,作为抵押物向银行申请贷款,加快了上游企业的资金周转速度。但应收账款作为抵押物之后,必须在规定的时间把钱还给银行,才能保证这一业务的持续运转。而以前,核心企业作为强势的一方,对应付账款抵押并不积极,结果造成了这一服务并没有发挥应有的作用。

这种情况现在正在发生改观,在银行的推动下,核心企业开始意识到,其实整合供应链上游环节,潜在的和现实的好处亦非常之丰厚。在许多供应链体系中,如果上游供应商只是依靠自身信用向银行融资,其融资成本可能会很高。但是如果银行将供应链金融的相关产品介入其中,就可以借助核心企业的信用,把供应链上游供应商的财务成本降下来。对核心企业而言,这就意味着有巨大的降低成本的可能。

得益于核心企业的信用而获得的供应链融资,会降低上游供应商的财务成本,如果额度可观,上游企业将会向核心企业提供相应的"酬金"(降低供货价格),这其实就达到了核心企业向供应商转移部分成本的效果。供货成本的节约其实也是一种利润,上游的供货商的生产成本、财务成本都降低的话,在核心企业主导的整个供应链体系中,就变成了利润的来源之一。

3. 提升整链优势

引入供应链金融后,解决现金流的问题只是联想所得到的最基本益处。供应链金融对整个供应链的功能而言,核心价值在于促进销售。与此同时,联想和合作伙伴通过在供应链金融方面的协调配合,加固了合作伙伴之间关系,强化了其对联想的忠诚度。而资金流、信息流以及物流的更为透明化,又使得整个供应链的风险降到最低,效率也得以提升。因此,供应链金融的核心价值,在于将企业与企业之间的竞争,从"点对点"转变为"链(供应链)与链"的竞争。中信银行的叶雪松认为,在这个时候,谁先考虑整个供应链,谁就更有可能获得竞争优势。

在尝试供应链金融时,一些外企会上下游通盘考虑,而国内的多数企业还停留在注重下游的阶段。叶雪松认为,"只要是能够对获取核心利润及核心优势有利的事情,都应该去做"。在供应链融资方面,核心企业应该具有远见卓识,善于发现上下游的机会。

可以预见,供应链金融对于企业整合外部资源,将发挥越来越重要的作用,正成为企业打造全链核心竞争力与竞争优势的利器。企业需要在这个过程中,不断探索和完善适合自身需要的供应链金融模式,以配合企业战略的制定与实施,真正做到从战略层面加以重视,用金融手段改造和整合其供应链。

3.4.3　GE 的营运管理系统

仅有正确的战略和完善的组织，还不能形成稳固发展的支点，也无法使公司在激烈的竞争中脱颖而出，必须加上有效的运营管理才能使公司创造出价值，这是公司长久生存的必要条件，也是实现可持续发展的必由之路。

众所周知，GE 以所谓的四大战略：全球化战略、服务战略、六西格玛质量要求和电子商务战略，实现了 20 年的高速增长，其核心是 GE 精心构造了以一年为循环、以一季为单元的"运营管理系统"。透过这一开放的制度化平台，GE 的高层领导、执行经理、员工进行对比交流、分析共享，保证了总部制定的战略举措可以转化为每一个管理人员的实际行动。

1. 第一季度：全球运营经理会议

1 月份，GE 召开公司高层、所有子公司、分公司总经理、总部事业部总经理、职能部门总经理参加的全球运营经理会议，会议主要讨论并通过各个业务领导送交的业务清单，宣布启动新一年的战略实施计划。

2 月份，公司上下全力实施新战略。

3 月份，公司召开高级管理委员会（业务部门总经理和公司高层参加），这是每季度末都要召开的公司级业务质询会，一季度主要内容是检查业主是市场的反应，并检查实施战略所需的资源是否足够。

2. 第二季度：检查实施进度和效果

4 月份，公司在互联网上对全体员工进行一次不具名的调查，询问他们是否感受到重大举措的实施，他们的客户对此有什么反应，实施过程的资源致支持状况，内部沟通是否顺畅。

5 月份开始，对所有业务领导和员工上一季度绩效进行考核，主要内容包括：业绩目标；对人才使用是否做到人尽其才，员工对目标承诺的程度如何；对所有员工进行表现打分，并根据表现对经理进行提升、奖励或撤职。

6 月份的公司高级管理委员会会议，重点是总结战略实施中的优先经验，质询实施过程的领导能力，并总结客户对新战略实施过程和影响。

3. 第三季度：提出新举措

7 月份，召开全球子公司、分公司、总部事业部总经理、财务总监、营销总监参加的第一次战略会议，主题是分析上半年公司经营情况、宏观经济环境、市场竞争环境，讨论总体的财务回报状况，提出新举措或新战略，并对实施中所需的资源做出分析。

8月份，公司在各个业务层面开始非正式的思想交流，提倡创造性的建议和有针对性的方案。

9月份，第三季度公司高级管理委员会会议，主要议题是三个：第一，提出优先表现的标准；第二，学习其他公司的优先经验；第三，总结重大实施措施中的优秀经验（所有业务范围内）并分析客户对实施过程的影响。

4. 第四季度：制定次年战略计划

10月份，召开全球公司级经理会议，主要讨论三个问题：一是下一年度运营计划的重点；二是每个运营经理提出关键举措的成功之处；三是所有业务部门的对话，我们在上一年的经验中得到哪些启示。

11月份，第二次战略规划会议，要求子公司、分公司、总部事业部提出次年详细的运营计划，包括希望达到的目标，每个业务部门的计划。

12月份，公司高级管理人员会议，为1月份的全球运营经理会议做准备，主要议题是综合平衡各单位上报的发展计划和公司拥有的资源，制定公司次年工作要点，制定次年公司预算及各单位、各业务部门负责人业绩考核目标。

3.5 筹资管理

筹资工作是财务管理工作的重要内容，稳健、有效的融资管理政策，能为公司的持续发展提供充足有效的资金保障。据统计，2014年年底，我国广义货币（m^2）余额高达123万亿元，是2014年国内生产总值（GDP）64万亿元的2倍左右。市场上的钱很多，怎么样才能为我所用。

3.5.1 互联网金融简介

互联网＋金融酝酿出了近年来炙手可热的互联网金融。以2011年央行发放第三方支付牌照为标志，第三方支付机构进入规范发展的轨道。2013年至今，互联网金融快速发展。P2P网络借贷平台、网络众筹等新型业态起步，第一家专业网络保险公司获批，互联网＋金融的基础设施和行业形态明显迈上台阶。

截至2014年年底，中国第三方互联网支付交易规模达到80767亿元，同比增速达到50.3%；全国范围内活跃的P2P网上借贷平台1575家，贷款余额1036亿元；众筹融资平台116家，一年新增平台78家，众筹融资金额超过9亿元。互联网技术渗透积累的海量用户和金融行业的结合发展造就了互联网金融快速崛起的奇迹，冲击着传统金融业。随着互联网技术终端的日益普及，让金融民主化渗透到每个人的生活，成为普惠金融发展的基础。

互联网＋金融不仅提升金融基础设施水平，增加国家金融竞争力，还填补了缺失市场，带来增量变革。从理论上看，市场在达到帕累托最优之前都有一个帕累托改进过程。互联网＋金融创新完全符合帕累托改进的情形——在不损害传统金融机构及市场参与者利益的同时，给至少一个市场参与者带来增量利益。互联网＋金融可以减少信息不对称，降低金融服务成本，提升金融服务效率，从而填补缺失市场。

波士顿咨询（BCG）2013年全球消费者信心调查显示，由于投资渠道缺乏，超过30%的中国消费者会将收入的20%以上投入储蓄，这一数字在其他国家往往不到10%。这些庞大的、未能在传统金融行业中得到充分满足的需求，构成了"中国特色"的金融抑制，也成了激发了互联网＋金融发展的原动力。如果将中国6亿网民按收入水平和网络金融接受程度划分，传统金融机构关注家庭月收入1万元以上的这6000多万客户，余额宝服务的主要目标人群是家庭月收入1万元以下、对网络金融接受度较高的近2亿客户。

互联网金融模式下，金融服务边界不断拓展，服务人群将包括3.6亿尚未被互联网金融覆盖的长尾互联网用户，以及迅速增长的农村手机上网用户。随着互联网＋金融发展的不断深化，金融服务边界的拓展将不仅仅局限于服务的人群。金融业务场景也将不断丰富。金融不再像工业时代时以企业为中心，以生产为中心，而开始以普通消费者为中心，金融服务和产品深度嵌入人们日常生活。

3.5.2 互联网金融特点

国内的互联网金融资深专家们通常把我们的互联网金融商业模式定义为6大模式：第三方支付，P2P，众筹，大数据金融，信息化金融机构、互联网金融门户。在过去两年互联网金融的大浪潮下，这6大模式下都孕育出了较为出色的企业，比如91金融、红岭创投已经在筹划上市。事实证明，用互联网思维改造传统金融行业的方式已经取得了成功。P2P尽管存在一定的风险，但它改变了民间小贷；股权众筹网站改变了传统天使投资，互联网金融公司通过用户和平台思维实现了普惠金融。

目前较为成功的互联网金融企业的商业逻辑有两个重要的要素：第一，互联网化带来了信息透明高效和用户体验提升；第二，金融化、证券化使得参与传统金融产品资产的流通渠道更广和门槛更低。我认为这两大要素就是互联网＋金融模式的核心，而互联网＋金融模式不仅能改变传统金融行业，也能变革传统非金融行业。互联网金融＋模式的商业逻辑有以下三点。

1. 金融渠道取代销售渠道

传统商业模式当中，募资和销售往往是独立分开的。一个公司的产品主要靠建立分销渠道推向其下游，但是随着互联网的出现，分销渠道的壁垒变得越来越低，传统销售模式的边际效应也越来越弱。互联网金融为传统的销售渠道带来了转机，通过把募资和销售合二为一的方式降低渠道成本，同时降低销售不出去的风险。

2015年年初，北青投资与P2P网站爱投资战略合作，发布"省心计划—爱影视系列"新产品。在该计划中，投资者们通过爱投资平台，可投资经过北青投资严格筛选的影视剧作品项目，投资门槛1000元，意味着普通投资者用很少的钱即可成为影视投资人，并有机会享受剧组签名照、剧组探班、明星见面会等娱乐权益。这个产品和阿里发布的娱乐宝本质是一样的，都是通过互联网金融手段，让传统影视作品的宣传和发行（也就是影视行业的销售）成本降低，让其投资难度降低。对于影视制作公司来说可以为其作品提前积累人气，降低影视作品上映看片率低的风险，同时又解决了部分募资问题；对于用户来说，除了获得相应的投资回报以外，还有独特的体验式回报。这就是影视行业用互联网＋金融的商业逻辑，将电影众筹和票房预售结合在一起，用金融渠道取代传统的宣传发行渠道。

2. 重新定义市场定价权

传统商业逻辑当中的市场定价权往往由资源的稀缺性来决定，而在互联网金融时代，资源稀缺性的定义会被不断地改写，从而导致市场定价权的转移。互联网团购让传统的商家定价—消费者买单模式改写成了消费者抱团—商家接受降价的模式就是一个案例。我们再来看另外一个案例：hihey.com，作为我国艺术品电子商务网站当中的领头羊，在近期推出了主打的艺术银行业务，目的就是为了获取艺术品市场的定价权。传统艺术品市场由于真假难辨和估值不规范等问题，定价权一直掌握在中间商和少部分创作者的手里，对于艺术消费者来说没有一个好的公正的价格评估机制。hihey.com在做艺术品电子商务的同时也意识到了这个问题，虽然网上的交易量在不断地上升，但是由于网上交易的艺术品本身的定价权被别人掌握，网上的交易量对线下的交易量冲击很小。因此hihey.com推出了允许艺术品抵押贷款的互联网金融产品，让有资金需求的创作者和收藏家们将其艺术品进行抵押，使得艺术银行和其投资消费者获得了定价权。这样的商业逻辑既加速了存量艺术品的流通，又使得定价权的转移并让艺术品的估值回归市场。

3. 重塑关系网络和商业流程

传统商业模式当中，与合作伙伴、消费者的关系网络构筑以及维护决定了一个公司的商业流程，而通过互联网金融的方式，一个公司的关系网络会由于互联网化和金融化而重塑，从而导致商业流程的再造。

互联网化会使得传统的产品到用户关系升级为用户到产品的关系，而金融化会使得公司的成本结构升级。比如说传统的健康农业商业模式靠的主要是种植培育好的农产品，然后定位和包装一个良好的品牌形象，最终再通过销售渠道卖给消费者，这样的传统商业逻辑在互联网金融的时代已经不适用。以尝鲜众筹网为代表的一些精品农产品众筹网站正在改变健康农业的商业模式。尝鲜众筹网与消费者建立的是先众筹、后种植的关系，使得其销售环节提前到生产环节之前，降低了农产品滞销风险并减少了渠道费用。健康农业中，传统销售渠道无法突出品牌，电商也更是如此，用户的搜索习惯导致用户对农产品的认知仍然停留在原产地＋商品的层面，用户对健康品牌的感受不强。但通过互联网金融众筹，农产品的呈现是少而精，用户的搜索行为减少，对健康品牌内涵的学习动力提高。在众筹模式之下，健康农业关系网络的忠诚度是远远大于传统模式的，其商业流程的风险也远远小于传统模式。

总而言之，预计在不久的将来，互联网金融的六大商业模式将从产品变成工具，以工具的角度深入到我们身边的传统行业中去，同时结合三大商业逻辑改造商业模式，最终实现传统行业的升级。互联网＋金融的时代即将到来。

3.5.3 蚂蚁金服

蚂蚁金服正式成立于2014年10月，专注于服务小微企业与普通消费者，是阿里巴巴上市公司范围外的业务。它基于互联网的思想和技术，蚂蚁金服致力于打造一个开放的生态，与金融机构一起，共同为未来社会的金融提供支撑，实现"让信用等于财富"的愿景。蚂蚁金融服务集团旗下品牌有：支付宝、支付宝钱包、余额宝、招财宝、蚂蚁微贷、芝麻信用、网商银行（筹）等。2015年4月22日，支付宝钱包活跃用户现已超过2.7亿，是全国最大的互联网支付平台，在移动支付市场占据了80%以上的市场份额。

融资难一直是制约中小企业发展的瓶颈。不同于大型企业，中小企业生命周期较短，发展不确定性大，缺乏足量信用资产，同银行沟通合作不足。这些不利因素，使中小企业成为银行信贷的盲区。阿里小微信贷利用阿里巴巴、淘宝、支付宝等电子商务平台上客户积累的信用数据和行为数据，引入网络数据模型和在线视频资信调查模式，通过交叉检验技术辅以第三方验证确认客户信息的真实性，将客户在电子商务网络平台上的行为数据映射为企业和个人的信用评价，向这些通常无法在传统金融渠道获得贷款的"弱势群体"批量发放"金额小、期限短、随借随还"的小额贷款。

截至2013年12月，阿里小微信贷的客户数已经达到64万，放贷的总金额累计达到了1500多亿元，而坏账率不到1%。数据显示，80后、90后创业者成为阿里小微信贷的融资主力。相比传统信贷模式下单笔信贷操作成本约2000元的成本，依托互联网技术的阿里微贷模式操作成本仅约2.3元，这将大大地促进小微企业贷款的发展。

3.5.4 陆金所

上海陆家嘴国际金融资产交易市场股份有限公司（以下简称"陆金所"）于2011年9月在上海注册成立，是中国平安保险(集团)股份有限公司旗下成员之一。截至2015年年底，陆金所已经与超过500家机构建立了合作，注册用户数超过1800万人，活跃用户近363万，服务范围覆盖全国300多个城市，累计总交易量超过1.6万亿元。

1. 陆金所股权结构及融资情况

2011年陆金所成立时，首次注册资金8.37亿元人民币，之后陆续通过A轮、B轮融资募集资金17亿美元，股权性资金投入约折合人民币120亿元。

（1）成立。陆金所首次注册资金8.37亿元。

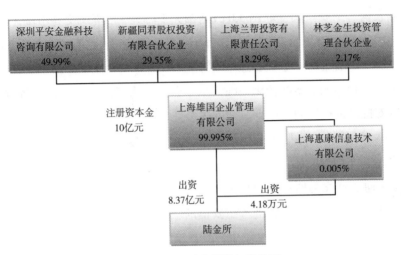

图3.5.4-1　陆金所股权结构图

其中：平安金科为中国平安集团旗下子公司；新疆同君则由平安高管控制，即平安科技副总经理谢虹、平安财险副总经理史良洵；上海兰帮和林芝金生均由陆金所高管控制，且其股东一致，均为陆金所副总经理兼董事会秘书长杨学连和陆金所首席人力资源执行官石京魁；上海惠康是上海国雄的全资子公司。

（2）A轮融资

2015年4月，陆金所启动A轮融资，募集资金4.85亿美元，主要投资者有BlackPine Private Equity Partners、鼎晖投资以及中金公司旗下的私募股权部门。

（3）B轮融资

2016年1月18日，陆金所宣布完成B轮融资，募集资金12.16亿美元，其中：A轮投资者行使认购期权投资2.92亿美元，B轮投资者融资9.24亿美元。B轮投资者主要有：中银集团投资有限公司、国泰君安证券（香港）、民生商银国际控股有限公司等，多为国内金融机构在香港的子公司。

B轮融资结束后，陆金所董事长计葵生表示中国平安集团持有陆金所的股权比例被稀释至43%～44%之间，但平安集团仍是陆金所最大股东，具体持股比例数据还未披露。

2. 陆金所业务模式

目前，陆金所平台已跨九大行业间市场，包含银行、信托、证券、不动产、P2P、地方政府、保险、公募以及私募。总体来看，陆金所的商业模式主要包括自营平台和第三方服务两个大类，其中：陆金所自营平台发售产品主要支持平安集团相关业务，由集团旗下保险公司进行担保；第三方服务平台是陆金所撮合投资者与资金需求方的平台，与银行理财产品相似，平安集团不对其进行背书，陆金所也不承担还款义务，但产品兑付风险将对陆金所产生致命影响。

（1）业务架构。平安集团互联网3.0战略四大重心之一：资产交易市场（陆金所）、房产交易市场、汽车交易市场及支付、积分市场。经过2015年变革，陆金所新战略发展方向为"大陆金所=小陆金所+平安普惠+前海金融"。

——陆金所平台本身：逐渐转化为纯信息平台，以第三方平台角色为各方提供基础设施、销售渠道支持以及机构间的咨询及顾问等服务，无自营P2P。

——平安普惠：消费金融服务，包括原陆金所平台的P2P业务，原平安信用保险，原平安直通贷款。

——前海金融资产交易所：跨境业务。

（2）自营业务。陆金所的自营业务主要借助平安普惠来开展，主要包括P2P业务、信用保险、直通贷款等。

P2P业务载体平安融资担保（天津）有限公司为陆金所的P2P投资项目与理财项目进行全额本息担保。同时首创二级市场债权转让功能，满60天就可以转让，极大地调动了投资者的热情，增加P2P平台的流动性。债权出让人可以选择"一口价"或"竞拍"形式进行转让。

平安易贷阳光金融产品等，通过向个人客户提供信用保证，从而帮助客户快速从合作银行获取无抵押小额贷款。投保人为贷款客户，承保人为平安产险，被保险人为放款银行，创新开启了保险公司与银行合作的新的模式。

平安直通贷款业务率先颠覆传统的线下贷款流程，推出了网上直通贷款服务。客户通过电脑或微信即可在网上实现贷款咨询、申请、材料递交、初审的全部流程，只需在合作方门店进行终审及签约即可获得款项，从而为产品方的销售网络带来了线上的延伸，与其门店形成O2O的闭环。

3. 第三方互联网金融业务

（1）人民公社P2P平台。与不同的P2P机构合作，提供风控流程和大数据技术支持，主要在六个微观层面为各P2P机构提供流量获客、增信措施、产品设计、征信风控、系统平台、催收服务。已与超过100家机构签署合作协议，包括P2P行业中排名靠前的拍拍贷、投哪儿、搜易贷等。

（2）基金销售平台。目前已经上线2000余只公募基金，是目前可供投资者选择基金数量最多的平台之一，并成为首批上线大陆与香港互认基金的互联网金融平台。公司与重阳投资、敦和资管、华夏未来资本、景林资管、星石投资等30家知名私募基金公司正式建立长期合作关系，上线，定制、包销的私募产品很快登陆陆金所私募开放平台。

（3）跨境交易平台。将国内的非标资产引入海外，同时也通过互联网的方式以更低的成本为国内投资人实现境外投资。例如经由国内基金公司以QFII产品的方式将海外产品引入。目前发展还不成熟。

（4）房地产抵押借款P2P业务。如有抵押贷款产品"宅e贷"，采用了当天即可放款的国内有抵押贷款新模式，借助平安布局全国的线下网点以及线上线下联动。多用于借款人日常经营所需，为中心微企业解决部分资金周转为目的，按照固定利息率计息，以不动产为抵押品，在短期内分期还本付息。其相对无抵押P2P贷款来说，风险低，但仍可能面临房产价格暴跌的风险。

4. 陆金所P2P业务风险

陆金所有平安集团支持，同时相对其他平台不做期限错配，不做资金池，不设置资产池，流动性较好。目前P2P借贷行业平均坏账率是1%，陆金所目则大约是0.3%，但仍然有行业共有以及转型为第三方开放平台带来的特有风险。

（1）贷款用途监管困难。项目投资人与平台之间信息严重不对称，信息披露不全，缺乏有效跟踪监管手段。生产性用途与企业资金周转用途可持续性较强，是理想的投资对象，但在实体经济不景气时也会带来大量损失。更为严重的系统性问题是，大量借款人将借款投入股票市场、期货市场等，进行高杠杆投机，导致坏账率居高不下。甚至出现虚构项目用途、金融诈骗等道德风险。

（2）高增长带来的资产端匮乏。大型的投资理财平台往往不缺乏广大投资者(资金端)，反而全都面临借款人(资产端)匮乏的问题。靠谱资产端会随着交易额的上升逐渐变得稀缺。为了维持高增长性，平台不得不选择原本处于合格边缘的资产，降低准入门槛。

（3）金融市场去杠杆化的流动性风险。实体经济与股市背景下，市场中流动性有趋紧趋势，这将造成借款违约关联性提高、尾部风险集中爆发。区域性的P2P平台逾期、坏账很可能集中爆发。

（4）配资业务政策风险。互联网金融将是监管的重点领域，政府出台相关规制措施会带来较高的合规成本，某些业务将被限制暂时中止，某些业务盈利额度会大幅度减小。政策风险会扰乱企业的正常经营及发展计划，使其失去自主控制权。

（5）关联担保风险。由于陆金所与平安担保同为平安集团旗下公司，平安担保对陆金所产品的担保涉嫌关联担保。但陆金所不认同这一点，称平安集团下的各公司都是相互独立的，独立法人，独立资本，独立经营。

（6）混业经营风险。由于陆金所目前为平台＋自营双轨运行，将导致风险，造成不公平竞争，信息泄露，利益交换，及监管困难。"大陆金所"下的平安普惠也有P2P业务，已有其他 P2P 平台质疑陆金所开放平台是否会给平安普惠 P2P 以优待，平安普惠是否会借助大陆金所获取其他平台私密信息、甚至抢夺优质客户。同样在银行、保险等领域，中国平安也早已有相应的业务，其他主体在平台中也可能面临同样的问题。

（7）对其他 P2P 机构信誉的评定困难。部分 P2P 平台会出现自融、拆标、组团等情况，甚至出现庞氏骗局，台建立人挪用投资人的资金，直接导致资金流断裂，造成平台崩溃。"人民公社"将引入有资质的第三方机构对入驻 P2P 公司及上架的资产进行审核，但审核结果可靠性无法保障。而如果入驻的 P2P 平台跑路，陆金所不会为投资者兜底，则投资者损失会导致陆金所平台信誉下降、用户量减少。

（8）管理层、产品线频繁变动。与蚂蚁金服、京东金融相比，陆金所的管理层更加动荡。现有高管团队中一半为 2015 年新的空降成员，过去 1 年有至少 8 位副总经理级别人员离职。组织架构不稳定，高管人员流动较大，对经营造成不利影响。且其产品线、业务线的更替较快，高管团队对业务开展类别的主观性较强，但'来得快去得也快'，曾有部分业务尚处试验阶段亦被随即叫停，开发更迭成本高。

5. 风险应对

国家金融与发展实验室（中国社会科学院）对陆金所 2015 年的网贷评价评分 84 分，评级 AA，在 P2P 平台中信用排名第一（2014 年得分 89 分，评级 AA+），评级下降。2015 年初，陆金所陷入 2.5 亿坏账风波，又被大公国际信用评级机构列入互联网金融黑名单。

2016 年陆金所将上线分散投资系统。对标 Lendingclub 的坏账率与风险分散模式，陆金所将每一笔借款平均分散至 1500 个借款标的之上，届时每天将产生 100 万个投资合同。

3.5.5 传统企业创新融资的探索

在互联网金融方面，我国 50 强房地产企业中，已经有 20 多家企业通过各种方式进入了这一领域，如万达、万科、新湖中宝、中天城投、保利地产等。2015 年 6 月，万达集团推出一款众筹产品，两周时间迅速募集 100 亿元资金，开创了房地产企业互联网融资的一个新纪录，让人震撼。在产业基金方面，2015 年 5 月，绿地集团联合上海建工、建信信托发起一个总规模为 1000 亿元 PPP 产业基金，预计将带动近 3000 亿的地铁投资。

截至 2015 年 3 月，公司十五年来累计融资总额 7089 亿元。特别是上市后，融资品种日益丰富，期限搭配更加灵活，累计发行各类债券 1198 亿元，融资工作为公司发展做出了贡献。但同时，我们要看到，公司资产负债率已经接近国务院国资委规定的红线，传统融资方式已经无法满足投资业务日益增长的资金需求。针对这个问题，一方面，我们要求提高周转效率，加快资金回笼。另一方面，要求认真研究万达、绿地等企业的创新融资做法，找到适合公司投资业务发展的融资模式，推动公司具有核心竞争力的商业模式形成。

1. 万达众筹案例

万达广场众筹项目是以万达广场为基础资产的房地产众筹项目，取得的实际众筹资金通过交易安排计划全部投资于五座2015年建设、2016年开业的只租不售的万达城市商业广场项目的建设，再通过年化收益和退出收益等方式向投资人支付投资收益。该众筹项目在快钱平台（jr.99bill.com）及"快钱钱包APP"以"稳赚一号"为产品名称限额发售（2014年底，万达以3.15亿美元收购快钱公司68.7%的股权，成为其控股股东），起始投资金额为1000元人民币。

目前万达广场众筹项目已经完成两期的募集，每期筹集50亿元人民币，其中，有5亿元人民币面向个人投资者发售，面向机构投资者的额度为45亿元人民币，项目最长期限为7年，预期合计年化收益率在12%以上。

2. 绿地地产宝模式

绿地地产宝是一种将持有型地产证券化，并设计为可以在互联网平台进行出售的金融产品。地产宝通过蚂蚁金服招财宝网络平台、绿地金融资产交易中心和平安陆金所等互联网金融平台分销，让社会大众以低门槛进行购买投资并获利，让绿地房地产业务以及融资困难的中小房企能够以较低成本顺利融资并建设。绿地地产宝已推出两期，融资规模共计4.5亿元。

绿地地产宝目前已发行两期：首期产品在蚂蚁金服招财宝网络平台和绿地金融资产交易所发行销售。首期产品以绿地位于江西南昌的支持旧城改造的棚户区改造项目为基础资产，发行总规模为2亿元，约定年化收益率6.4%，产品期限为一年。认购方式为线下认购，认购资金2万元起，以1000元递增。产品到期一次性兑付本金及收益。担保机构为安邦保险。

二期产品在平安陆金所平台发行销售。二期产品主要为中小房企优质地产项目提供融资，发行规模2.5亿元。二期产品共推出三种类型：起投金额2万元，预期年化收益率6.4%；20万起投，预期年化收益率6.7%；起投金额2万，预期年化收益率6.5%（专为平安陆金所新用户提供）。认购方式与兑付方式与首期产品相同。

3. 碧桂园陆金所融资案例

常熟碧桂园是碧桂园集团旗下的一家分公司，该公司2015年负责开发常熟地区某地产项目，接近6000万元的融资需求在陆金所平台完成融资。

碧桂园集团注册并控制惠发投资，并注资6000万元。惠发投资将这6000万元作为委托贷款，委托给平安银行，之后由平安银行向常熟碧桂园发放贷款。由此，惠发投资拥有了一个6000万元的委托贷款资产。惠发投资将该6000万元的委托贷款资产打包成理财产品通过陆金所平台发售，陆金所用户出资认购，目的是获得常熟碧桂园到期归还的本息。

该笔委托贷款的还款来源为房地产开发项目的销售收入，担保人为惠发投资、增城碧桂园及碧桂园集团。

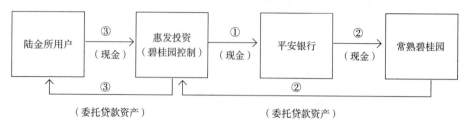

图3.5.5-1　碧桂园通过陆金所融资资金流向示意图

陆金所在项目发售过程中，将项目打包成标准化可分割的债券，吸引散户和对流动性要求较高的个人投资者投资，并通过内部评级方法及模型对该投资项目的信用风险做出评价并标示于网站上（该项目获得了短期债项的最高评级 A-1），极大程度降低了交易成本和协调成本，提高了融资效率，该项目从发售到募集仅仅用了两天时间，该项目单笔投资额最低为 30 万元，期限为 148 天，预计年化收益率为 7.5%，于 2015 年 12 月 29 日一次性还本付息。

3.6　财务管理

3.6.1　共享服务中心概述

共享服务中心的概念，是始于 20 世纪的美国，其原理是将公司（或集团）范围内的共用的职能／功能集中起来，高质量、低成本地向各个业务单元／部门提供标准化的服务。共享服务中心所集中的通常是诸如财务、信息系统、人力资源、法律、采购、研发等职能，通过这种方式，既可以发挥规模效应、节约成本，同时也有助于保证这些职能的质量和一致性。

一般而言，采用共享服务中心模式的企业，多为跨国、跨区域的大型公司，这是因为只有规模达到一定的程度，共享服务模式才会产生更大的经济性。尤其那些总部具有强大管理能力的公司，共享服务不仅可以有效降低成本、保证服务质量，还起到将宝贵的管理能力和知识输送到各业务单元中的作用。除此之外，通过共享服务将日常性的非业务职能集中起来，也有助于业务部门更加专注于具有战略意义的业务经营活动中。

最早使用共享服务中心这一管理模式的是美国福特公司，20 世纪 80 年代初，福特就在欧洲成立了财务服务共享中心。随后，杜邦和通用电气也在 80 年代后期建立了相似的机构。90 年代初期，惠普、道尔、和 IBM 也相继做出这样的决定。国内企业海尔集团、新奥集团、中国联通、宝钢集团等也正在使用共享服务中心管理模式。

3.6.2 财务共享服务中心概念

在各类共享服务中心中,目前国际上最流行的就是财务共享服务中心,通俗说就是财务文件管理外包服务。所谓财务共享服务中心,是目前国内外大型集团企业竞相探索实践的一种新型企业财务管理模式,通过借助互联网技术、云计算技术、移动终端技术和电子商务技术等,将不同国家、地点的实体的财务业务集中到一个共享服务中心(即:一个地点、一个平台),进行统一的处理和报告,满足企业管理人员对企业人、财、物等经济资源的运行状况实时管控,实现成本节约、效率提升、风险可控的目的。

财务共享服务中心的应用,就如同工业化的财务业务处理的流水线,降低了对每个流水线上员工的要求,即使是刚毕业的大学生,也能胜任。因此,财务共享服务中心的建立和应用,必须依托于企业财务管理的规范性、流程化管理程度。那么,目前比较适合建立财务共享服务中心的企业主要有:金融企业、服务企业、制造业的销售网点、连锁企业、通讯服务业;财务共享服务中心存在一定难度的企业包括:制造业的工厂、建筑业、勘探业、信息化程度较低的企业等。

3.6.3 财务共享服务中心的优势

目前,众多《财富》500强公司都已引入、建立"共享服务"运作模式。根据埃森哲公司(Accenture)在欧洲的调查,30多家在欧洲建立"财务共享服务中心"的跨国公司平均降低了30%的财务运作成本。与普通的企业财务管理模式不同,财务共享服务中心的优势在于其规模效应下的成本降低、财务管理水平及效率提高和企业核心竞争力上升。具体表现为:

(1)运作成本降低。这可进行量化计算与比较,如分析一个"共享服务中心"人员每月平均处理凭证数、单位凭证的处理费用等。这方面的效益主要通过减少人员数目和减少中间管理层级来实现。如果"共享服务中心"建立在一个新的地点,通常成本的降低效果更显著,原因是:通常选择的新地点,当地的薪资水平会较低;通过在"共享服务中心"建立新型的组织结构和制定合理的激励制度,能显著地提高员工的工作效率,并形成不断进取的文化。

(2)财务管理水平与效率提高。比如,对所有子公司采用相同的标准作业流程,废除冗余的步骤和流程;"共享财务服务中心"拥有相关子公司的所有财务数据,数据汇总、分析不再费时费力,更容易做到跨地域、跨部门整合数据;某一方面的专业人员相对集中,公司较易提供相关培训,培训费用也大为节省,招聘资深专业人员也变得可以承受;"共享服务中心"人员的总体专业技能较高,提供的服务更专业。此外,"共享服务中心"的模式也使得IT系统(硬件和软件)的标准化和更新变得更迅速、更易用、更省钱。

(3)企业整合能力与核心竞争力提高。公司在新的地区建立子公司或收购其他公司,

"共享服务中心"能马上为这些新建的子公司提供服务。同时，公司管理人员更集中精力在公司的核心业务，而将其他的辅助功能通过"共享服务中心"提供的服务完成。"共享服务中心"将企业管理人员从繁杂的非核心业务工作中解放出来，使企业财务管理实现价值管理的变革。

（4）向外界提供商业化服务。有些公司开始利用"共享服务中心"（一般为独立的子公司）向其他公司提供有偿服务。例如，壳牌石油（Shell）建立的"壳牌石油国际服务公司"（ShellServicesInternational）每年约8%~9%的收入来自向外界提供服务。

第4章 文 化

互联网的深入发展，正深刻改变着整个经济社会的发展面貌，深刻改变着企业的经营管理，深刻改变着人的思维方式，从而改变着企业文化的方方面面。价值观是企业文化的核心，是公司与员工共有的价值取向，为全体员工提供共同的努力方向和日常的行为准则。因此，有凝聚力的企业文化，一定要转化为全体员工的一致认识，做到无令而行。在价值观的基础上，逐步形成自身的使命与愿景，即公司为什么而存在，应该成为一家什么样的公司，由此再形成公司的战略目标。企业文化对公司的影响，是借助科学的企业制度、奖罚分明的考核机制，通过团队建设，将各级各类管理人员行为与企业发展有机结合起来，做到公司发展的成果惠及员工。

4.1 文化环境

4.1.1 演变特点

互联网时代，还在用传统思维作企业文化建设吗？种种显露的困境表明，传统企业文化建设貌似走进了死胡同，找不到感觉和落脚点。一些企业已经在作，走在前面，很多企业还没有找到突破困境的方法。

1. 从复杂化到简单化

传统企业文化的理念体系建设，通常包括使命、愿景、核心价值观、基本理念（意识）、企业精神（信条）、文化品格（图腾、象征物）等一系列基础内容，有的企业还会增加经营之道、管理哲学等，生怕不够全面系统、有失专业水准。如遇喜欢追求国学和传统文化韵味的领导，此般写法又会更加晦涩难懂。如果再加上行为体系，管理者行为规范、员工行为规范必不可少，再细致到按岗位划分的行为规范、准则、指引又是多少条。

确实这套下来系统性、专业性、逻辑性自不必说，但是效果怎样很难得知。先不说认同，但就认知层面，员工是否看得懂、记得住，都不能保证。于是，那些高高在上的理念始终存在于手册里和墙上，从没走进员工的心里。而在互联网时代，大而全的企业文化体系开始更新换代了。文化，与文学无关，而是留在众人心中挥之不去的回响。相比那些可望而不可即的口号和释义，最根本的才是最需要的。

2. 从企业化到人文化

企业文化很多时候被理解为是企业的文化，或者企业家的文化。因此文化中，多是企业对员工的要求，企业强调员工要对企业感恩、员工要负责任，员工难以感受到企业的承诺。互联网时代，强调人的价值，企业文化也更突出以人为本、人性化管理，但很多企业收效一般，企业付出了不少，员工感知不到。

这类似于一个浅显的道理。猴子想要一只香蕉，猩猩却给了它一车苹果，用了自己的全部。但是猴子并不为之所动，猩猩就问它"你为什么不感动啊，为什么不感动啊，我把我的所有都给了你，你为什么不感动呀？"猴子不知道该怎么办，它只是想要一只香蕉而已。企业与员工的关系中，是否企业给员工的往往都是自己"想"给的，却不是员工想要的，活在自己世界里的付出不值钱。

员工到底想要什么，员工为"什么"而工作，企业文化建设想要能够抓住员工需求，那么就要从员工最想要的入手。

3. 从领导化到用户化

"一切以用户为中心"这一点在互联网时代尤为明显，提倡让用户参与到产品创新中。在企业文化建设上，多数企业都是党群部、政治工作部来做文化建设，传递的大多是领导想要告诉员工的理念和想法，以恢宏的使命愿景为牵引，形成工整对仗的理念口号。而写出来的叫文字，干出来的才叫文化，在文化构建的过程中，凭借理想和梦想构建的超越现实的企业文化是行不通的。

企业文化理念并不是领导者赋予或臆造的，而是企业所有员工共同认定的，并依靠长期的经营管理实践累积起来的行为规则。也不是咨询公司从纷杂的价值领域中遴选、拼凑起来的，而是伴随着企业在内部组织与外部竞争过程中采取某种价值立场，进而在有益的价值冲突中逐渐达成的共识。

正如 IBM "成就客户，创新为要，诚信负责"的核心价值观来源于全球 30 多万 IBM 员工的内心，因为它并不是由公司 CEO 或者董事会制定的，而是全球 32 万 IBM 员工共同参与网上讨论，在上万种不同观点相互碰撞融合而成的智慧成果。整个公司也在开诚布公的交流中发现了很多急需解决的问题并将其进一步予以讨论和解决。因此，谁是企业文化最大的用户，那么就让谁参与建设。

4. 从单一化到多样化

很多企业困扰，虽然通过文化建设工作有了文化理念，可文化理念的宣导不尽人意，不能"入脑"、"入耳"、"入心"。最典型的文化落地方式除了搞培训、喊口号、贴标语外，就是搞些文娱活动、组织体育比赛之类了。其实，文化的核心理念让员工深刻认知、主动认同、积极参与和自觉转变,要以科学的办法,可以借鉴互联网以及移动互联网式的传播、沟通方式,甚至还可以通过对员工参与与评价数据的分析,找到最有效的传播方式,评估反馈效果。要想有效传播,解决从"墙上"到"心里"的最后一厘米,要关注员工的行为习惯,找寻员工最感兴趣、最乐于接受的传播方式。

4.1.2 文化重点

商业变革进入常态,科技进步、经济波动以及全球化,让静态的商业模式已经消亡。现在的企业必须不断转型和创新,甚至是重新思考战略方能应对挑战。企业变革之时,领导者常常发现实施变革战略异常困难。因为变革的第一步是改变根深蒂固的企业文化,如果没有文化的改变,其后进程将很难展开。

尽管外部环境能极大地影响企业文化,但是外部环境很难靠一己之力改变。所以,企业只能从内部寻找撬动点,企业内部最强的变革动力来源于领导者,领导者的转变可以引发其他一系列的重要变化,比如战略、管理制度、(组织)架构以及管理实践。

1. 领导者的角色

高管在企业文化变革过程中至关重要。首先,领导者和执行者要紧密合作、建立共识,在企业的未来发展方向上达成一致。他们还要共同审视公司的组织架构,确保组织架构能匹配新的企业文化。此外,领导团队要在变革中学习。积极学习型领导团队会更早遇到挫折,但他们会及时作出调整;学习型领导团队会辨别和奖励那些与新文化匹配的行为,从而用这种方式在组织内树立榜样。值得注意的是,领导者还要和外部的利益相关者保持紧密联系,听取反馈的过程中仔细检查变革过程中的失误和成功。

变革企业文化,领导团队要对管理制度进行系统化设计,领导者之间统一意见至关重要。比如,领导团队必须在"什么样的文化对企业的未来发展方向有帮助"问题上达成一致,因为这样不仅有利于变革战略的推行,而且能保证组织架构、管理实践与变革相匹配。

文化变革的难点除了找到合适的战略,还要让团队中的所有人认同变革并统一思想。如果领导者不擅长统一公司内部的不同意见,那么就需要找外部机构和团队来协助变革。外部机构能通过各种手段推动变革过程,帮助团队克服复杂的内部挑战,系统性协调各部门来支持新文化的建立。而提高团队的效率和统一性,整体上也能激发团队更好的表现。

2. 新组织结构

在确定和统一"企业发展新方向是什么"以及"为这个新方向服务的新文化是什么"之后,领导者需要评估现存的组织结构在多大程度上和新文化方向吻合。组织结构的设计包括组织架构、管理制度和管理实践,领导者需要考虑它们是否符合新文化,这些变量受领导者的行为影响,却可以促进文化的改变。

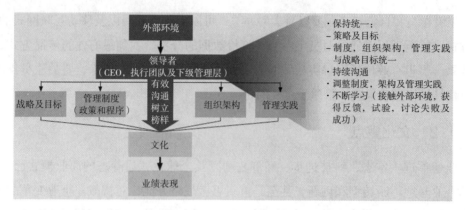

图4.1.2-1 组织结构的设计

（1）组织架构。一个有效的组织架构是非常重要的。因为它决定了决策者的权威，规定了每一层级的责任，当然也是信息得以传播和工作得以完成的沟通网。没有一个固定组织架构可以适用于所有情况，所以领导者必须了解公司的独特需求和现状。领导者可以参考支撑其他企业转型的组织架构。研究发现，无论是渐进式创新还是突破性创新，二元性组织（ambidextrous organization）对于追求创新非常有效，这样的组织在改善创新结果方面的表现好于职能型、跨职能型和分拆型的组织架构。例如，某公司让一个部门着重于效率提升的工作，另一个部门着重于探索性及实验性的工作。这两个部门应该注意分离和区分，避免新兴的探索及试验部门被主导的效率提升部门过分影响。两个部门工作内容的整合应该由高管团队来完成。

领导者在设计创新型组织的时候要问两个问题：第一，创新项目在多大程度上适应当前的组织流程；第二，创新项目在多大程度上适应组织的主流价值观。创新项目的评估从不适合到完全适合，将决定创新团队在组织中的位置（自主还是从属于主流组织）和类型。如果新项目既符合现存的流程又符合主流的价值观，那么它适合成为主流组织的一部分，而且应该使用职能团队；如果新项目既违背现存的流程又和主流价值观相悖，那么它就需要自主以及使用大型的开发团队。重组不同的职能部门来推动合作，是另一个变革组织架构支持新战略文化的方法。例如，促进开发部门和制造部门的合作可以生产出更好的产品，提升工作表现和获得高回报，此方法还能加快学习分享的过程。

（2）管理制度。管理制度具体指的是推动业务的政策、流程和机制。制度（包括业绩管理系统，薪资和激励制度，信息系统以及预算制定流程）和文化紧密相连，因为它决定了对特定行为的奖惩。

赛灵思（Xilinx）公司是支持创新系统的典型例子。该公司每年都有一个创新日，让公司的工程师有机会向评估团队（执行领导）展示自己的创新成果，获胜的提案将得到资助。此举向员工传递出积极的信息，公司在很大程度上支持创新。如果领导团队愿意公开意见和设想，并形成企业文化，那么领导团队会发觉自己能以不变应万变。通过不断解决问题，让领导者能更合理地向员工解释变革。很多员工在面对变革时会给出一些简单和谨慎的回应，但当他们注意到公司现行制度和主流行为将导致一些不好的结果之后，他们就能更积极地配合。

（3）管理实践。管理实践是管理者为确保员工完成工作的日常行为。管理者的行为可以鼓励或打压一种文化。管理者也是主要的信息来源，他们利用公司的层级制度来传达公司的设想和目标。这和文化的传播途径是一样的，比如管理者的职业培训和职业发展，就为公司的文化发展起到了非常重要的推动作用。关键的管理行为可以支持一些特定的变革与目标，并且在员工中树立变革榜样。

现在组织比较普遍的文化目标是深度合作、彼此激发灵感。管理者可以通过亲身实践合作，以及支持和奖励其他人的合作，给员工起到示范的作用。同时，管理者在流程上也有重要作用，比如设置与战略相关的团队目标，与团队交流见解和促进团队的凝聚力。管理层之间的默契同样重要，这表现为管理者们对彼此技能、经验、知识、角色和潜力的认同。

（4）人才管理。如果没有人才来实施和完成变革，以上的所有建议都是没有意义的。人才指的是团队中的执行者；创造公司大环境的管理者；制定战略，沟通愿景，树立行为榜样，统一组织的领导者。关于人才的战争意味公司要做两方面的努力：第一，努力提供最佳工作场所；第二，建立既能吸引业务，又能吸引人才的企业文化。

企业聘请什么类型的人才，取决于期望培养什么类型的文化：高绩效团队文化，需要人才不仅自身有诸多成就且技术卓越，此外还有极强的团队合作能力，以及解决分歧的能力；以顾客为中心的文化，需要人才具备高情商，而且能多角度看待问题；创新文化，需要人才有创意同时具备灵活性、有韧性且思维敏捷。公司领导在组建和发展团队的时候，必须时刻记住企业文化变革的方向。如果发展创新是一个公司的文化方向，那么公司则需要团队成员有合作能力，解决问题的能力，以及发散和聚合集体讨论的能力。

3. 企业文化转型

变革不仅需要执行战略，而且需要新的文化去推动和匹配战略。这就要求领导者在整个企业变革过程中起到引领文化转型的作用，并努力保持组织的整体统一。为了支撑企业的新战略，对自身文化要做出多大的变革取决于组织的起点在哪里。如果起点与期望的结果之间越远，需要变革的程度就越大。变革人们潜在的价值观和信仰是一项巨大的工程，因为它涉及组织内部复杂的、相互关联的系统间的制衡。如果只是制定一个新的战略，发表声明或者仅仅依靠人力资源部门的行动无法完成企业文化的转型，彻底的转型需要持续的努力，尤其是领导者和高管应当以身作则。成功实现文化转型，领导团队不仅要通过他们的言行举止传递新观念和新思想，更要建立一种规范企业内部行为的机制。为企业的未来发展，领导者与团队一起建立和实施机制，将会成为商业领导力的核心要求。

4.1.3 华为的管理灰度文化

华为公司总裁任正非讲过，各级干部要真正领悟了妥协的艺术，学会了宽容，保持开放的心态，就会真正达到灰度的境界，就能够在正确的道路上走得更远，走得更扎实。一个领导人重要的素质是方向、节奏。他的水平就是合适的灰度。坚定不移的正确方向来自灰度、妥协与宽容。一个清晰的方向，是在混沌中产生的，是从灰色中脱颖而出，方向是随时间与空间而变的，它常常又会变得不清晰。并不是非白即黑、非此即彼。合理地掌握合适的灰度，是使各种影响发展的要素，在一段时间和谐，这种和谐的过程叫妥协，这种和谐的结果叫灰度。

妥协一词似乎人人都懂，用不着深究，其实不然。妥协的内涵和底蕴比它的字面含义丰富得多，而懂得它与实践更是完全不同的两回事。华为的干部，大多比较年轻，血气方刚，干劲冲天，不大懂得必要的妥协，也会产生较大的阻力。纵观中国历史上的变法，虽然对中国社会进步产生了不灭的影响，但大多没有达到变革者的理想。我认为，面对它们所处的时代环境，他们的变革太激进、太僵化，冲破阻力的方法太苛刻。如果他们用较长时间来实践，而不是太急迫、太全面，收效也许会好一些。其实就是缺少灰度。方向是坚定不移的，但并不是一条直线，也许是不断左右摇摆的曲线，在某些时段来说，还会画一个圈，但是离得远一些或粗一些来看，它的方向仍是紧紧地指着前方。

华为提出的以正现金流、正利润流、正的人力资源效率增长，以及通过分权制衡的方式，将权力通过授权、行权、监管的方式，授给直接作战部队，也是一种变革。

1. 宽容是领导者的成功之道

任何工作，无非涉及两个方面：一是同物打交道；二是同人打交道。不宽容，不影响同物打交道。一个科学家，性格怪僻，但他的工作只是一个人在实验室里同仪器打交道，那么，不宽容无伤大雅。一个车间里的员工，只是同机器打交道，那么，即使他同所有人都合不来，也不妨碍他施展技艺制造出精美的产品。但任何管理者，都必须同人打交道。有人把管理定义为通过别人做好工作的技能。一旦同人打交道，宽容的重要性立即就会显示出来。人与人的差异是客观存在的，所谓宽容，本质就是容忍人与人之间的差异。不同性格、不同特长、不同偏好的人能否凝聚在组织目标和愿景的旗帜下，靠的就是管理者的宽容。宽容别人，其实就是宽容自己。

宽容是一种坚强，而不是软弱。宽容所体现出来的退让是有目的有计划的，主动权掌握在自己的手中。无奈和迫不得已不能算宽容。只有勇敢的人，才懂得如何宽容，懦夫绝不会宽容，这不是他的本性。宽容是一种美德。只有宽容才会团结大多数人，只有妥协才会使坚定不移的正确方向减少对抗，只有如此才能达到正确目的。

2. 没有妥协就没有灰度

坚持正确的方向，与妥协并不矛盾，相反妥协是对坚定不移方向的坚持。香港、澳门的回归就是一国两制的结果：既坚持了一个国家的主权，又解决了治理方式的问题。当然，方向是不可以妥协的，原则也是不可妥协的。但是，实现目标过程中的一切都可以妥协，只要它有利于目标的实现，为什么不能妥协一下？当目标方向清楚了，如果此路不通，可以妥协一下，绕个弯，总比原地踏步要好，不必一头撞到南墙上。在一些人的眼中，妥协似乎是软弱和不坚定的表现，似乎只有毫不妥协，方能显示出英雄本色。但是，这种非此即彼的思维方式，实际上是认定人与人之间的关系是征服与被征服的关系，没有任何妥协的余地。

"妥协"其实是非常务实、通权达变的丛林智慧，凡是人性丛林里的智者，都懂得恰当时机接受别人妥协，或向别人提出妥协，毕竟人要生存，靠的是理性，而不是意气。"妥协"是双方或多方在某种条件下达成的共识，在解决问题上，它不是最好的办法，但在没有更好的方法出现之前，它却是最好的方法，因为它有不少的好处。妥协并不意味着放弃原则，一味地让步。明智的妥协是一种适当的交换。为了达到主要的目标，可以在次要的目标上做适当的让步。这种妥协并不是完全放弃原则，而是以退为进，通过适当的交换来确保目标的实现。相反，不明智的妥协，就是缺乏适当的权衡，或是坚持了次要目标而放弃了主要目标，或是妥协的代价过高遭受不必要的损失。明智的妥协是一种让步的艺术，妥协也是一种美德，而掌握这种高超的艺术，是管理者的必备素质。

只有妥协，才能实现"双赢"和"多赢"，否则必然两败俱伤。因为妥协能够消除冲突，拒绝妥协，必然是对抗的前奏；我们的各级干部真正领悟了妥协的艺术，学会了宽容，保持开放的心态，就会真正达到灰度的境界，就能够在正确的道路上走得更远，走得更扎实。

3. 坚决反对完美主义

任正非认为，华为从一个小公司脱胎而来，员工受20年来公司早期的习惯势力的影响，自己的思维与操作上还不能完全职业化。这些都是管理优化的阻力。由于从小公司走来，相比业界的西方公司，华为一直处于较低水平，运作与交付上的交叉、不衔接、重复低效、全流程不顺畅现象还较为严重。

在管理改进中，要继续坚持遵循"七反对"的原则。坚决反对完美主义，坚决反对繁琐哲学，坚决反对盲目的创新，坚决反对没有全局效益提升的局部优化，坚决反对没有全局观的干部主导变革，坚决反对没有业务实践经验的人参加变革，坚决反对没有充分论证的流程进行实用。不忌讳病灶，要敢于改革一切不适应及时、准确、优质、低成本实现端到端服务的东西，从管理进步中要效益。公司从来就不主张较大幅度的变革，而是主张不断的改良，要耐得住性子，谋定而后动。

4. 因地制宜实事求是

西方的职业化，是从100多年的市场变革中总结出来的，这样做最有效率。穿上西装，打上领带，并非是为了好看。学习职业化，并非是完全僵化地照搬，穿上中山装也是可以的。华为发展20年来，有自己成功的东西，只有把这些管理哲学的理念，用西方的方法规范，使之标准化、基线化，有利于广为传播与掌握并善用之，培养各级干部，适应工作。只有这样，华为才不是一个僵化的西方样板，而是一个有活的灵魂的管理有效的企业。看西方在中国的企业成功的不多，就是照搬了西方的管理，而水土不服。一个企业活的灵魂，就是坚持因地制宜实事求是。这两条要领的表现，就是不断提升效率。

公司从杂乱的行政管制中走过来，依靠功能组织进行管理的方法虽然在弱化，但以流程化管理的内涵，还不够丰富。流程的上、下游还没有有效"拉通"，基于流程化工作对象的管理体系还不很完善。组织行为还不能达到可重复、可预期、可持续化的可值得信赖的程度。人们还习惯在看官大官小的指令，来确定搬道岔，以前还出现过可笑的"工号文化"。面对未来的风险，我们只能用规则的确定来对付结果的不确定。只有这样我们才能随心所欲，不逾矩，才能在发展中获得自由。任何事物都有对立统一的两面，管理上的灰色是华为的生命之树。

4.2 核心价值观

4.2.1 价值观的认同

价值观是企业文化的核心，统一的价值观使企业内成员在判断自己行为时具有统一的标准，并以此来选择自己的行为。只有员工认同企业的价值观，才能与企业同心同德。万达集团的文化可以归纳为两句话、八个字：老实做人，精明做事。万达集团老一点的员工相比新员工更能吃苦、服从调动，这就是文化熏陶的作用。

4.2.2 万达的价值观

1. 创新精神

创新是万达的首要特点，万达的发展史就是创新史，就是敢闯敢试、敢想敢干。万达是全国首家进行城市旧区改造的企业；万达也是全国第一家跨区域发展的房地产企业；万达是全国房地产企业中第一个转型商业地产的企业；万达更是全国首家大规模投资文化产业的企业，万达文化产业集团一成立，便成为全国拥有最大文化产业的企业。

2. 诚信为本，一诺千金

1996年年初，万达在全国房地产行业中首家提出"三项承诺"：第一，保证商品房不渗不漏，发现渗漏，赔款3万元；第二，保证商品房销售面积与产权证面积相符合，面积不符，缺一赔三；第三，竣工入伙后60日内自由退换房。1994年到1996年连续3年，房地产行业整体利润为负，很多企业死掉。极度困难中，万达却把市场做大了，靠的就是"三项承诺"这种真功夫打开市场，获得竞争优势。2000年转型做商业地产以后，万达给政府承诺的开业日期，无论多困难必须按时开业，他们也确确实实做到了。

万达向政府承诺，广州白云万达广场在广州亚运会前开业，但政府交地晚了5个月。万达靠精心组织、艰苦努力硬把时间补回来，仅用11个月把广场建成开业，不仅兑现承诺，项目也非常精彩。广东省市领导因此对万达印象很好。在2013年3月召开的广东省招商大会上，促成万达在广东6个项目的签约，其中2个项目现在已开工。没有白云万达广场的信守承诺，广东各地的领导就不会主动邀请万达去做项目，所以说，万达靠的是诚信文化在广东闯出了名头。

图4.2.2-1　广州白云万达广场

沈阳太原街万达商业广场2002年建成销售，销售面积2万多 m^2，共360个铺位，实际收入6.5亿元现金，但当时万达还找不准商业地产的感觉和销售的模式。由于项目早期规划设计的失误，使项目形不成人流动线，聚不到人气。万达先后组织十几次招商和业态调整都搞不好，老百姓买了商铺以后得不到理想的回报率，就闹事，有几十个业主打官司要求退铺。尽管万达最终胜诉了，但集团认为这个店是一个救不活的项目。做出这个判断之后，我们认为作为一个讲诚信的企业，就不能不管老百姓的死活，不管业主的风险，于是下决心退铺，而且是连本带利一起退。原来收入是6亿多元，退付的总金额8.9亿元，增加了50%。在房地产宏观调控这么艰难的情况下，万达能一次性拿出接近8亿元的巨额现金，而且是在法院终审裁决胜诉的情况下主动提出退铺，这种举动在全国房地产行业中绝对是空前的。这件事上，万达集团虽然输了金钱，但是赢了人心。在沈阳市，从政府、法院、各个单位到业主万达都获了极佳的口碑，这是万达集团诚信建设多年来的一个重大事件。

4.2.3 华为的价值观

华为不会只是因为业绩好就去奖励一名员工，有才能还要看是否用心，品格是否端正，不会因为业绩不好就下放。公司可以在情感上容忍你，但你的思想行为不符合公司立场、标准，就必须批评指正，直至把你教育过来。

在其他公司的分工体系中，正确评价一个人的贡献和价值主要借助于市场法则来实现，也就是中国经济学家创造的分层承包制。但华为压根儿没有走这条路，而是通过管理流程来实现：帮助员工制定计划，监督执行情况，检查结果，查找问题原因，完善计划，循环往复。华为借鉴军队的做法，建立了四级人力资源管理委员会，也就是当年毛泽东在"三湾改编"当中提到的，把支部建到连上。人力资源管理委员会一直安排到基层，管的就是人，而经理管的是事，财务管的是钱。配置好资源，垂直管理，从集团机关一直管到基层，并形成了两套评价体系，一是工作评价体系；二是价值观、立场、思想评价系统。华为的价值观评价体系不是抽象的，立场对不对，有没有公司立场、组织原则，都可以展开公开批评。而且老板带头公开批评。曾经有一个管理者向下级部门推荐熟人，就遭到了任正非的公开责骂。

4.2.4 万科的价值观

万科坚持以行业标杆来要求自己，不断进行管理创新，他们每年有一个创新主题。万科有开放、包容的文化，万科总裁王石在全球各地学习交流，前段时间郁亮带着几十人的团队去小米、腾讯等企业学习。这些让万科始终拥有最先进的管理思维和产品理念。

4.3 团队建设

一个人干不过一个团队，一个团队干不过一个系统，一个系统干不过一个趋势，团队+系统+趋势等于成功。一个人可以走得很快，一群人可以走得更远。公司发展中，团队建设工作至关重要。

4.3.1 选人用人

1. 人才关键是创新

互联网的去工具化从百度、腾讯等互联网巨头纷纷主动涉足传统制造业已经初现端倪。

而互联网对传统制造业带来的颠覆在发达国家也已经出现。"互联网+"不仅包括制造业，也包括电子商务、工业互联网、互联网金融以及创客创新。"互联网+"是将工业化与信息化充分融合，关键就是创新。

在"互联网+"时代，人才需求包括硬技能，如数据挖掘及分析。同时也包括很多软技能，如勇于创新；跨界复合（多向思维，综合能力较强。比如研发人才，既要熟悉手机平台又要熟悉互联网编程；营销人才如果能具备跨行业跨学科跨媒介跨渠道的复合能力将非常重要。总而言之需要勇于尝试一切新鲜技术和手段，需要跨界眼光、跨界思维和跨界方法）；学习适应能力；捕捉和满足个性化需求能力；更多的独立性和自主性等。

2. 人才需要团队作战

传统实业型企业受大的经济环境影响，很多面临产品运营模式向互联网化转变，企业亟需了解传统业务和产品的价值、了解目标市场，同时又具备互联网运营管理、产品设计研发、市场宣传推广的专业人才，以便在最短时间内吸引投资、实现转型。

上述人才胜任能力的核心关键词包括"功能设计"、"客户体验"、"产品策划"、"数据价值挖掘"等。而在"互联网+"时代，上述人才往往需要团队作战，缺一不可。企业也往往希望通过核心人才的聘用实现"成建制"的引进。

4.3.2 团队领袖

1. 万达之王健林

领袖作风对企业影响深远。王健林在东北从军18年，那个部队是四野的老底子，以作风顽强出名，王健林就是其中的佼佼者。王健林雷厉风行的作风在万达影响深远，看看万达的速度就知道，充分体现了四野的"快"和"野"。王健林以身作则，要求员工做到的，自己首先做到。他每天7点准时到公司，三餐在公司吃，周六日不休息，是最勤奋的企业家之一。

2. 万科之王石

王石17岁参军，5年后转业。他是万科的精神领袖。他出过书，做过品牌代言，上过时尚杂志封面，花甲之年登过珠峰，如今又游学欧美。

有股民批评他"不务正业"。他反击道："不要把我当个工头来要求！不要这样要求一个董事长。作为董事长要扮演三种角色，在决策上要确定公司的方向，第二是决策监督任务，第三，有责任去培养新人。如果一旦我离开万科，万科就稀里哗啦，那这就是一个病态的企业。"

3. 碧桂园之杨国强

杨国强，1980年开始做建筑包工头，1992年首次开发顺德碧桂园楼盘。拥有超前的战略眼光，20世纪90年代就开始做郊区大盘，20多年来所开发的楼盘几乎样样成功。他为老百姓建买得起的房子，实际也是满足了客户的价格需求。

他乐善好施，10多年前，在自己事业的起步阶段，花巨资创办了国华纪念中学，现在学校每年的费用超过3000万元，帮助1000多名孩子。从2007年起，碧桂园开始对四川省马边、甘洛两县进行对口帮扶，每年投入资金5000万元，4年共2亿元，实施了贫困人口搬迁、新农村建设、农村公路建设、教育扶贫、卫生扶贫、农业产业化扶贫和劳务输出等扶贫项目。两县数万贫困人口直接受益，仅高山移民项目就已帮扶超过6000户贫困群众安居乐业。

4.3.3 核心人才团队

1. 人才建设必须因地制宜

万达项目执行来源中，最重要的是项目管理团队的成员，按照技能和才干可以划分为四类。对于不同类型的成员，有不同的使用方式，以此来保证万达执行力的有效管理。

2. 商业地产的发展需要复合型人才团队

做购物中心，需要先做商业规划，然后找租户，找到合适的主力店、次主力店租户，再做商业物业管理。单纯做超市，做百货的人不一定是专家高手。单纯做房地产的人也不一定是商业地产的人才。事实上，商业地产需要懂商业、懂地产、懂机电、懂金融，还要懂物管的人，需要复合型的知识。现在，中国商业地产人才十分稀缺。现在上海复旦大学、深圳物业管理学院有这方面的专业培养学生。但学生毕业后，仍需要5～10年的锻炼才能真正挑起大梁。

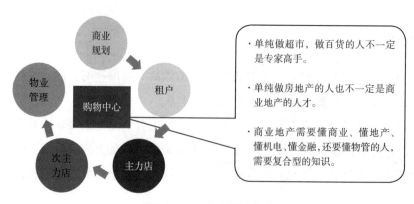

图4.3.3-1 商业团队构成

3. 人才决定商业地产的命运

万达在上海五角场做了一个30多万 m^2 的购物中心，请号称世界第一的商业设计公司做的规划设计，有120多年规划设计经验，在全球做了几百个购物中心。开工后，一个偶然机会，王董事长请美国的托伯曼公司总裁帮忙看看项目，提出一些修改意见，让人眼睛一亮。可惜已经开工了，基本的东西不能修改了。只能略加修改，如此，人流线比原来更加合理，仅此一项每年要增加2000万元的租金。这说明懂行的人才对商业地产是多么重要。

图4.3.3-2　上海五角场万达广场

4.3.4　万达的团队建设

万达树立"企业发展成果首先惠及员工"的企业文化理念，通过为员工的发展创造事业平台，使员工与企业实现共赢。在万达，员工只要勤奋工作，品行端正，就能很快得到提升。万达王健林董事长就曾经说过一句话：让员工在万达长工资、长本事、长幸福指数。主要体现在以下三个方面：

1. 人才选聘

万达非常渴望获取高素质的人才，通过50多家猎头公司，在全球范围内招聘人才，员工收入水平在中国企业中绝对领先。万达人力资源部每两年还要进行一次收入调查，根据调查结果进行工资调整，始终保证万达员工收入全国领先。

2. 人文关怀

10年前万达就开始实行带薪休假制度，每季度休假4天；每年给员工做一次体检，免费为总部员工办健身卡。万达出台规定，要求所有基层公司自办员工食堂，一律不准外包，保证饮食质量和食品安全。

3. 重视培训

万达一直非常重视培训，每年安排大量培训。万达投资 10 多亿元在河北廊坊建立了万达学院，占地 200 亩，总建筑面积 12.8 万 m^2，全部建成后可同时容纳 3000 名学员。2013 年，万达培训员工 49751 次，参训 102 万人次，教学效果反映良好。

4.3.5 新希望集团的"四位一体"人才建设

新希望集团是中国最早一批民营经济体的典型代表，2013 年，新希望集团实现销售收入 779 亿元，排名"2014 中国民企 500 强企业榜单"第 20 位，这也是新希望集团第 12 年进入中国民营企业 500 强名单。在董事长刘永好看来，从 2010 年至今，中国经济已经进入了"基本过剩时代"，除了垄断性行业，各行各业利润率已经越来越低。新希望进入成熟期之后，组织运行懈怠、变革意识下滑，而市场环境新形势对创新意识的要求却与日俱增。要解决这一矛盾必须变革，必须创新。"人是最重要的资产。"新希望集团选择人力资源系统作为突破口之一，扭转整个公司的改革局面。

1."四位一体"的人力资源管理体系

新希望集团打造的"四位一体"人力资源管理体系，主要包括业务合作伙伴、人力资源解决方案专家系统、培训中心、人事共享中心四大领域。

（1）业务合作伙伴。指被分派到各个业务单元的人力资源负责人，与所在公司的总经理、财务总监等同事一起组成的决策机构，其职责和作用是执行集团总部的人力政策，快速了解一线业务部门的需求，提供有针对性的解决方案。

（2）人力资源解决方案专家系统。由专业团队提供人力资源解决方案和专业研究，主要对组织绩效、薪酬方案、人力效率和竞争对手研究等。他们将积极承接来自一线业务部门的人力管理需求，与其他部门协同分析并满足这些需求，促进集团下属各分（子）公司向专业化、成熟化方向发展。

（3）培训中心。作为人力资源的传统职能，培训中心既要担负着企业文化建设、员工培训等传统工作，更为重要的是，要配合业务合作伙伴的人力管理需求、人力资源专家中心提供的解决方案，负责分析、解读、宣导变革形势、变革战略等思想意识，为人力管理需求及组织变革培养未来的商业领袖。

（4）人事共享中心。主要关注传统人力职能，如招聘、考勤、薪酬福利、社会保险、劳动关系以及员工心理咨询等流程化、标准化的管理。在互联网时代，这个中心的很多工作也必须适应变革，将逐步依托 EHR 系统去完成。

2. 激活存量

长期以来，由于与一线业务的疏离，人力资源部门首要的挑战就是如何重新配置沉寂的人力资源和组织资源，使业务效率和绩效表现有明显改善，并获得持久动力。顺应此类需求，人力资源不应简单停留在"选、育、用、留"，必须向业务合作伙伴、服务经营的方向转变，既要为提升内部经营效率提供专业支持，也要为集团拓展外部业务贡献力量。新希望集团乳业业务的盘活，恰恰说明了激活存量动力的重要性。

（1）乳业困境。2002年，新希望集团通过并购四川新阳平乳业有限公司和四川新阳平奶牛有限公司，正式进军乳业市场。但自公司成立以来，乳业业务经营情况一直没有大起色，后来甚至出现连年亏损。新希望集团一度按照传统的普遍做法，为企业设定了发展计划和目标、激励措施，但经营情况稍有好转后，随即又陷入困境。而后，集团又从一线乳业企业高薪聘请资深管理者，然而，业绩依然起伏不定、不尽人意。

（2）探查原因。新希望集团人力资源部门深入一线业务部门，从人力资源的角度对人力结构、业务运行进行细化评估。结果显示，业务上战略不够清晰，机制不够灵活，管理谨小慎微和求稳僵化问题较为突出。从人力资源本身来看，越来越多80后、90后新生代到岗入职，使得"老人退不了、新人上不来"的人才结构问题更加明显。新希望集团开始意识到，仅仅依靠单一元素的力量，很难持久保持发展动力，必须形成立体式、多方位协同的人力资源系统，满足一线业务的需求，挖掘乳业公司的既有动能，才能调动其自我更新和完善。

（3）改革措施。第一，与业务合作伙伴一道，合理确定战略及滚动发展目标。新希望集团首先听取乳业部门业务合作伙伴的一线意见，对预算考核体系进行完善，制定了更符合实际的发展战略和滚动目标。第二，选好带头人。扶植、培养和引进新型专业人才和管理人才，是变革创新最重要的环节。新希望集团重新调整了乳业公司管理层，分别在高层、中层、基层形成优秀人才带队发展、全员积极响应调动。第三，充分授权。在保证集团总部决策权的前提下，明确分（子）公司可以拥有灵活的经营自主权、人事决定权和绩效奖惩权。第四，集团层面给予激励措施及帮扶。考核不鞭打快牛，新希望乳业公司形成的滚动目标对应三层激励措施，一般经理人能够得到销售提成或者生产计件的奖励，中层经理人有利润分享，高级经理人有股权或者期权激励计划。通过"四位一体"的管理思维，新希望乳业业务已经取得了明显成效，团队充满了激情与活力，成为行业"小而美"的事业体。目前，新希望集团已将这一模式复制应用到房地产业务板块，未来待继续完善后，会进一步推向集团其他业务线，进而在集团内打造出数十个百亿动力源。

3. 创新增量

在互联网时代，现存的组织不可能仅在行业内竞争，更多时候还需要考虑跨界竞争。

创新作为互联网时代下各个业务线必须具备的管理思维，必然要求人力资源部门也进行探索和配合，最为关键的是创新人才的培养。这种培养不是流于形式的简单培训，而是对员工工作思维的改造和重塑。新希望集团人力资源部门牵头组成的创新与电商事业部，正是一种大胆的创新与尝试。

新希望集团推进创新文化建设之初，仅仅是进行年度性的创新人物评选，举办创新项目大赛，但机制化、常态化和持久性的创新文化基因难以沉淀下来。2014年1月，集团人力资源部组建了创新及电商事业部，专门负责培育及传播创新文化及创新机制，为传统产业全面拥抱互联网提供人力及信息化支持等解决方案，分享互联网经济带来的红利等。创新及电商事业部设立了1亿元的创新基金，为8万名员工搭建平台、建立渠道、释放潜能。在线上，平台为"人人微创新"提供一个全天24小时不打烊的基地，一线员工可以将业务工作中存在的问题和瓶颈反映出来，由全集团员工提供各种解决办法和创新提案，新希望集团会筛选出具有前瞻性战略的创新项目，配合1亿元创新资金的支持，成立专人专项的孵化组织，直至形成独立的公司。在线下，新希望集团人力资源部门倡导各事业板块及各分（子）公司成立创新小组，构建覆盖各板块、各层级的创新网络，根据各业务的差异化制定适合的创新机制，让人人有机会参与创新，有渠道贡献创新智慧。

得益于创新平台的建设，2013年仅创新大赛就收到1738个创新项目。这些创新方案来自新希望集团旗下农牧、乳业、房产和化工等各个板块，涉及技术、工艺和设备等生产流程，以及管理、营销、服务、金融和互联网信息技术等方面。

在业务创新方面，新希望集团鼓励现有业务全面拥抱互联网，分享新经济红利。创新及电商事业部紧紧围绕养殖端、消费端需求，融合电商特色，推出了"希望宝"货币基金，探索产业链金融发展。"希望宝"不仅可以满足农户、养殖场、屠宰厂、冷藏厂和农产品加工商等合作伙伴的融资需求，也可以满足他们的投资理财需求，而成立运作专业化的电子商务公司也已进入议事日程。新希望将原有的农牧养殖优势延伸到肉食加工业、奶业和餐饮业，使产业链上中下游形成纵向串联及横向跨界联通。2014年6月底，由新希望集团、复星集团等企业联合发起的亚洲餐饮联盟正式成立，意味着新希望集团开创性地挖掘出了食品安全的广阔市场。

与此同时，人力资源部也在尝试自身工作的"电商化"。比如新希望集团正在孵化的"员工福利商城"项目——员工的生活福利，业务部门可以在商城上购买。而且这个商城还面向其他人力资源联盟企业开放，其他企业可以更便捷、优惠地集中采购员工福利。这个项目的实施，一方面可以拓展新希望产品的销售渠道，更为重要的是，它能打破长期以来横亘在职能部门和业务部门之间的壁垒，让人力资源的工作也实现业务化发展。

4.3.6 腾讯的人才培养

相比于百年企业,腾讯非常年轻,可是如果在中国互联网企业中论资排辈,腾讯可居长者之位。腾讯对互联网行业感触颇深。

1. 创新是永恒的主题

互联网行业与传统行业最大的区别在于,互联网行业的发展基本无经验、教训可以借鉴,主要依靠企业领导团队自身持续不断地探索和创新。从对技术前景的预测,到市场运作方式及商业模式的创新,再到内部运营管理机制的探索,一切从零开始。对任何一家互联网企业而言,变革与创新是必不可少的基因。

2. 超强凝聚力让基业常青

互联网企业的多变性,需要企业尽早明确坚持追求的目标和坚守的原则,持续强化员工对企业核心价值观的认同。腾讯的企业文化渗透在组织对人才选育用留的每一个环节,不断推动着组织能力的有效提升。超强凝聚力的组织文化氛围是互联网企业常青的关键所在。

3. 与传统行业碰撞

虽然互联网行业发展迅速,但是仅靠互联网本身很难实现商业价值,互联网势必与其他行业结合,创造出一些全新产品或服务,才能挖掘出潜在的市场机会,获取成功。因此,对于互联网从业者而言,对传统行业知识的学习是必不可少的。

4. 企业文化要全面渗透

腾讯除了为每位新员工配一位导师,在辅导专业技能的同时帮助新人了解腾讯文化外,还会安排他们参加一系列丰富完整的新人培训,其中有工作经验的新人会经历一个项目——"腾讯达人"访谈。

新人入职的第一周可自由组合,随机采访公司内的老员工,请他们讲述在腾讯的经历和故事,感受老员工对腾讯文化的切身体会。通过这种感性且近距离的接触,深入理解腾讯文化。最后,新人要把访谈结果带到"企业文化"的课堂上,与同学们分享达人故事。经过几年的积累,将这些案例整理成书——《达人秘笈》。

另外,在后备干部的培养项目中,专门安排了经营理念、管理理念研讨沙龙等活动,让学员与腾讯的创始人和高管互动,更深入地了解腾讯文化背后的故事,加深对腾讯文化的认知。

5. 核心人才需重点培养

腾讯一直都非常注重从内部盘点和发掘有潜质的员工，并重点培育，特别加强在实际工作中的岗位锻炼，以培养出一支核心人才队伍和优秀的管理人员。

2006年开始推出"潜龙"、"飞龙"、"育龙"系列，不断培养内部不同层级的储备干部。后续推出"攀登"、"飞跃"项目，不断培养专业技术人员中的潜才。通过评测中心、行动学习、面授课程、研讨沙龙、标杆学习、压担子等多种培养形式的混合设计，全面快速地提升核心人才的相关能力。

6. 量身定制领导力项目

2013年，针对公司的技术干部群体，量身定制了一个领导力发展项目，结合"赶集场"的面授研讨，研发出18个管理情景案例，同时通过PC和开发的APP（取名"蜘行"，取"知行合一"之意），请大家在线上进行练习和讨论。

实践中，学员们还使用了结对子、学习圈等多种丰富多彩的培养形式，寓教于乐，充分调动互联网从业者的参与热情，有效提升了学习效果。

4.4 制度建设

强化执行力，必须靠制度作保障。说到底，企业执行力的高低，直接反映了管理运营能力的高低。管理运营系统目标清晰、责任到位，制度完善，企业的执行力就会得到进一步加强。要加强执行力，就是要在制度和流程建设上下工夫，议而决，决而行，行必果；就是要以制度来调动千军万马，指挥万里之遥，令则行、禁则止。通过制度建立和流程清晰化对企业的管理运营系统不断优化，形成用制度管权、靠制度管人、按制度办事的运行系统，形成实干兴企、空谈误企、快速反应、立即行动的文化环境，从而降低运营成本，提高整个管理运营系统的工作效率，提高对市场的快速反应能力，提高公司的核心竞争力。

4.4.1 制度管人

万达非常重视企业制度，提出了"靠制度管人，不靠人管人"的口号，倡导和推进企业管理的现代化，反对家族式管理。2008年，万达已经订立了超过300万字且操作性强的管理制度。过去每年修订一次，现在两年一次，平时有需要，统一由公司批准发文解决。修订从董事长开始，到总裁，到副总裁，到各个部门，全部要参加，一般历时3个月，每年9月份开始。从四五年前就开始减字了，强调字数不能增加，还要把事说清楚，现在已经减少到200多万字，确保了制度的有用，可操作。

4.4.2 投资制度

1. 投资50问

万达的投资制度，不是简单地说必须做什么投资。万达在10年前就把它编成了商业地产投资100问，5年前把它合并成了50问。50个问题，天上地下全有，就是要去搞清楚，比如城市经济总量、人口情况、土地六通一平、地下有没有障碍物、当地的建设成本多少、人工成本多少等，这50个问题都必须用数字回答问题，不能说大概。基本上把这50个问题搞明白，这个项目能上不能上就清楚了。更重要的是这50个问题细化起来以后，新人到这个部门，给他一本发展投资制度，就非常清楚，谁都可以操作。

2. 投资规范

	万达将万达广场、万达酒店和现在文化旅游项目投资划分成三个级别：A级店、B级店、C级店。划分级别以后，每一个等级都会制定若干条的设计强制条款和非强制条款。
	万达要求，停车场的高度必须做到4.8m，一般3.6m，为什么要4.8m呢？就是为了若干年以后，能够安排机械停车位，现在这种设备非常成熟，两个车位可以做出五个车位，全部下来大概能增加70%的停车位。

图4.4.2-1　万达广场投资规范

4.4.3 制度监管

1. 建立品牌库

万达每年新增投资至少超过千亿元，加上续投项目就更多了。2013年全年，万达开工总面积约5500万 m^2 左右，2014年预计超过6000万 m^2，每年开业20个酒店就有60个酒店在建，投资非常大。建筑行业在全世界范围内是最大的一个行业，涉及招投标、安排施工队伍、材料采购等，腐败多发。对此，万达10年前就开始建立品牌库制度，招商有商家品牌库，设备有设备品牌库，工程有工程品牌库，要求行业前三名企业的产品进去，入了品牌库才能投标，且所有招投标全部网上进行。品牌库规定每年跟进一次，一旦发现品牌商家行贿，或者发现质量问题不好、维修不及时就踢出品牌库。

2. 轮岗交流

万达实行轮岗制度，财务、成本人员三年轮岗。当然也有到其他城市不愿意去，不愿意去就解聘，慢慢地形成制度，现在就没有说再调动谁谁不去，大家都知道不去不行，这是强制行为。

3. 分级管控

现在万达广场比较火，万达广场就是城市中心，他们有这个底气，相当部分的店都是一铺难求，特别是开业3年调整商家，很多都想进来，怎么办呢？他们建立了商家品牌度，目前5000多商家品牌进来了，而且把商家分A、B、C、D四个级别，根据你开的连锁店数和万达合作经验看，每年一打分，A、B、C、D四个级别，A级店只能使用A、B两个级别，B级店才可以选A、B、C，只有第三层店才能选最后级别商家，为什么这样做呢？也是为了防止腐败。当然，任何制度不可能100%防腐，他们尽可能做到，靠有用的制度设计来堵塞，不给员工犯错机会。

4.5　业绩考核

4.5.1　万达的绩效考核

1. 计划模块考核

前面执行里介绍了万达计划模块管理系统，以及其解决的问题，现在来说一下它的考核。自己给自己打分，自己给自己发奖金，是万达计划模块考核的特点。这个系统需自己填报，系统自动打分并统计，而且谁也无法更改，奖金自动生成，万达称之为"自己给自己打分，自己给自己发奖金"。

按计划完成亮绿灯，如果落后计划先亮黄灯，限时内补上工作，黄灯变绿灯。如果超出限时工作还没有补上就亮红灯，红灯就要扣分；三个黄灯等于一个红灯，被扣多少分就相应扣多少奖金。在万达，出现红灯是很大的事，累积三个红灯就要换人。在万达工作，1个人拿3个人的钱，干5个人的活。每周一给朋友发微信说，我又开赴战场战斗了。

2. 万达的结果考核

万达要求所有考核量化，不要凭主观感觉。项目通过年初下达的指标来考核，职能部门也通过一些方法来量化考核。比如像人力资源中心，年初把他们的工作梳理出来，需要多少高管、多少一把手，必须招聘，必须储备多少人。对每一类人提出需求，几个月就必须到位，完全量化指标，都很严格。像企业文化中心，每年搞多少次员工活动都要量化考核。

规矩定了，关键看敢不敢较真，这就看管理水平。比如我们有的影城有一年可能指标定高了,有相当一部分影城算下来一分奖金都没有,干了一年了,敢发和敢不发都要较真。在万达没有情面讲,都是按制度。所以,在万达有的总经理比总裁、副总裁拿得多,同样在一个公司里你可能薪金是别人的三分之一,慢慢就习以为常了。再比如招标,一次电缆招标很大额度,我们要求就是前三名单位,有个主管副总裁想让排名几十名的单位中标,他找这个做工作,那个做工作,而且趁招标经理出差的时候,说你不能跟总经理说,副总裁觉得过线了,想来想去也没报,后来这个事暴露出来,二话没说开除。你带头违反这个制度,副总裁也不行。万达就是敢较真,严格奖罚。

4.5.2 碧桂园的激励机制

碧桂园对区域公司和项目公司总经理的薪酬主要由三部分构成,一是基本薪酬,二是绩效薪酬,三是获利倍数提奖,其中最重要的就是获利倍数提奖。

1. "获利倍数"

碧桂园对区域公司的考核采取"获利倍数"这一指标,公式为:获利倍数=项目净利润÷项目占用自有资金(不含项目贷款)。

碧桂园要求,获利倍数提奖的前提条件是,项目现金流量净额必须为正数,如为负数则不能提奖。如项目实现了现金正流量,则获利倍数超过30%的部分实行二八分成计奖,项目得20%,剩余80%归公司所有。项目计奖的20%部分中,区域总经理提奖比例为30%~70%,项目公司总经理的提奖比例为剩余部分的30%~50%,其他人员的提奖金额由区域公司总经理确定,报总部备案。

这套获利倍数借鉴了风险抵押责任制,将"公司得大头、个人得小头"的分成制计奖理念嫁接到投资业务上,极大促进了碧桂园快速开发、快速回笼资金、提升了集团整体的盈利水平。碧桂园要求,区域公司总经理年薪低于一定数额的将直接免职,因为个人薪酬上不去主要原因就是缺乏价值创造能力,区域薪酬低,公司盈利能力就低,所以必须裁掉。

也正是因为有了获利倍数指标,区域公司和项目拼命抢进度,缩短开发周期,最短期限内实现开工预售,完成现金正回流目标。为此,总部还特意要求,摘牌第二天才可以开工。

2. 拿地奖励

为获取好的地块,碧桂园设立的拿地奖。拿地奖类似于我们建筑业务的营销奖励,经总部批准的地块,每亩奖励区域1万元,其中:土地摘牌后,先发放奖金总额的60%;工程报建完成开工后,发放剩余的40%。如果是通过公司外其他人员拿到的土地,该部分奖金由区域自行分配。

4.5.3 中海发展的考核体系

1. 纵向考核目标引领

中海发展经营管理目标责任制以定量与定性考核相结合，适度突出量化标准为原则，通过半年阶段性考核、全年目标考核与日常监控实施过程管理与目标管理。经营管理目标责任制考核与区域公司、地区公司的半年和年度绩效奖金分配直接挂钩，每半年兑现一次。绩效奖金向完成业绩突出、利润重点产出的区域和地区公司及其骨干员工适度倾斜，并适度考虑地区平衡。考核结果不仅作为主要负责人个人考核和职业发展的重要依据，还将成为经验交流、年会合影、排定座次的依据。

中海发展经营管理责任制下的考核指标分为经营指标和管理指标两大类，其中：经营指标采取定量考核，重点关注净利润和销售合约额目标的实现，考核权重为68%；管理指标为定性考核，占比32%。对于发展中地区公司和新开地区公司，因管理团队和发展积累与成熟地区公司有一定差距，其考核权重会做出适当调整。

中海发展所属地区公司经营管理目标责任制考核由中海发展总裁办公会统筹领导、中海发展人力资源部牵头组织、中海发展总部相关部门和各区域公司参与。在目标制定阶段，总部、区域公司和地区公司共同确定年度工作任务和目标，签订"经营管理目标责任合同书"。

2. 横向考核强化绩效

（1）集团总部考核。集团总部主要制定公司发展战略，起导向指引作用。集团层面非一线公司，并没有经营考核指标，集团战略的正确成功与否，实际是通过下级单位的业绩完成情况来体现的。除了维持日常运作采取的对员工、部门的绩效考核，其他主要关注货量、销售额、合约额（有效合约额）、现金回款、项目进度、开发面积、建安成本控制、客户满意度、资金周转率、净现金流量等一系列相对较为宏观的指标。

（2）地区公司部门考核。该层级的绩效管理主要通过部门经营管理目标责任书的形式操作，根据不同业务线的不同需求，绩效指标涵盖项目、设计、合约、发展、投资、营销、财务、客户关系、人事行政各条业务线。

（3）员工考核。对于基层的员工而言，过程显得更为重要，因此行为指标占了较大的权重。基层员工的绩效指标来源于两个方面：一是职位应负责任，体现对部门管理的贡献；二是由战略层层分解的部门目标，体现对流程终点的贡献。绩效指标包括个人关键绩效指标（KPI）和行为指标两类。

3. 投资回收考评加速现金回笼

（1）有效合约额考核机制。2012年，中海发展开始推行有效签约额考核机制，规定只有每套房屋销售额的现金回笼部分超过 60%，该笔售楼收入方可计算业绩。当年，公司现金回款比例高达 90%。

（2）360 天未回款考核机制。为加快资金回笼，中海规定：签约 360 天以上尚未收回全款的合约额，从当期完成合约额中扣减。此举专门针对长时间未回款项，现一旦存在 360 天以上未收回款项，地区公司就会启动法律程序对未交款客户进行催告，恶意拖欠的则启动法律诉讼程序，提高地区公司清理长期欠款的主动性。

（3）全额回款考核机制。各地区公司严抓回款，以全额回款时间作为起始计发现场佣金，没有实现全额回款的，停发销售人员佣金，依此来提高销售人员主动催款的积极性。

4.5.4 华为的工者有其股

穿越大西洋抵达美洲的"五月花"号，在 300 年前，带给这片新大陆的除了梦想和勇气，还有更重要的制度创新、民本思想、契约精神、法制、清教徒文化，以及对私有财产的保护，对个人价值的充分尊重，使得美国社会多元而充满活力，几百年来长盛不衰。比如率先由美国企业发明设计的多样化的员工激励制度，尤其是期权制度，在美国高科技公司的快速成长中就起到了巨大的"核聚变效应"。期权制度和创新精神，被称为成就硅谷奇迹的两台发动机，一个是物质力量，一个是精神力量。

全球的，包括中国的科技、金融、文化等智力密集型企业，也都纷纷向美国企业学习。华为，从创立之初，就给具备一定资格的员工戴上了"银手铐"（与一般意义上的"金手铐"——期权制度有所不同，故称"银手铐"）。但客观地讲，华为的员工持股制度并非学来的，而是逼出来的。

在《一江春水向东流》一文中，任正非道出了华为员工持股制度的产生过程："我创建公司时设计了员工持股制度，通过利益分享，团结起员工，那时我还不懂期权制度，更不知道西方在这方面很发达，有多种形式的激励机制。仅凭自己过去的人生挫折，感悟到要与员工分担责任、分享利益。创立之初我与我父亲相商过这种做法，结果得到了他的大力支持，他在（20 世纪）30 年代学过经济学。这种无意中插的花，竟然今天开放得如此鲜艳，成就了华为的大事业。"

无背景、无资源、缺资本、缺管理，又要与世界巨头和国企拼市场、抢人才，唯一的出路就是大家一起做老板，共同打天下。任正非坦陈："不要把我想得多么高尚，我要是当初选择做房地产，地是我跑关系拿的，款是我找门路贷的，风险主要由我承担，我为什么要把股权分给大家？华为是科技企业，要更多的聪明人、有理想的人一起做事，所以就只能一起抱团，同甘共苦，越是老一代的创业者和高层领导干部，越要想到自觉奉献，只有不断地主动稀释自己的股票，才能激励更多的人加入到华为的事业中一起奋斗……"

任正非是华为第一大股东，占 1.4%，其余的 98.6% 为员工持有。截至 2014 年年底，在华为 15 万员工中，有 8 万多名员工持有公司股份（没有任何外部资本股东）。这恐怕是全球未上市企业中股权最为分散、员工持股人数最多、股权结构最单一的，绝无仅有的一家公司，亦是人类商业史上从未有过的景象。什么是华为的"核聚变效应"？有人对华为100多位高管的访谈中，多数人都认为是"工者有其股"的普遍持股制度对华为快速发展起到了积极的促进作用。

华为成在普遍持股带来的普遍激励，但如果华为发展缓慢了、停滞了，乃至亏损了，员工分红少了或者无红可分了，公司的凝聚力和战斗力就会出问题。根本还在于，发展是硬道理，唯有健康发展才有持久的对团队和个人的内聚力；反过来，发展的前提又是富有普遍激励意义的人力资源政策和良性的组织文化。

第 5 章 展 望

5.1 行业新机遇

5.1.1 互联网+医疗：移动医疗垂直化

医生、患者与医院三方，是医疗服务链条中三个主要环节，每个环节都存在若干个急需解决的"痛点"。在医改步入深水区之际，互联网技术以自己独特的商业逻辑，改变了医疗行业的运作方式，从技术上推动着医改。

从资本市场看，互联网巨头们忙着抢占医疗市场高地，传统医疗产业链也忙着拥抱互联网、投身大数据。从业态模式看，互联网医疗颠覆了医疗服务提供模式和接受模式。

从医患角度看，"互联网+医疗"可大大缓解信息不对称问题，提高了效率，减少了资源浪费，优化用户体验，同时也增强了优质医疗资源的可及性。同时，患者大量"轻问诊"、"重复配药"等简单需求在手指轻划间即可获得满足，避免了耗时耗力的排队、无效就诊等不必要的麻烦。借助移动医疗的平台展示和评价体系，患者可以找到靠谱、满意的医生并建立起长期而深度的联系。例如，类似挂号网等服务，可以解决大家看病时挂号排队时间长、看病等待时间长、结算排队时间长的"三长一短"问题。而春雨医生、丁香园等轻问诊型应用的使用，则解决了部分用户的就诊难问题。

2008年底IBM提出了"智慧医疗"概念。毫无疑问，互联网的发展助推了移动医疗的发展，移动医疗的发展对医疗器械提出了智能化的要求，可穿戴智能设备近年来得到大力发展。根据IMSResearch的预测，2016年全球可穿戴设备市场规模将从2012年的3000万台增长到1.71亿台，2018年将达4.85亿台，2012～2018年间复合增长率达59%。我们相信互联网医疗的未来，将会向更加专业的移动医疗垂直化产品发展，可穿戴监测设备就将会是其中最可能突破的领域。iHealth推出的Align性能强大的血糖仪能够直接插入智能手机的耳机插孔，然后通过移动应用在手机屏幕上显示结果，紧凑的外形和移动能力使其成为糖尿病患者最便利的工具。健康智能硬件厂商Withings发布了Activite Pop智能手表，计步器、睡眠追踪、震动提醒等功能，其电池续航时间长达8个月。南京熙健信息将心电图与移动互联网结合，建立随时可以监测心脏疾病风险的移动心电图等。

大数据和移动互联网、健康数据管理未来有较大的机遇甚至可能改变健康产品的营销模式。同时，随着互联网个人健康的实时管理的兴起，在未来传统的医疗模式也将迎来新的变革，以医院为中心的就诊模式将演变为以医患实时问诊、互动为代表的新医疗社群模式。

5.1.2 互联网+农业：催化中国农业品牌化道路

当前农业产业链系统效率低下。我国的农业现代化程度依然很低，产业链面临"内忧外患"。概括起来看围绕农业生产，整个农业产业链系统包括农资供应、农业金融、农业生产以及农产品的流通加工消费等环节、物质流、资金流以及信息流贯穿其中。当前的系统存在效率低下的问题：信息逐级交互，物资（产品）一级级流动，支付和物资一起一级级流动，信贷服务独立于其他行为。虽然农业看起来离互联网最远，但是农业作为最传统的产业也决定了"互联网+农业"的潜力是巨大的，"互联网+"将重塑农业产业链的各个环节。

第一，"互联网+"将大幅推动了智慧农业的进程。互联网将通过精确农业、农业物联网、互联网云服务、大数据分析等来实现农业生产技术问题、农业规模化难以推进问题、农产品质量安全问题以及产品价值实现问题等的改造，比如利用信息技术对地块的土壤、肥力、气候等进行大数据分析，并提供种植、施肥相关的解决方案，能够提升农业生产效率。

第二，"互联网+"切入农资市场，将从农资生产、流通、营销、服务各方面影响农业生产中的农资供应，进而变革农资生产商和农户之间的关系。举例来说，农业信息的互联网化有助于需求市场的对接，互联网时代的农户不仅可以利用互联网获取先进的技术信息，也可以通过大数据掌握最新的农资供应商提供的农产品价格走势，从而决定农业生产重点以把握趋势。

第三，农业互联网时代将从"空间、时间、成本、安全、个性化"五个角度全面改变农产品消费市场，增强农产品消费者的客户体验和客户黏性。

第四，农业龙头企业有着全产业链中最为丰富的信息。借助互联网，可以建立起以农业龙头企业为核心的农业互联网金融平台，为全产业上下游提供金融的投融资、网上支付等服务；农业互联网金融将贯穿于农资销售和购买、农业生产全过程、农产品销售过程的每个过程。

第五，农业互联网化还可以吸引越来越多的年轻人积极投身农业品牌打造中，具有互联网思维的"新农人"群体日趋壮大，将可以创造出更为多样模式的新农业。同时，农业电商将成为农业现代化的重要推手，将有效减少中间环节，使得农民获得更多利益，面对万亿元以上的农资市场以及近七亿的农村用户人口，农业电商的市场空间广阔，大爆发时代已经到来。而在此基础上，农民更需要建立农产品的品牌意识，将品类细分为具有更高识别度的品牌。曾经的烟草大王褚时健栽种植"褚橙"，联想集团董事柳传志培育"柳桃"，网易CEO丁磊饲养"丁家猪"等。也有专注于农产品领域的新兴电商品牌获得巨大成功，例如三只小松鼠、新农哥等，都是在农产品大品类中细化出个人品牌，进而提升品牌价值。

5.1.3 互联网+教育：在线教育大爆发

"互联网+"让教育从封闭走向开放。"互联网+"打破了权威对知识的垄断，让教育从封闭走向开放，人人能够创造知识，人人能够共享知识，人人也都能够获取和使用知识。在开放的大背景下，全球性的知识库正在加速形成，优质教育资源正得到极大程度的充实和丰富，这些资源通过互联网连接在一起，使得人们随时、随事、随地都可以获取他们想要的学习资源。知识获取的效率大幅提高，获取成本大幅降低，这也为终身学习的学习型社会建设奠定了坚实的基础。

在"互联网+"的冲击下，教师和学生的界限也不再泾渭分明。在传统的教育生态中，教师、教材是知识的权威来源，学生是知识的接受者，教师因其拥有知识量的优势而获得课堂控制权。可在"校校通、班班通、人人通"的"互联网+"时代，学生获取知识已变得非常快捷，师生间知识量的天平并不必然偏向教师。此时，教师必须调整自身定位，让自己和学生成为学习的伙伴和引导者。

在"互联网+"的冲击下，教育组织和非教育组织的界限已经模糊不清，甚至有可能彻底消失。社会教育机构的灵活性正对学校教育机构发起强有力的冲击。育人单位和用人单位也不再分工明确，而是逐渐组成教育共同体，共同促进教育协同进步。

从实质上看，"互联网+"对教育的影响主要体现在教育资源的重新配置和整合上。一方面，互联网极大地放大了优质教育资源的作用和价值，从传统一个优秀老师只能服务几十个学生扩大到能服务几千个甚至数万个学生；另一方面，互联网联通一切的特性让跨区域、跨行业、跨时间的合作研究成为可能，这也在很大程度上规避了低水平的重复，加速了研究水平的提升。在"互联网+"的冲击下，传统的因地域、时间和师资力量导致的教育鸿沟将逐步被缩小甚至被填平。

"互联网+"加速教育的自我进化能力。"流水不腐，户枢不蠹"，这句话告诉我们一个系统的自我进化能力是其生存和发展的根本。传统教育滞后于社会发展，教学内容陈旧、教学方式落后、教学效率低下，培养出来的人才不能满足社会发展的需求。这种自我进化能力低下的原因在于教育系统自身的封闭性。"互联网+"敲开了教育原本封闭的大门，也就加速了教育的自我进化。人人都是教育的生产者，人人又都是教育的消费者，这种新型的教育生态必然会更加适应社会的发展。

我国政府历来非常重视教育产业的变革，在政府工作报告中，2016年将会继续促进教育公平发展和质量提升，其中包括加快义务教育学校标准化建设，改善薄弱学校和寄宿制学校基本办学条件，落实农民工随迁子女在流入地接受义务教育等政策。

在过去的几年里，K12在线教育、在线外语培训、在线职业教育等细分领域成为中国在线教育市场规模增长的主要动力，很多传统教育机构，例如新东方也正在从线下向线上教育转型，而一些在移动互联网平台上掌握了高黏性人群的互联网公司，也在转型在线教育，例如网易旗下的有道词典，就在英语垂直应用领域掌握了4亿的高价值用户，这部分用户对于在线学习英语的需求非常强烈，因此，有道词典推出了类似在线学英语、口语大师等产品和服务，将用户需求深度挖掘，而通过大数据技术，可以实现个性化推荐，而基于移动终端的特性，用户可以用碎片化时间进行沉浸式学习，让在线教育切中了传统教育的一些痛点和盲区。综合来说，在线教育产业拥有得以快速发展源于以下的五大优势：

（1）资源利用：各种教育资源通过网络跨越了空间距离的限制，使学校的教育成为可以超出校园向更广泛的地区辐射的开放式教育。学校可以充分发挥自己的学科优势和教育资源优势，把最优秀的教师、最好的教学成果通过网络传播到四面八方。

（2）学习行为：网络技术应用于远程教育，其显著特征是：任何人、任何时间、任何地点、从任何章节开始、学习任何课程。网络教育便捷、灵活的"五个任何"，在学习模式上最直接体现了主动学习的特点，充分满足了现代教育和终身教育的需求。

（3）学习形式：教师与学生、学生与学生之间，通过网络进行全方位的交流，拉近了教师与学生的心理距离，增加教师与学生的交流机会和范围。并且通过计算机对学生提问类型、人数、次数等进行的统计分析使教师了解学生在学习中遇到的疑点、难点和主要问题，更加有针对性地指导学生。

（4）教学形式：在线教育中，运用计算机网络所特有的信息数据库管理技术和双向交互功能，一方面，系统对每个网络学员的个性资料、学习过程和阶段情况等可以实现完整的系统跟踪记录；另一方面，教学和学习服务系统可根据系统记录的个人资料，针对不同学员提出个性化学习建议。网络教育为个性化教学提供了现实有效的实现途径。

（5）教学管理：计算机网络的教学管理平台具有自动管理和远程互动处理功能，被应用于网络教育的教学管理中。远程学生的咨询、报名、交费、选课、查询、学籍管理、作业与考试管理等，都可以通过网络远程交互的方式完成。

到目前为止，中国的互联网更多地反映了消费者驱动的形态。但是，随着互联网更深入地渗透各个行业，这一现象将发生改变。企业拥抱互联网技术的程度越高，它们的运营将会越高效，并最终转化为生产效率的提升。传统企业向数字化转变是一个颠覆性过程，需要反思公司战略、执行、文化等方方面面。

5.1.4 互联网+建筑：技术大变革

1.BIM技术促进建筑业全生命周期管理

互联网已革命性地改变了很多行业，如家电销售（京东、天猫）、百货零售（淘宝）、手机（小米、iPhone），诸如此类，非常之多。现在中国互联网巨头又开始发动互联网对金融业（包括银行、证券业）的革命，阿里、腾讯、苏宁云商都将进入金融业，已让银行大佬们忧心不已。对于互联网、信息化，建筑业一直稳如泰山，岿然不动。这不是说建筑业与互联网、信息化绝缘，而是技术未成熟、行业时机未到而已。到今天，互联网及信息技术改变所有行业，各行业都会排着队被革命，已被理论和实践证明，只不过早晚而已。企业家应洞察这一趋势，才不会被大趋势淹没。

互联网革命的根本机理是通过提升最终用户（消费者、客户）对产业链全过程的信息对称（透明化）能力，对产业链价值进行重新分配，更有利于消费者和价值创造者，低水平的资源控制获益能力将降低。对于建筑业而言，确实仅有互联网是不够的，需要"BIM+互联网"，才能对建筑产业链进行透明化。建筑业价值链决定性关键要素是工程量、建材设备产品价格、消耗量指标、造价。

BIM实现的主要是对工程量的透明化，对其他信息辅助透明化。互联网一是帮助BIM技术实现广域网的协同和共享；二是将产品价格、消耗量指标、造价数据信息进行透明化。

行业实现透明化的时候，各企业赚的是管理的钱，增值服务能力的钱，品牌的钱。一般来讲，这个钱会比大家现在赚的多很多。BIM与互联网的结合正在加快对建筑业的革命速度，虽然这个趋势会面临很大的阻力，但前进的方向和速度的加快却不以人为意志为转移。对建筑企业来讲，变革既有上游客户和政府行业管理的推动，更重要的是先行者有通吃的动力。

建筑业透明化带来革命性的变化是市场集中度将大幅提升，真正改变中国建筑业大企业的成本比小企业高、小企业成本比个体包工头成本高的奇怪现象，将行业规模经济优势做出来。小企业届时将无法生存，行业竞争更为理性，行业平均利润将成倍增加。这种革命无疑对全社会是有利的，胜出和留下的是谁，应该是及早全面拥抱"BIM+互联网"的企业。

"BIM+互联网"将带来以下几大改变：一是生产效率大幅提升。"BIM+互联网"使项目管理生产力革命性的变化，领先应用和普及深入应用的企业将获得竞争优势，使得当前企业同质化竞争的情况大为改变。二是建筑产品品质大幅提升。BIM技术帮我们提前预知和解决各专业冲突和其他很多问题，产品的品质在不同企业之间将会有更大差距，也将影响竞争格局的变化。三是行业透明化。建筑产品价格是所有行业最不透明的，必将导致恶性竞争严重，优汰劣胜。"BIM+互联网"将逆转这种情况，行业竞争将变得更健康。四是推动行业从关系竞争力向能力竞争力过渡。建筑业一直处于关系竞争力时代，不透明时代，关系竞争力一直优势很大，透明时代则以能力竞争力主导，创造客户价值、更低成本的能力主导，企业的品牌价值主导。五是建筑业规模经济优势形成。中国建筑业未能呈现规模经济是整个行业不能淘汰落后产能的根本原因之一。"BIM+互联网"助力中国建筑业规模经济优势的形成，竞争方式将因此改变。六是加快产业整合，健康良性的行业秩序将逐步形成。中国建筑业规模经济优势的形成，结果必将加快产业整合的速度。没有规模的企业，将退出总承包序列，要么退出行业，要么进入分包序列。

2. 建材 B2B 平台打通产业链

中国电子商务研究中心数据显示，我国家居建材线上电商交易额在 2011 年、2012 年、2013 年分别为 282 亿元、450 亿元、700 亿元，目前的行业渗透率仅为 4% 左右，而日本、美国、英国、法国分别占比 20.5%、19.8%、16.2%、12.8%。

我国以 B2C 为主建材电商发展迅猛，最高年度销售额超过百亿元。由于交易流程更复杂、产品非标准化、品牌高度分散、区域性强等痛点，建材 B2B 才刚起步，但有望快速发展。尤其垂直电商、地产商对建材成本的精细化需求越来越高，以及该平台能更有效实现建材企业、地产商、平台商共赢，未来将比 B2C 有更大空间，可以使买卖双方信息交流低廉、快捷。信息交流是买卖双方实现交易的基础。

对于卖方而言，电子商务可以降低企业的促销成本。即通过 Internet 发布企业相关信息（如企业产品价目表、新产品介绍、经营信息等）和宣传企业形象，与按传统的电视、报纸广告相比，可以更省钱，更有效。因为在网上提供企业的照片、产品档案等多媒体信息有时胜过传统媒体的"千言万语"。据 IDC 调查，在 Internet 上做广告促销，可以提高销售数量 10 倍，而费用只是传统广告的十分之一。其次对于买方而言，电子商务可以降低采购成本。传统的原材料采购是一个程序繁琐的过程。而利用 Internet，企业可以加强与主要供应商之间的协作，将原材料采购和产品制造过程两者有机地结合起来，形成一体化的信息传递和处理系统。据通用电气公司的报告称：它们利用电子商务采购系统，可以节约采购费用 30%，其中人工成本降低 20%，材料成本降低 10%。另外，借助 Internet，企业还可以在全球市场上寻求最优价格的供应商，而不是只局限于原有的几个商家。

企业为应付变化莫测的市场需求，通常需保持一定的库存量。但企业高库存政策将增加资金占用成本，且不一定能保证产品或材料是适销货品；而企业低库存政策，可能使生产计划受阻，交货延期。因此寻求最优库存控制是企业管理的一个目标之一。以信息技术为基础的电子商务则可以改变企业决策中信息不确切和不及时问题。通过 Internet 可以将市场需求信息传递给企业决策生产，同时也把需求信息及时传递给供应商而适时得到补充供给，从而实现"零库存管理"。一个产品的生产是许多企业相互协作的结果，因此产品的设计开发和生产销售可能涉及许多关联企业，通过电子商务可以改变过去由于信息封闭而无谓等待的现象；每天 24 小时无间断运作，增加了商机。传统的交易受到时间和空间的限制，而基于 Internet 的电子商务则是一周 7 天、一天 24 小时无间断运作，网上的业务可以开展到传统营销人员和广告促销所达不到的市场范围。

电子商务包括网上购物近几年呈现爆炸式发展，消费者的购物习惯发生巨大转变，网购越来越深入人心，人们由一开始的担心和顾忌到现在的喜爱甚至依赖。互联网技术的发展和新媒体的出现，为电子商务的发展起到了支撑与推波助澜的作用。传统行业可以借助新技术和新媒体推广应用之风趁机进入电子商务领域。在国家 2012 年颁布的"电子商务

'十二五'发展规划"提到"着力推进工业电子商务,促进工业从生产型制造向服务型制造转变。深化商贸流通领域电子商务应用,促进传统商贸流通业转型升级。鼓励综合性和行业性信息服务平台深度挖掘产业信息资源,拓展服务功能,创新服务产品,提高信息服务水平"。

5.1.5 互联网+房地产:转型与融合

20多年来,我国互联网实现了快速发展,互联网与传统产业融合催生了许多新型业态和新兴产业。目前,我国房地产行业仍然具有巨大的发展潜力和空间,与此同时,房地产行业与互联网的融合发展还很不够,互联网技术还没有深入运用到房地产行业的设计、施工、销售、物业管理等各个环节。不难预测,房地产行业"互联网+"模式将会出现,并对传统的生产经营模式产生颠覆性影响。

1. "互联网+"模式产生的必然性

目前,我国房地产行业与互联网的融合尚处于浅层次阶段,从融合范围看也有很大的局限性,基本停留在房地产的网络营销层面,真正意义上的"互联网+"模式还没有出现。

(1)房地产企业进入转型期。近年来,我国房地产增速趋缓,房地产的风险也在积累和加大。从另一个角度看,房地产行业已经进入到转型发展的新时期。所谓转型发展新时期,突出的特征是我国房地产市场已经离开并将进一步离开卖方市场,进入买方市场。卖方市场转为买方市场对房地产企业来说,所引起的本质变化是建设的房屋不能再追求数量扩张,应该在提高性价比上下工夫,着力满足购买者个性化、差异化需求,而房地产行业"互联网+"模式是供需双方互动交流的最佳平台。

(2)真三维技术面临突破。在市场需求拉动下,互联网技术得到快速发展。由于真三维技术可直接复原景物的立体空间,增强景物的真实性和深度感,提供更好的视觉体验,因此真三维技术的研发应用是互联网技术发展的重点领域之一。随着光学、电子、计算机技术的发展,真三维技术在室外等一些领域取得了重大进展。国内腾讯街景已经运用三维激光技术测绘街景地图,其采用的三维激光点云技术将传统高清街景升级为三维高清街景,通过算法自动分类,排除掉行人、汽车和其他干扰,将真实的三维街景展现出来。利用手机拍摄物体,并自动生成该物体的三维图像,在技术上已经成为可能。

近年来,室内房屋真三维技术也有积极进展,但距实际需求特别是在满足房地产行业应用方面,仍有差距,这也是房地产行业"互联网+"模式还没有产生的重要原因之一。目前,室内房屋真三维技术面临突破,真三维技术的进步将会极大地推动房地产行业"互联网+"模式的产生和发展。

(3)消费结构变化。目前,我国房地产市场深度调整,房地产消费结构也在发生变化,这种变化会影响到房地产市场的走势。今后一个时期,从年龄看,房地产主力消费群体将会明显向80后、90后转移。从城市看，一线城市主城区将会以二手房为主，主要消费群体为中青年的白领阶层，一线城市郊区和二、三线城市将会大力消化已建房屋库存，主要消费群体为刚性需求。

从地区看，国务院明确提出，今后一个时期，我国要重点解决"三个1亿人"的问题，即促进约1亿农业转移人口落户城镇，改造约1亿人居住的城镇棚户区和城中村，引导约1亿人在中西部地区就近城镇化，这些将会释放大量的房地产需求。无论是城市中的白领群体，还是落户城镇的农村转移人口，在房屋设计、装修等环节，都会希望能够有机会充分融入个人观点，能够更多地体现个人的偏好。满足消费者需求变化将是今后房地产市场发展的主要走势，也只有在这个基础上谈论房地产企业是否具有竞争力才有意义。

2. 房地产行业与互联网的融合

房地产行业"互联网＋"模式应市场需求而生，因而"问题导向"将始终是贯穿房地产行业"互联网＋"模式发展的主线，房地产行业"互联网＋"模式也将会在不断解决新问题的过程中日益成熟。

（1）发展模式。我国房地产行业发展模式在不断演进和升级，从20世纪80年代单纯"建造房屋"模式，发展到目前"建造房屋＋物业服务"模式。下一步房地产行业"互联网＋"模式应是"建造房屋＋软件互联网＋物业服务"。这种模式的主要特征是：借助软件互联网技术，一方面房地产企业能够直接地了解消费者需求，在最大程度上实现房地产建造、房屋装修定制化生产；另一方面在房屋建造、房屋选购、装修以及物业管理维修过程中，消费者能够充分表达自己意愿，实现房屋使用便利化，提高参与度、舒适度和满足感。

（2）发展路径。从需求和可行角度看，赢商网房地产行业"互联网＋"模式会是一个逐渐被企业和消费者接受和推广的过程。因而发展路径应该是从需求最迫切、技术上最有可能获得突破的领域发展起来，由点到面地渐进式扩大应用。

房屋建造销售方面，从二手房互联网营销，扩大到新房销售，到园区楼宇招商引资，再到房屋的定制化建造。

房屋装修方面，消费者从简单被动地接受房屋装修，扩大到有能力主导房屋装修设计，到控制装修预算和效果，再到家具配置定制化和建立房屋三维立体电子档案。

中小房地产企业、装修企业"互联网＋"模式的研发和使用的动力强、积极性高；大型房地产企业、装修企业会相对保守，顾虑较多，因而"互联网＋"模式的突破与运用最先会从中小型企业开始，逐步扩大到大型企业。

新技术、新模式的运用总是从经济发达地区开始的，房地产行业"互联网＋"模式也不例外，应是从一线城市开始，扩大到二、三线城市，再向城镇和农村地区发展。

从消费者年龄看，使用消费者会从80后、90后开始，再向其他年龄段人群展开；从使用群体看，喜欢网购、收入中等的人群以及中小型企业将会是房地产行业"互联网+"模式的第一批使用者。

环保方面，大城市的雾霾污染天气备受关注，能够提供室内空气净化乃至小区空气净化的住宅产品，写字楼、酒店等商业物业将受到消费者的欢迎。

（3）技术路线。房地产行业"互联网+"模式是产业融合发展的结果，尽管目前房地产行业"互联网+"模式呼之欲出，但若要达到预期的目的，在融合发展的软件技术上还需取得一些突破性进展。

软件是房地产行业"互联网+"模式的关键。由于房屋呈现很强的立体三维属性，从任何一个平面视角观察房屋都会对房屋的整体认识有局限性，都难以对房屋产生直观、全面、真实的客观判断。房地产行业"互联网+"模式的技术要摒弃传统的二维平面技术路线，走三维建模、直观显示房屋物理空间的技术路线。

软件要能够发挥联结产业链上下游、生产与消费、中介与客户、相关企业等的作用，使供需双方可以消除知识技术上存在的差距，围绕房屋内部结构、家装设计、家具配置等方面，实现无障碍沟通交流。既能满足专业人士需要，也能满足非专业人士需要；既能满足高学历人士需要，也能满足无学历人士需要。

软件要将用户体验做到极致，在实现立体化场景操作的同时，还要体现五个"实际"：一是功能要满足人们"实际"需求；二是操作要符合人们"实际"习惯；三是效果要真实反映"实际"情景；四是"订制化"要能够"实际"应用；五是适用于计算机和移动终端、可在线和离线使用要"实际"可行。

3. "互联网+"模式的影响

一旦房地产行业"互联网+"模式的相关软件技术实现突破，将会对我国经济社会和生产生活产生深远影响，并将在一些领域和环节引发革命性变化。

（1）大量减少资源浪费。目前，由于房地产企业与用户之间、装修企业与用户之间存在着大量的信息不对称，致使房屋建造和装修不能满足用户需求。大多数用户购买房屋后，通常都要进行二次装修，既花费精力，又花费资金，结果还造成社会资源的极大浪费。房地产行业"互联网+"模式可以使用户一次投资就圆满地解决房屋建造和装修问题。

（2）引发业务流程再造。订制化生产是生产制造发展的高级形态，也是现代社会满足用户多样化、个性化需求的最有效形式。由于房地产行业"互联网+"模式的软件能够使用户消除知识和技能上的障碍。在三维场景下，便捷地表达自己的想法，使自己的意愿能够全方位地深度介入到房屋建造、装修的各个环节，必然引发房地产企业改变业务流程以满足用户需求。房地产行业"互联网+"模式将颠覆传统业务流程和经营模式，在一定程度上的网络订制化生产模式和网上真三维房屋展示营销模式将会出现，并逐渐成为不可忽视的潮流。

（3）推动电子商务升级。近年来，尽管我国经济发展增速趋缓，但电子商务始终保持快速发展态势。据国家统计局数据显示，2014年全国网上零售额27898亿元，同比增长49.7%；网上零售额占全社会消费品零售总额10.6%。2014年聚美优品、京东、阿里巴巴先后成功在美国上市，表明国际资本市场对我国电商企业的预期也是十分看好。从我国电子商务市场销售产品的品类看，由于目前软件无法便捷地三维展示商品，使得立体化属性强的房屋等商品，在电子商务应用方面还很落后。房地产行业"互联网+"模式软件的突破，将会拓展房屋建造、家装等领域电子商务的应用，并以三维房屋为基础，进一步推动家具、字画等与家居有关的相关产品电子商务的发展，实现我国电子商务由平面二维向二维与三维兼具转型升级。

（4）提高人们生活满意度。互联网应用给我国经济社会带来了深刻的影响和变化。目前，"智慧城市"、"物联网"、"云计算"、"大数据"等新兴产业呈现出非常大的发展潜力，而房地产行业"互联网+"模式可以说是与上述新兴产业发展密切相关、相互促进。随着房地产行业"互联网+"模式的出现，将来任何人都能够非常方便地建立一个与实物完全一样的三维房屋模型，在三维房屋模型内模拟家居设计的各种方案，选择最满意的方案，再进行实施。在房地产行业"互联网+"模式下，人们选购房屋、进行家装将变得能够更加体现个人意愿，更加体现个性化和多样化，进一步提高人们生活的满意度。

5.2 模式大转变

5.2.1 客户至上

互联网赋予了消费者新的力量，只要移动手指，就可以"投奔"其他商家，因此企业必须以他们的需求引导运营的方方面面。鉴于中国消费市场的巨大规模，企业长期以来侧重于大规模生产和大众市场渠道。但在未来的数字化市场，为了迅速应对日益分散化的客户需求，公司可以转向网络选择更广泛的供应商，获取更详细的客户洞见，推出更丰富更复杂的产品线，以更精准地满足消费者需求。除了产品，消费者还期望覆盖线下、线上和移动等各类平台的无缝、便利和个性化的用户体验。因此无论是宣传信息还是产品服务都必须精心设计，确保其在互联网和移动互联网平台上更具吸引力。中国消费者是社交网络的拥趸，因此加强网络社交连接、搭建网上社群将是建立口碑和品牌忠诚度的最有力策略。

留住数字时代消费者的关键，在于以建立长期信任的方式管理客户的个人数据。最大化利用数据和保护隐私之间是一个微妙的平衡。除了遵守法规制度，公司必须让新一代消费群体参与，从中了解他们的个人喜好，并各业务流程环节保护好客户的隐私。通过征询及尊重客户偏好，才能赢得客户的长期信任。业界领导人还必须以更积极的态度，参与到这一议题的监管流程中去，帮助政策制定者了解新机遇以及新风险。

5.2.2 调整战略

互联网开启了激烈竞争的新时代,只有敏捷而务实才能生存。互联网孕育了全新的"共享经济",消费者从买车转为拼车,从住酒店到租房间等。凡此种种变化,都有可能瓦解原有行业。

随着行业界限的日益模糊,竞争可能随时从某个意想不到的角落出现。比如一大批新兴技术公司进入金融服务行业,直接挑战传统金融机构。阿里巴巴的"余额宝"是一个与其互联网支付平台"支付宝"链接的货币市场基金,由于其收益更高,很快就吸走了大量银行储蓄。有些案例中,新兴的技术企业往往比传统行业的领先企业更善于通过挖掘数据以提升其市场洞察力和竞争优势,后者则会选择收购新兴企业或与之合作来实现跨越式发展。

互联网为新兴企业赋予了迅速进行低成本扩张的能力,一举甩掉老旧体系和"通常做法"的包袱。过去,销售网络需要数年才能搭建起来,如今几乎一夜之间就能完成。这样一来,竞争将会激化,新赢家可能从各行各业涌现出来。大型传统企业——包括国有企业,必须适应这样的挑战,否则就会陷入困境。企业领导人必须对此认真对待,因为他们制定的决策将彻底改变公司的经营方式。这些转型也可能需要技术和其他投入,短期内影响企业的成本结构,但赢家将在未来获得巨大效益。

5.2.3 运营转型

互联网要求各个行业的企业变革旧的运营和业务模式,同时还要更灵敏。首先,必须胸怀远大目标和明确战略进行数字化转型。当今市场瞬息万变,随意性试验或是毫无规划的数字化举措并不可行。在专注于客户端的同时,企业还需要着力于将互联网技术融入后台功能和物流中,从而提升运营效率和降低成本。公司必须清楚要借助技术实现哪些目标,并且制定涵盖领导、人才、观念、文化、流程和组织结构的全盘战略。

整合大数据能帮助优化企业优化决策、改善资源分配,以及更好地倾听客户洞见。大数据能否得到有效利用取决于是否秉承持续试验的心态,以及源源不断的人才来设计试验、分析日益多元化的大量数据和创建有说服力的直观图形和故事,帮助决策者更有效利用分析结果。

在电子商务高速发展的背景下,企业必须制定灵活的多渠道运营模式。互联网开创的透明化定价压缩了利润空间,精益化变得极为关键。打造线上线下的无缝体验不仅对客户很重要,对公司的整个运营效率也极为关键。

5.2.4 人才培养

越来越多的公司采用互联网技术,人才问题也日渐突出,尤其是与大数据和高级分析相关的高度专业化人才。未来对兼具相关行业知识和高技术技能人才的需求会很大。传统的劳动密集型企业需要知识型员工的加盟。不过，如果必须在具有关键技能的人才和丰富行业经验的人之间选择，恐怕前者更为合理。

除了外聘人才，公司还需要培养内部人才梯队。这项工作包括加强行业合作，与教育培训机构联手，或公私联营设计目标明确的项目来培养自身需要的人才，而且这种合作可以降低培养劳动力的成本。

5.2.5 乐于合作

在互联网时代，产业链中的主要活动并不必然要全部留在公司内部。以软件业为例，程序员、嵌入式系统、软件开发工具和 API、插件等共同形成的生态系统，不仅创造了附加值还提升了产品的"黏性"。类似地，其他行业也需要考虑到上游供应商以及下游供应商与消费者，关注产业链上的各个环节如何融合到新的平台上。成功的电子零售市场可以为数字化商家提供物流、营销或支付服务。谷歌和苹果公司都支持开发者社群，以不断提高各自平台上 App 的数量和质量。旅游门户网站汇集了产业链上的航空公司、酒店、汽车租赁公司和保险公司等，用户可以轻松地制定完整的行程。

为了最大化商业生态的价值，竞争对手也可以成为联盟，统一相关标准，打造更广阔的市场。AT&T、思科、通用电气、IBM 和英特尔公司于 2014 年 3 月成立了工业互联网联盟（Industrial Internet Consortium），致力于建立物联网的相关标准。

拥有约 6.32 亿网民的中国已经是全球最大的互联网市场。随着企业拥抱数字化程度的提高，中国经济即将迎来一次大规模转型。麦肯锡全球研究院过去的研究发现，一个国家的互联网成熟度与其实际的人均 GDP 增长密切相关。换句话说，这一转型将推动经济增长和生产力提升，从而带动人民生活水平的提高。互联网可能带来颠覆性的变化，但那些在激烈竞争中胜出的创新型企业将创造出不可估量的价值。

5.3 挑战与风险

各个行业在"互联网+"的具体应用过程中切忌盲目冲动，若是一时兴起，一味跟风，打着互联网思维的旗帜，抱着知其然不知其所以然的态度只会让自己陷入尴尬境地。相关企业还需根据自身和所在行业的实际情况，充分认识"互联网+"带来的机遇和挑战，同时做出详细的计划，制定完善的执行制度。"互联网+"由于其互联网的属性必然带来相关特殊的挑战和风险。

5.3.1 互联网思维的转变所带来的挑战

借助互联网的力量，企业能更快速、更直接的被大众所知、所识，对提高企业知名度、提升品牌效应有着积极作用。不可否认，在渠道为王的诸多行业，互联网对企业的发展有着极大的促进作用,能帮助企业有效打开市场局面。

但是,企业开拓网络渠道光有行动还不行,需要用与之相配的互联网思维相辅佐,从思想上建立"互联网+"的观念。任何商业活动都具备相应的风险,互联网也不例外。企业需要对互联网风险作出恰当准确的认识和判断,并对风险制定出详尽的规避措施,具有承担风险的能力。缺乏风险意识对企业而言是最大的危险,防微杜渐方能使企业网络"互联网+"道路走得更加顺畅。

5.3.2 信息安全风险

1. 信息世界与物理世界融合所带来的安全风险

德国政府所提出来的"工业4.0"中提到,"工业4.0"的发展的三个阶段是纵向集成——传统工厂边界内发生的技术革新,端到端集成——对供应链的集成,和横向集成——跨越多条价值链的横向集成。"传统工厂边界内发生的技术革新"会是大量机器人的应用、生产的高度自动化、真正的CPS(Cyber Physical System,信息物理融合系统),这也意味着信息系统的安全威胁可能会变成物理上的威胁:工厂中的3D打印系统是否会被攻击从而打印一支自动步枪出来?"对供应链的集成"是否意味着网络攻击可以随着供应链传播到上下游的厂商?即使单纯看工业控制系统的安全,由于当初设计的时候对网络攻击威胁的考虑甚少,工业控制系统对抗网络攻击的防护能力还比较差,工业控制系统使用的周期又相对比较长、更新成本很高,工业控制系统安全的防护基本还处于"攻击检测"阶段,所谓"工控防火墙",没有几个人敢开防护功能。

2. 云计算系统的安全风险

云计算按需付费、快速伸缩的特性使得云计算成为"互联网+"的助推剂,但云计算实际上扩大了系统的攻击面,带来了新的安全威胁,比如VMM系统、云计算管理系统都是新的、可能会被攻击的"攻击面",这些新引入的系统的脆弱性也会给采用云计算架构的业务系统带来安全威胁;由于资源共享所带来的多租户安全问题也是传统IT框架中所没有的,云服务商这个新的角色也可能会带来新的风险:云服务商是否会恪守职业操守不窃取客户的数据?云服务商的工作人员是否会被收买而做违规操作?云计算的用户是否有能力监督、审计云计算服务商在安全上的SLA?因为云计算系统会成为"互联网+"的基础IT架构,云计算系统出现严重的安全问题就会影响到多个行业,其影响类似于现阶段微软操作系统出现严重安全漏洞的情景。

3. 智能硬件的安全风险

智能硬件会是"互联网+"战略的物理载体之一,小到随身佩戴的智能手环、戒指,大到会上网的冰箱、空气净化器、能自动驾驶的汽车，具备一定数据存储、计算能力，能联网上传数据以及接受云控指令的智能硬件将会无处不在，对这些智能硬件的破解也开始成为安全研究圈的热门话题，智能硬件制造商通过将传统的传感组件、控制组件、应用组件等智能模块，合理地组合到一起，并且通过网络传输进行控制，开发出来现代人所使用的物联网模式的智能硬件。这些硬件通过采集人们生活当中的环境参数、控制参数、行为参数结合大数据分析、人工智能机器学习等先进性技术，从而可以提高使用者的生活环境，给用户带来更完美的生活体验。但智能硬件设计制造商对于安全方面重视程度很不够，直到2015年年初某著名品牌网络摄像头被爆出严重漏洞并被某重点行业客户通报之后，才开始重视智能硬件的安全问题。智能硬件的安全风险集中在以下方面：弱密码、后门、固件（Firmware）缺乏防分析/防篡改机制、管理系统安全漏洞、通信协议漏洞、数据存储系统漏洞、被利用作为反射攻击、劫持攻击、篡改攻击，以及电路设计上的调试引角未混淆或隐藏、调试功能被绕过提权等。目前智能硬件的安全现状是：绝大多数智能硬件都能在某种程度上被破解。

4. 无线通信网络的安全风险

万物互联基本是靠无线通信网络互联，从 Wi-Fi、蓝牙、ZigBee 到射频通信，无线通信网络本身也可以成为被攻击对象，如伪造 Wi-Fi 热点做中间人攻击，如果通信协议没有加密，或者没有对证书的真伪做鉴定，就可能造成通信内容失密。又比如对射频通信内容做破解后，进行重放攻击，导致依赖这些射频通信的门禁及其他民用控制系统运转异常甚至导致非授权访问。如今新建造的自动化工程，机器人之间的通信已经依靠无线通信，无线通信网络的安全直接影响未来工厂的生产安全；在智能家居系统中无线通信网络的安全关系到客户隐私信息的安全。

5. 无线通信网络的安全风险

大数据方法已然成为一把通用的榔头，在互联网金融、电商、互联网安全等领域已经发挥出巨大作用，在"互联网+"的诸多产业升级改造中也必然是利器之一，但大数据背后的用户隐私权保护问题则是一颗不定时炸弹，中国的隐私权立法还不是很完善，但隐私保护越来越受重视是共识，大数据的合法获取、妥善保存、合法转让、安全销毁是"互联网+"中需要提前规划。

5.3.3 经济空心化的风险

从中国经济的发展现状来看，在过去的繁荣周期中国经济和中国企业的利润主要来源于垄断、金融、房地产和资本市场。位于世界财富500强的中国最赚钱的企业基本都属于垄断企业，上市公司一半以上的利润来自于16家上市银行，国内3000多家上市公司至少有一半或多或少从事房地产投资，风险投资和私募股权基金把资金更多投向了虚拟经济。

当一个国家的财富不是来自于技术和实业，而是来自金融和房地产领域的自我循环的话，经济将走向空心化；做实业的利润偏低，整体环境比较差的情况下，通过理财和房地产投资，就成了绝大多数的企业最理性的选择。美国经济学家菲尔普斯就认为，房地产投资过度一定会抑制创新，因为房地产吸纳了本可以投资在生产力提升、创新、医药技术、软件或可替代能源领域的资金，而这些领域，能够在未来真正推动美国经济增长。要想恢复经济活力，再次实现增长，就需要克服对房子的酷爱。

在全球陷入低迷的今天，"互联网+"必须要得到实业的支撑。如果我们不能和过去的"讲故事"经济告别，不能切断和房地产的畸恋，不能在社会灌输实业兴国、勤劳致富的观念，人人梦想一夜暴富，人人都在网上做着创业的梦想，只是学小孩子吹泡泡，即使一时热闹无比，最后一定是惨痛的教训和虚假繁华之后的落寂。

5.4 组织架构变革

信息技术的快速发展，对公司组织结构产生了重大的影响。马云曾经谈到，美军在二战时是以师为作战单位，大概5000人左右。到了越南战争，采用的营为作战单位，500～800人。而到了伊拉克和阿富汗战争，美国都是以7人特种兵为作战单位，采用现代通信技术直接指挥作战。现代企业同出一辙，组织单位将进一步小型化，美国Uber（优步）公司在每个城市的运营团队不超过10人，让资源更多地配置到能够听到炮声的第一线，进而促使公司不断加快创新的步伐，降低运营成本，提高组织的运营效率。

5.4.1 扁平化的组织

小米的领先粉丝已经貌似成了小米公司，他们为生产MIUI，提出修改意见，甚至参与到产品的定价、决策和销售环节。从内部看，有了互联网，不必在乎你旁边坐的是谁，只要在互联网上找到最佳的人选，发掘他们的聪明才智，就算你身在上海、北京、海南，甚至是在香格里拉，一样可以找到。优秀的人会"人以类聚"，聚集在所感兴趣的社群中，被出色的项目和聪明的人群所吸引，也能找到自己最喜欢的工作和岗位——虽然不是在一个公司。

《重来》的作者所在的公司37signals是一家私人控股的网络应用公司，总部设在美国伊利诺伊州芝加哥市，虽然37Signals的5个雇员都在芝加哥，但是他们却没在一起工作，大家都在自己的家里办公，使用Campfire来沟通。平等、开放、协作原本就是互联网的本质，使得"无组织的组织"、"无界的组织"、"高度扁平化"等管理进化出现。当用户能够使用互联网和所有的产品对接的时候，企业所有部门都将直接对接市场、对接用户。

5.4.2 消灭中层

船大难掉头，海尔认为互联网时代的变革那就是大量消灭中层，组织更加扁平化。传统行业如果想消灭中层，是一件难上加上的事情。让一个企业的中层，和企业一起发展，好不容易爬到今天，不仅要被消灭，而且还要必须自己消灭自己，是一个多么困难的事情。办法好像只有一个，那就是涅槃重生，重新来过，或者是新的组织出现。如果没有变革，以前优势或者已经成为负担；如果没有创新，以前值得骄傲的过去已经成为包袱。

在经历了经济兴衰和风云变化之后，现有企业的中层管理职位已经锐减了百分之五十以上。没有中层，整个网状是一个节点，每一个节点都对用户承诺，和用户相连，节点和节点之间还有全员的契约合同。当这个网状组织建好以后，领导和中层消失了，企业可以快速对市场作出反应，而且可以瞬间进行组合。

用户驱动企业，没了中层如何才能知道用户的需求是什么。海尔不是消灭了中层，而是把企业组织扁平化，大家都在一个平台上。海尔的探索是自治的小微公司，海尔现有8万名员工，在这一思想指导下变成了2000多个自主经营体，它们相当于小微公司，在市场上自驱动、自创新。

5.4.3 标准组织的消失

德鲁克在《21世纪管理的挑战》一书中指出，面对互联网的来袭，其中最大的挑战，就是没有所谓的正确组织或者是标准组织，而是变化多端、不一而足的各种类型组织；也没有所谓的正确管理人的方法或者是标准管理的方法，换言之，没有标准的组织，只有高效的组织；没有标准的方法，只有高效的方法。

原来，传统企业大多数是金字塔式的，一层一层的，一层层的目的就是把所有的信息集中起来，然后分析，做个决策一级级贯彻下去。现在，因为互联网的改变，信息不对称大大减少，最基层的人得到的信息和你得到的是一样多，甚至比你还多，而且能够直接面对用户。如果传统的架构和流程，等做出决策,黄花菜都凉了。金字塔的管理体系轰然倒塌，而高度扁平化并非领导所决定的，而是互联网的倒逼机制所决定的。

尽早启动组织结构变革，面对利基市场而非大众化市场的变化，面对不确定性的移动互联网时代。而且往往边缘化的市场，整个企业不可能做到利基市场和全球大众化市场都大小通吃。要吃掉利基市场，就意味着组织结构、战略方式、人员配置要更好地微型化、分散化，以更好地适应小型网络群体的特征。战略优势迅速转化为定制化的产品、服务和支持，也可以称之为组织结构上的变革和创新，或许不一定是技术上的创新。

5.4.4 组织管控集中

互联网颠覆了工业时代的传统模式，打破传统的信息不对称和各种中间环节，通过在纵向上做减法，在横向上做加法，创造出工业模式下无法实现的竞争优势——成本低、效率高、反应快，公司现有的由工业化时代演变而来的科层式组织架构已难以适应。对此，可以借助互联网工具，实施扁平化管理，将管理层级逐步压缩，进一步聚焦客户资源，提升客户体验满意度，借助互联网工具实施扁平化管理，通过大数据管理加大对项目的垂直管控。

1. 组织结构调整

要降低公司的管理成本，就要做到"强化两头，简化中间"。强化两头，就是建立大总部、精项目的管理体制。简化中间，就是加强营销，与客户和业主对接的人员要多，力度要大。近年来，随着建筑市场的快速发展，公司规模持续扩张，发展中存在的一些矛盾并没有显现出来。而通过互联网改造，将中间层级的部分职能剥离出来，一些上收总部，一些充实到项目，才能有提升对客户和业主的快速反应能力，特别是，号码公司一级对接业主的营销职能还需要进一步加强。

2. 信息化管理

万达集团从小变大，在成为全球最大不动产运营商，人员和组织规模急剧膨胀。但万达并没有变得失明、失聪。相反，借助模块化和信息化管理系统，梳理流程，固化制度，保证了信息的速度和质量，为快速决策、全过程管控提供了条件。据了解，万达信息化建设团队超过800人，其中公司管理人员150人，招聘的信息化开发人员350人，外包人员300人。2013年年底，万达信息化投入超过23亿元，近两年中每年信息化投入都在2亿元以上。万达在廊坊的云计算机中心规模已超过光大银行，目前成都慧云中心，建筑面积更是超过10万 m^2。

3. 系统内外资源的整合

"互联网+"时代是一个行业边界越来越模糊、并购重组越来越频繁的时代，合作共赢尤为重要。公司拥有一个强大的战略研究部，配置50～100人的战略研究团队，结合外部咨询机构，对战略、规划、并购、宏观经济、金融等进行充分的研究，支撑公司重大事项的决策。

5.5 投融资集中管理

5.5.1 创新商业模式

当今世界，以"互联网+"为代表的又一次信息技术革命正在碾平各行各业，商业模式不断创新,公司的衰败或崛起速度远远超出了人们的想象。柯达、诺基亚、摩托罗拉等行业巨头,没有做错什么,却迅速陨落。苹果公司则用十年时间市值从 600 亿美元增长到 6200 亿美元,成为全球第一大市值企业,主要原因就是商业模式的创新。

1. 商业模式将被重构

万达集团 2014 年营业收入 2425 亿元,净利润 250 亿元。通过再造商业模式,将施工单位、设计院以及各类商家用互联网思维加起来,充分利用各家所长,组合成了万达的核心竞争力。2014 年,万达开始第四次转型。

一是加大国内外领先的互联网金融、体育产业、文旅产业公司的收购兼并力度,依托互联网金融平台,线上线下相结合,向商业服务、消费领域进军。

二是推进工程总承包、设计交钥匙模式,减少内部寻租,每年减少管理费近 10 亿元。

三是去住宅化,2016~2020 年计划在三、四线城市开发 300 座万达广场,建筑面积 9~13 万 m^2,加大餐饮、儿童娱乐、影院等体验业态。2015 年 5 月,万达与万科开展战略合作,联合拿地、合作开发,由万达投资项目中商业部分,万科开发项目中住宅部分,充分发挥各自优势,实现互利共赢。在轻资产运营模式下,资金运作更趋集中,资金使用效率更高效。

2. O2O 将改变建筑企业管控方式

21 世纪以来,伴随着我国城镇化进程的加快推进,建筑行业迎来了发展的春天,长期保持着 20% 的增速。在快速发展的同时,管理分散、中间层级多、信息透明度低、能耗过高等问题也影响着建筑业的发展,但在互联网经济下,管控层级多、信息不对称将被彻底移除。O2O(Online-to-Offline)源于美国,即线下商务机会与互联网结合,让互联网成为线下交易的前台。

建筑装饰行业龙头金螳螂公司,2014 年实现营业收入 207 亿元、净利润 18.8 亿元。在 2014 年年初,成立电商公司,收购互联网公司家装 e 站,投资 40 亿元用于平台建设及供应链金融服务。通过资源整合,金螳螂家装主材价格下降 30%,业务已经覆盖了 500 个城市;家装 e 站未来将发展到千亿规模,远超其传统业务,初步实现了从单一的建筑装饰企业向互联网线上线下一体平台公司的转型;通过与家装 e 站分离,自己打造家装互联网平台,实现借船出海。

国内著名工程软件服务商广联达,2014 年营业收入 7 亿元,净利润 2.7 亿元。2015 年提出"互联网 + 建筑业"的发展思路,凭借其掌握的大量工程信息数据资源,从线上逐渐向线下渗透,组建自己的建筑业平台公司,被资本市场广泛看好。广联达旗下的旺材电子商务,是目前国内唯一的专业 B2B 建材业电商平台。通过联合采购等形式,为采购方带来优惠,使得总采购成本至少节约 10% 以上;通过单品铺货价值锁定的撮合交易,以一定价格区间和品质锁定采购方 2～3 年间的需求并进行深化设计，帮助大量中小地产企业优化了其采购方案，为供应商提供了下游客户的需求信息。

3. 房地产业将由产品中心转向客户中心

2014 年以来，固定资产和房地产投资增速持续下滑，许多房地产企业开始频繁拥抱互联网，在传统业务中引入互联网思维。万科联手淘宝推出合作卖房模式，直接面对淘宝网超过 3 个亿的活跃客户，实现了快速营销，仅 30 天就卖出 13 亿元。在社区物业方面，"互联网+"威力开始显现。过去鲜有人问津的物业管理都成了香饽饽，万科、碧桂园、龙湖等公司高度重视，纷纷推出"互联网+"社区物业的移动客户端平台。

2014 年，小米斥资 1 亿元开发 YOU+ 公寓，其商业模式是租房，租下整栋楼，重新改造之后向青年人出租，主要针对参加工作不久的年轻人。与其他公寓相比，YOU+ 国际青年公寓正是秉承了以用户为核心的思维：它允许居住者对租住空间进行改造，公寓的一层开辟成所有租客的客厅，聚会、观影、会客、泡吧甚至办公。这也是"YOU+"的主打功能，即出发点更多的是社交，良善的公共空间和紧密的社区氛围让年轻人之间更好地交流。

5.5.2 策划集中

城镇化的背景下，城市轨道交通产业空间巨大。上海绿地集团 2014 年实现营业收入 2620 亿元，净利润 54 亿元。绿地集团立足主业，发挥资源集中优势，延伸拓展相关产业，向平台型企业发展，快速实现了转型升级。

2014 年 7 月，组建绿地地铁投资公司，并联合申通地铁、上海建工开展投资开发业务。绿地将推进"轨道工程+区域功能"的整体开发模式，结合沿线土地出让作为部分回购条件，介入参与地铁沿线综合功能开发，打造具备商业、办公、酒店等功能于一体的地铁上盖城市综合体及配套服务设施。短短一年时间，绿地已在 5 大核心城市拿下 6 条地铁线的投资建设权（徐州 3 号线、南京 5 号线、重庆 9 号线、哈尔滨 6 号线和 9 号线、济南 6 号线），预计总投资规模 1150 亿元。这种整合资源的模式，使绿地在房地产行业处于黄金发展时代结束的拐点期内找到了新的多元化经营方向，增强了其地产业务抵御系统性风险的能力。2015 年 8 月 18 日，绿地控股（600606.SH）通过吸并金丰投资在上交所借壳上市，当日总市值高达 2473 亿元，成为世界市值最大的房地产公司。

新常态下，国家提出"一带一路"发展战略，推出 PPP 项目模式，建筑行业面临新一轮的基础设施投资机遇期。但也要清楚地认识到，PPP 项目投入资金多、投资周期长、回报率不高，而绿地集团已经给出了答案——地铁投资、工程施工、后期运营、房地产开发、产业基金五方面强强联合。这个商业模式既解决了三座大山（教育、医疗、住房）的问题，又能满足地方政府的需求，受他们的热烈欢迎。

"互联网+"时代，基础设施投资的竞争是资源整合能力的竞争，是商业模式的竞争。

只有资源集中起来,才有谈判力。基础设施投资项目不仅效益有保证,营销问题也将迎刃而解,业主甚至会主动登门拜访。万达集团的投资高度集中,投资策划、规划设计、与政府谈判、买地等均是总部直接操刀,地价较其他房地产公司便宜一半。许多公司尽管单一投资项目从策划、立项、评审、实施全过程管住了,但投资项目分散、集团整体合力还是不够的。

"互联网+"时代,只有资源集中起来,才有谈判力。公司总部集中策划一些大项目,对投资和融资方案进行总体论证,直接对接地方政府。项目实施过程中,总部和各单位可以采取内部股份制方式参与,保证大家的积极性。只有这样,才能使基础设施、房地产、房建业务形成联动,地上、地下和沿线开发业务集成统一。未来,如果50%以上的投资项目能由总部集中策划,公司商业模式会发生质的飞跃,投资能力还会进一步加强,效益也会大幅度提升。

5.5.3 加强互联网金融创新

在互联网金融方面,我国50强房地产企业中,已经有20多家企业通过各种方式进入了这一领域,如万达、万科、新湖中宝、中天城投、保利地产等。2015年6月,万达集团推出一款众筹产品,两周时间迅速募集100亿资金,开创了房地产企业互联网融资的一个新纪录,让人震撼。通过众筹模式,万达还吸引了四川信托等4家投资人出资240亿元,用于全国20座万达广场的投资建设。

产业基金快速发展。2015年5月,绿地集团联合上海建工、建信信托发起一个总规模为1000亿元PPP产业基金,预计将带动近3000亿的地铁投资。7月份,中交集团与深圳市政府签署战略合作协议,发起设立1000亿规模的城市轨道交通PPP产业基金,成为全国第二支轨道交通产业基金。据了解,全线长37.7公里、总投资185亿元的深圳地铁6号线,将成为该产业基金首个投资项目。9月份,中国中冶成立首支1000亿元城市综合管廊基金,千亿基金已达3支。

2014年国广义货币(m^2)余额高达123万亿,是国内生产总值(GDP)64万亿的2倍左右。市场上的钱很多,怎么样才能为我所用。这就需要我们要求认真研究万达、绿地等企业的创新融资做法,找到适合公司业务发展的融资模式:总部要集中优势资源,加快推动产融结合工作。比照绿地和中交集团PPP轨道交通建设基金模式,与战略性合作伙伴一道,发起设立千亿规模的母基金,在具体项目上由子企业发行子基金。只有这样,才能加快基础设施业务转型步伐,进而推动公司形成具有核心竞争力的商业模式形成。

5.5.4 筹资集中管理

近年来,中国许多大型的跨国公司持续快速发展,传统融资方式已经无法满足投资业务日益增长的资金需求。在提高周转效率、加快资金回笼同时,与投资项目集中统一相配套，筹资也要集中统一。由于分头对接银行和金融机构，集团整体议价能力仍不强。在这种情况下，如果总部统一集中策划，对接或指定各战略合作银行与金融机构，或是采取分区域对接的方式，融资成本就会降低。如果运行效果良好，将二级单位的融资权分阶段、分批次上收总部，由总部统一对外进行融资，同时可借鉴壳牌石油的司库管理模式，实施集团的资金一级集中管理，真正实现统贷统还，统收统支，公司的管理效益还可大幅提高。

结　语

以互联网为代表的信息技术日新月异，引领了社会生产新变革，创造了人类生活新空间，极大提高了人类认识水平，认识世界、改造世界的能力得到了极大提高。互联网技术在现实世界爆发出越来越强大的力量。这种力量通过提高生产效率进入新的成产过程，并与业务完美结合创造出更新的业务形式，形成新的商业文明。"互联网+"的大潮下，新兴行业、企业层出不穷，商业模式不断推陈出新。在人类社会发展中将持续蔓延，带动消费者、企业和商家一起进步、发展，并重构整个社会的发展史。

从消费互联网到产业互联网，再到"互联网+"，传统产业的边界正变得越来越模糊。企业竞争与合作已难以区分，竞争中有合作，合作中有竞争。未来的企业将向无边界组织演进，开放合作、利益共享的生态圈正在形成。企业的组织架构自内部形成由无数个微型组织编制而成的网状结构，最终成为外部以客户为中心的价值交互网络，内部以人为中心的价值创造网络。

中国正处在互联网快速发展的历史进程之中。"十三五"（2016～2020年）时期，国家将积极推动网络强国战略、国家大数据战略、"互联网+"行动计划，发展网络经济空间，促进互联网和经济社会融合发展。互联网革命必将推动商业社会飞跃，促进传统行业和企业的转型升级，进而使互联网发展成果惠及中国人民，更好地造福各国人民，为人类社会的发展进步作出新的贡献。互联网虽然无形，却是全世界人民共同的家园。让我们拥抱互联网，一起经历和见证新的历史！

在本书编撰过程中，由于笔者经验还不够，时间较为仓促，加之涉及的行业、公司较多，许多内容仅是浅尝辄止，留待各位读者批评指正，共同学习研究，共同成长。

参考文献

[1] 马化腾 著. 互联网+：国家战略行动路线图. 北京：中信出版集团，2015.

[2] 阿里研究院 著. 互联网+：从IT到DT. 北京：机械工业出版社，2015.

[3] 腾讯科技频道 著. 跨界开启互联网与传统行业融合新趋势. 北京：机械工业出版，2014年10月.

[4] 赵大伟 编. 互联网思维独孤九剑. 北京：机械工业出版社，2014.

[5] 王吉斌，彭盾 著. 互联网+：传统企业的自我颠覆、组织重构、管理进化与互联网转型. 北京：机械工业出版社，2015.

[6] 张波 著. O2O移动互联网时代的商业革命. 北京：机械工业出版社，2013.

[7] 夏妍娜，赵胜 著. 工业4.0：正在发生的未来. 北京：机械工业出版社，2015.

[8] [德] 乌尔里希·森德勒 编. 工业4.0. 邓敏，李现民译. 北京：机械工业出版社，2014.

[9] [美] 李杰（JayLee）著. 工业大数据：工业4.0时代的工业转型与价值创造. 邱伯华译. 北京：机械工业出版社，2015.

[10] 涂子沛 著. 数据之巅大数据革命，历史、现实与未来. 北京：中信出版社，2014.

[11] 涂子沛 著. 大数据. 南宁：广西师范大学出版社，2015.

[12] 胡世良 著. 互联网金融模式与创新. 北京：人民邮电出版社，2015.

[13] 史册 著. 图解互联网金融. 北京：化学工业出版社，2015.

[14] 刘润 著. 互联网+：小米案例版. 北京联合出版公司，2015.

[15] 刘润 著. 互联网+战略版：传统行业，互联网在踢门. 北京：中国华侨出版社，2015.

[16] 周留征 著. 华为哲学：任正非的企业之道. 北京：机械工业出版社，2015.

[17] 李鸿谷 著. 联想涅槃：中国企业全球化教科书. 北京：中信出版社，2015.

[18] 王钦 著. 海尔新模式：互联网转型的行动路线图. 北京：中信出版社，2015.

[19] 黄铁鹰 著. 褚橙你也学不会. 北京：机械工业出版社，2015.

[20] 黄铁鹰 著. 海底捞你学不会. 北京：中信出版集团，2015.

[21] 李志刚，朱志军，高歆雅 著. 动物型组织："互联网+"时代下的企业重构. 北京：电子工业出版社，2015.

[22] 陈虎，孙彦丛 著. 财务云丛书（1）：财务共享服务. 北京：中国财政经济出版社，2014.

[23] 陈虎，陈东升 编. 财务云丛书2：财务共享服务案例集. 北京：中国财政经济出版社，2014.

[24] 赵海涛，陈广 著. 解密华为成功基因丛书：华为的企业文化（第3版）. 深圳出版发行集团，2012.

[25] 董小英，周佳利 著．信息时代的创新与管理：思科启示录．北京：北京大学出版社，2014．

[26] 八八众筹 著．风口把握产业互联网带来的创业转型新机遇．北京：机械工业出版社，2015．

[27] 曹磊，陈灿，郭勤贵，黄璜，卢彦 著．互联网＋：跨界与融合．北京：机械工业出版社，2015．

[28] 向忠宏 著．智能家居：下一场巨头的游戏．北京：电子工业出版社，2014．

[29] 裴小军 著．互联网＋农业：打造全新的农业生态圈．北京：中国经济出版社，2015．

[30] 文丹枫，韦绍锋 著．互联网＋医疗：移动互联网时代的医疗健康革命．北京：中国经济出版社，2015．

[31] 王健林 著．万达哲学王健林首次自述经营之道．北京：中信出版社，2015．

[32] 万达集团企业文化中心 著．万达工作法．北京：中信出版集团，2015．

[33] 大连万达商业地产股份有限公司 著．万达集团商业地产系列丛书：商业地产运营管理．北京：清华大学出版社，2014．

[34] 大连万达商业地产股份有限公司 著．万达集团商业地产系列丛书：商业地产投资建设．北京：清华大学出版社，2014．

[35] 易居（中国）控股有限公司克而瑞信息集团 著．万达之道．兰州：甘肃教育出版社，2013．